文徵明　雨餘春樹　國立故宮博物院藏

唐寅　班姬團扇　國立故宮博物院藏

文徵明　溪亭客話　國立故宮博物院藏

唐寅　溪山漁隱　局部　國立故宮博物院藏

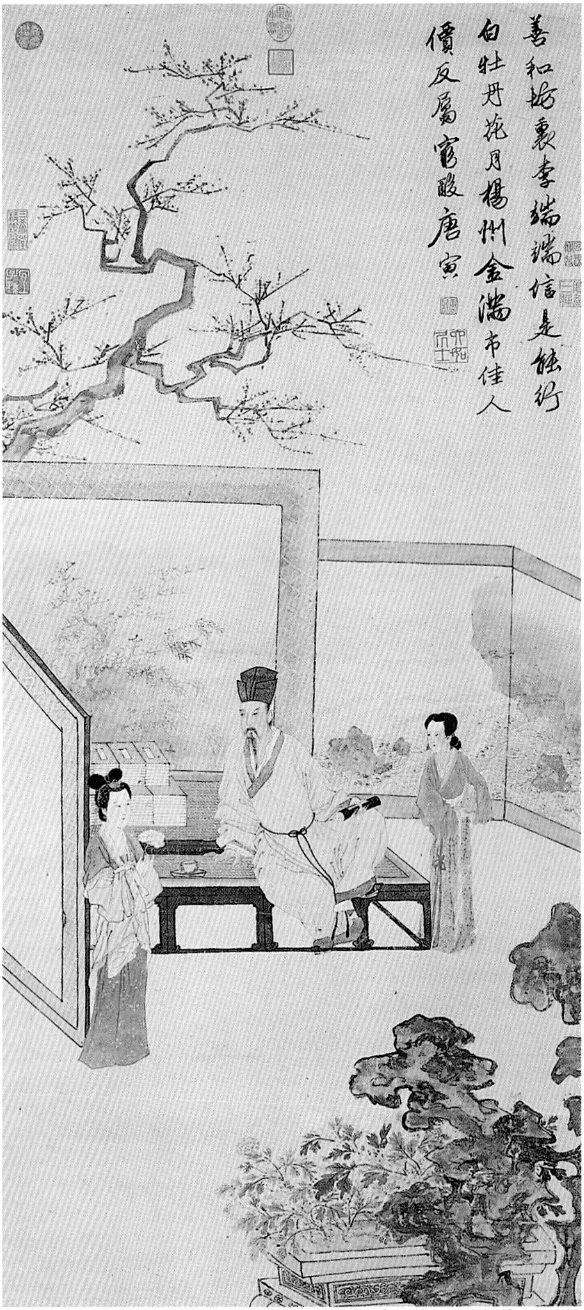
善和坊裏李端端信是能行
白牡丹花月揚州金滿市佳人
價反屬窮酸唐寅

唐寅 倣唐人仕女 國立故宮博物院藏

唐寅　陶穀贈詞　國立故宮博物院藏

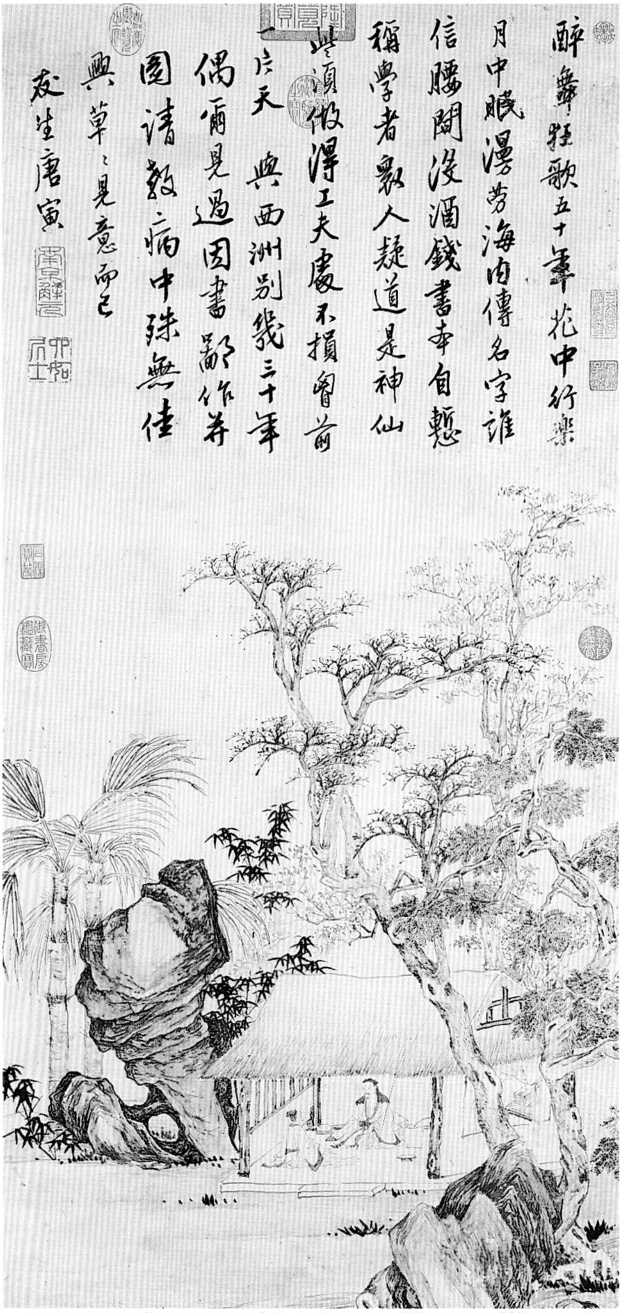
醉舞狂歌五十年花中行樂
月中眠漫勞海內傳名字誰
信腰間沒酒錢書本自慚
稱學者眾人疑道是神仙
些須做得工夫處不損胸前
一片天　與西洲別幾三十年
偶爾見過因書鄙作并
圖請教病中殊無佳
興草草見意而已
友生唐寅

唐寅　西洲話舊　國立故宮博物院藏

明四家傳

（二）

沈周
文徵明
唐寅
仇英

王家誠　著

目次（二）

第二十七章　賦歸……329
第二十八章　宜興小景與募驢圖……341
第二十九章　風流才子……355
第三十章　友愛……367
第三十一章　秋收……379
第三十二章　點秋香……393
第三十三章　點秋香考……405
第三十四章　落花吟……421
第三十五章　蒼松芙蓉……435
第三十六章　四海資身筆一枝……447

第三十七章　歌風臺……461
第三十八章　痴與癲……475
第三十九章　夢墨亭……489
第四　十　章　蓮花似六郎論……501
第四十一章　垂虹別意……515
第四十二章　心靈的迴光……529
第四十三章　紅葉寒花……543
第四十四章　悟道……557
第四十五章　劍池尋幽……571
第四十六章　寧王聘賢……585
第四十七章　虎口……597
第四十八章　倦遊……609
第四十九章　月夜古墳……621

第五十章　溪山漁隱……633
第五十一章　上書……651
第五十二章　沈文山水合璧冊……663

第二十七章　賦歸

宏治十二年六月初旬，唐伯虎和徐經以銀兩折抵了應服的徒刑，又受到禮部黜罰為浙江布政署吏處分後，便離開了傷心之地的首都，步上了黯淡的歸程。

蒸人的暑氣、尚未癒合的棒創、飽受屈辱而刺痛流血的心靈；連遍地蟬鳴，和北京市街賣冰鎮酸梅湯、果乾所特有的銅碗叮噹聲，都變成了令人難耐的聒噪。

記得北上時節，斜倚在徐經的暖車錦被之中，任駟馬在堅硬滑溜的冰雪路上飛馳，左右追隨著健僕和伶俐俊美的優伶。笑語喧嘩，不但消除了旅途的寂寞，也不覺得寒冷的侵襲。然而，在這時雨時晴的南歸路上，不僅人人心情惡劣，映進眼簾中的，也盡是暗沉沉的濃綠；陰森、燠悶，漫長得像永無止境。好不容易挨過了長江，回返在獄中日夜焦思渴盼的江南，卻又近鄉情怯，不知怎樣去面對師友，接受那些幸災樂禍者的笑罵和譏諷。

回到蘇州，已經是淒風苦雨的重陽前後，比嘲諷譏刺更令他痛苦悲傷的，乃是從他少年時代，就一直愛護、督導、栽培他的文林的噩耗。文知府於六月七日因背疽逝世，正是唐伯虎在北京的最後一段時日；文知府的靈柩和病重趕往照顧的文夫人，則比他早一步由溫州返鄉。不意虎邱之餞，竟成永訣，而自己竟這樣糊里糊塗地落得一敗塗地；文林九泉有知，也不能無憾於衷吧？

運靈返鄉，同樣陷於悲戚中的文徵明，不但料理喪葬事宜，更要強自振作，為好友關謠，醫治唐伯虎心靈的重創，並挺身斥責誣陷他的不義之徒。

在詩中，他以充滿愛憐的筆觸，描寫唐伯虎功名夢醒，家庭破碎前後的生命低潮：

「皐橋南畔唐居士，一榻秋風擁病眠，用世已銷橫槊氣，謀身未辦買山錢。鏡中顧影鸞空舞，櫪下長鳴驥自憐；正是憶君無奈冷，蕭然寒雨落窗前。」——夜坐聞雨有懷子畏次韻奉簡（註一）

在多是多非的蘇州，有關會試弊案的蜚短流長，比遙遠的北京，似乎更加混亂。傳播者繪聲繪影，彷彿耳聞目睹般的眞切。

傳說，仗著靈活的手腕和雄渾的財勢，徐經勾結主司，賄買考題，非只一遭；早在戊午年鄉試的時候，就曾經得手。預知考題的徐經，在心中尋思：

「非唐先生莫可與同事者」；爲了想藉重唐伯虎的聰明才智，預作文章，以便臨場默寫，徐經乃將青雲路上獨得之秘，公諸伯虎。伯虎再和好友都穆分享，因此，唐伯虎固然高居宏治十一年南京鄉試的解首，徐經、都穆也同享榮耀，共登黃榜。

於是，對唐伯虎感激莫名的徐經，堅邀唐伯虎同載北上，提供金錢的揮霍、奴僕和優伶的服侍，乃至春闈中的再一次攜手合作；不料這次同樣分享秘密果實，卻滿懷妒意的都穆，非但沒有感恩圖報，反而成爲整個事件的首告者（註二）。

傳說裡，也生動地描述都穆告密的過程：

在謠言紛紛，群情激動中，會試已然考過了三場。揭榜前的一段時間，正是天下舉子焦急等待的時刻。有一天，飽受考試衝擊，患得患失的都穆，在馬侍郎寓中飲酒；同席就有戶科給事中華昶。席間，有位要宦來訪，馬侍郎不得不告罪，起身到廳中接待。

「唐寅又舉第一矣。」

隔著牆壁，模模糊糊聽到這消息的都穆，想到自己的潦倒，想到唐伯虎行將平步靑雲；他那趾高氣揚的神態以及揶揄人的表情，也浮現在都穆的眼前。一時間，幾分酒意轉化成滿腔的嫉妒和憤恚。

主人送走要宦回到席間，喜形於色地報導剛剛得來的訊息，贊嘆伯虎的才華和光明的遠景，更加速激發了都穆潛藏在心中的怨懟，終於抖出了那段震驚朝野的賣題內幕。

除了洩憤之外，都穆舉發徐經、唐寅的直接好處是，複查的考官們，爲了撇淸嫌疑，凡是取中前列的舉子一律黜落榜外，而成績平平的都穆，反得高中了。

這故事，首尾相連，言之鑿鑿，如果細加分析，不難發現一些昧於事實的破綻：

徐經、都穆發解於宏治八年乙卯，比唐寅宏治十一年中舉早了三年。

無論友誼、恩情，唐伯虎和文徵明交往，遠勝於他和都穆；唐伯虎如果預知鄉試考題，對性行端方的文徵明即使不便明言，也可以借著互相硏磨而加以暗助；何以忍心令其一再挫折、潦倒於場屋之中？

會試揭榜之前，硃卷彌封，不到揭榜之日，啓封、明對號籍，無論主考官、同考官和內簾官，均無由得知何人能中。傳某要宦所謂：「唐寅又舉第一矣」，恐怕也只是一種人云亦云的說法罷了。

最有趣的是，這破綻百出的故事，據說出於唐伯虎、都穆共同的友人文徵明親口所述：

「人但知穆爲文人，不知娼嫉反覆若是！」據形容，一向口不言人過的文徵明，說這話時，激憤異常，詞色俱厲。

△　　△　　△　　△

在時間的長流裡，一個喧騰一時的故事，不僅會扭曲、變形，也會加梗添葉地成長和膨脹；到了唐伯虎的生命像流星般閃逝之後，前述的考試弊案故事，也有了十分戲劇化的結局：

悲傷抑鬱的唐伯虎，誓言終生不與都穆相見。其中，有些朋友，盡力爲他們拉攏與說和。

一天，唐伯虎在一位友人的樓上暢飲，斡旋者覺得這是不可多得的良機；一面通知都穆，一面讓唐伯虎有些心理上的準備：

「穆且至。」

在斡旋者的想像中，好友間的誤解、仇恨，終將爲歲月而沖淡，爲錯誤一方的悔恨，補贖而化解；然而，聽了這話的唐伯虎，卻頓時臉色大變，坐立不安。

滿懷愧悔和歉意的都穆，以爲說和者已經通情，好友間的仇恨和誤解，冰釋在即，因此，急急忙忙前往登樓相會。但，只見窗邊人影一閃，在朋友們的驚呼聲中，唐伯虎竟一躍而下。

「咄咄！賊子欲相逼耶？」

唯恐其摔傷的友人，追蹤到唐伯虎家裡的時候，發現他竟然無恙，只是喃喃自語，憤恨依舊；這也是兩位不幸反目的好友，最後的一面，此後，終生不再相會（仝註二一）。

分析前述都穆構陷唐伯虎的故事，有昧於事實的破綻，有非出於一時一人之口，情節隨流傳而續接的痕跡；但，其中是否也有眞實之處？從僅存的一些詩文裡，也許可以印證出蛛絲馬跡：

「…方斯時也，薦紳交游，舉手相慶，將謂僕濫文筆之縱橫，執談論之戶轍。岐舌而贊，并口而稱；牆高基下，遂爲禍的。側目在旁，而僕不知；從容晏笑，已在虎口。庭無繁桑，貝錦百匹；讒舌萬丈，飛章交加。至於天子震赫，召捕入獄…」──與文徵明書（註三）

那是唐伯虎剛回蘇州不久，寫給文徵明信中的片段。不明會試案眞相的鄉里與士林，對他盲目地指責、唾棄，彷彿他那萬惡不赦的罪行，已經使他們也蒙受到無法洗雪的恥辱。他不願接受禮部黜充浙江布政使署吏的任命；也就是甘於窮困，不願保留這樣一個積勞補過，東山再起的機會，極不得續弦妻子的諒解，因而仳離。甚至家中的僮奴，都像門前獰犬一般，對他張牙舞爪。

在他舉目茫然，一無所有，決意以橡實桑椹果腹，或寄口浮屠的時候，他可以不向任何人訴說內心的委屈，但是不能不把事實眞相，未來的抱負行止，告訴他的知友。他可以不求任何憐憫，但他不得不求文氏照顧他那懦弱得無法自立的弟弟。

從這篇情辭悲壯的長信中，也不難看出陷唐伯虎備受屈辱、潦倒終身的，的確是他身畔的好友。

「…北至京師，朋友有相忌名盛者，排而陷之，人不敢出一氣，指目其非；徵仲笑而斥之…」—文與徵仲書（註四）

這是唐伯虎給文徵明的另一封信，其時，兩人相交已三十年，均已年近半百，頭髮斑白。伯虎雖然早已皈佛，但心中餘恨猶存。信中不僅再一次指責忌名排陷的朋友，也追憶到文徵明對不義之徒挺身笑斥的往事。

〔蘇州府志〕的編者，整理前人往事有關的文獻，於「都穆傳」中，敍述得更爲露骨：

「…穆少與唐寅交最莫逆；寅鎖院得禍，穆實發其事，寅誓不與相見。而吳中諸公皆薄之；穆晚年亦深自悔恨云。」（註五）。

至於祝枝山在「唐伯虎墓誌銘」中所謂：

「…二場後，有仇富子者，抨于朝，言與主司有私，幷連子畏…」（註六）把目標轉移到徐經的仇人身上，恐怕意在全都、祝、唐三人間的友誼於千秋萬世之後吧。

△　△　△　△

宏治十二年臘月十一日，文徵明葬父文林於吳縣梅灣鳳翔岡，是蘇州士林的一件大事。尤其是在文林老友沈周、吳寬、楊循吉…後進、門生如祝枝山、唐伯虎、徐禎卿等心中，更有無限的悲愴和震撼。

前一年暮春，虎邱餞別之後，文林便隻身赴任。南行途中，儘管山水秀麗、景物清幽，但是，面對著兩岸飄飛著的柳絮，雨後緩緩游動著的谿雲，就會想到幾位隱居著書、徜徉山林中的好友；孤獨之感，驀然瀰漫在心頭。

一天，偶然從艙中外眺，見林木上面浮現出山石纍纍，彷彿五代、北宋畫中的礬頭；這雄奇的景象，豈不與沈周所號的「石田」暗合？他的神思，也隨著船身起伏的節奏，恍惚回到了闊別已久的蘇州：

「回首未千里，相思猶十年；遠情收短札，近事夢離筵…溪面浮林圃，山頭壘石田；與君偶符合，來此了前線。」—憶石田（註七）

到離溫州百里遠近，忽然聽到喧天的鑼鼓，只見民衆成千上萬，扶老攜幼，前來迎接睽違二十年的文知府。文林這才眞正體認到溫州民衆對他的思念有多麼殷切；不單是思念他這個人，而是他們受太多的壓抑，有太多的冤屈，遭太大的盤剝；需要他來寬解、撫慰和洗雪；文知府的眼淚奪眶而出。雖然官吏不肖，中官、豪強互爲狼狽，鎮守的將軍，驕橫跋扈；但，居民也有他們牢不可破的惡習陋俗。在四五年的永嘉知縣任內，他對這東南一隅，瞭解得異常透徹：多盜、好訟、尙鬼、溺女…在溫暖、寬慰之餘，文林心中，也感到一付千斤重擔，壓向他的肩頭。

遠在蘇州相城的沈周，知道好友受民衆歡迎的景象，激動得老淚直流。進入宏治新朝雖然已有十餘年之久，但，成化末年的種種人事和弊政，並未能完全淸除；不過，民衆這種熱切望治的心理，何嘗不是轉變和革新的契機？他在「聞溫州消息奉寄」七律中寫：

「白叟黃童擁道周，提封百里候華輈，國人皆好真難事，山水重臨是舊游…」（註八）。

辨冤、釋囚、拆毀淫祠、使成千上萬的女嬰，得到存活的機會……文林開始像二十年前一樣，整治這片經常在風沙瀰漫中的天地。只是，屬縣衆多，轄區遼闊，遠比壯年時代的永嘉令任務，更爲沉重和繁瑣。好在有些知州知縣，或誼屬同鄉，或青年俊彥，多方響應，使許多亂政，很快地有了些端緒。溫江孤嶼上面的文丞相祠，對這位文天祥遠裔子孫，仍是一種鼓舞力量和不屈不撓的象徵。

然而，眞正使文林氣餒的，一個是以災異自劾，趁機痛論鎭守將軍欺虐民衆的暴行，和一些應革的章程；當政者卻以牽涉太廣，窒礙不行，使他只能空自太息。另一個，是他日益肥胖、衰弱的身體，和從福建九鯉仙祠所求得來的警兆。

文林半生，雖然盡力拆毀淫祠，破除迷信，但他相信運數。在他那豐富而龐雜的著作中，除了經論、奏議、漫志之外，也有醫卜和術數。對生性剛愎的長子，文林似乎未抱太大希望，在他心目中，幼子文室尚小，一生所學，只有次子徵明可以付托。進入壯歲的文徵明雖然讀書精博，珍視家藏和祖、父的作品；但對於方技和術數，卻從不涉獵。

「汝既不能學，吾死可焚之。」（註九）幾次想傳授愛子醫卜術數的文林，遭到婉謝後，心中不免失望；只是他自己深信如故。

那天，爲他求問壽數的人，在九仙祠中，夢見有人說：

「往山下，當有優人作戲，汝可觀之。」

對這種文不對題的指示，求夢者並不滿意，他說：

「太守令我祈問壽算耳！」

「有孔老人，還自問之。」孔老人是誰？求夢者同樣一頭霧水；但說話的人，卻已渺不可尋。在隆隆的瀑布聲中，求夢者爬下陡峭的山峰。果眞有旗幡鼓樂引導喪車緩緩而來，賓客衣著鮮麗，一群穿著彩衣的優伶，在喪車前後，翩躚起舞，整個情境，如眞似幻。求夢者小心叩問之下，知道是當地王太守的葬禮。這可不是吉兆！求夢者一驚而醒；原來，送葬行列、優伶之舞，只是另一場夢中景象。

現在，他焦急的是怎樣回覆知府？千思萬想的結果，他只好先隱瞞了夢中的大部份情節；只說：

「蒙遣祈問，一無所答，但令問孔老人，當自知之。」

孔老人，卻並不是虛托的人物；不久工夫，文林就訪察出這個生性耿介，直言無諱的老人；昨天才受到差遣，把一根大木，交匠人裁鋸。

「汝計此合鋸幾何？」文林並未明言其意，只想在數字上，暗套消息。孔老人當然不解文林所問的是壽數，只說：

「已就鋸矣。」

「即計木板，當得幾何？」文知府繼續探問。

「合得五十有六；中腐其一，數不得全耳。」

行年五十有五的文林，聽到這句隱含玄機的答語，不由得驚出一身冷汗。但他仍不死心地佯作憤怒，想從孔老人的鐵口中，套出一線生機：

「木材如此，何止此數，便可經營，復令益之！」

「數已定矣，復何及乎！」（註十）鐵口就是鐵口，文林知道，他的生命，已經有限；他所奏劾的人事、措施，改革已經絕望。於是接二連三派人至京，要求去職；結果不是爲愛惜人才的知友所阻，就是由溫州士紳上書銓曹，百般慰留。

有時，他思鄉心切，企圖潛返蘇州，和家人、好友作最後的相聚；深愛他的鄉民，甚至緊閉城門，使他無法出關。不得已，他只有勉盡職責，敎化郡民知禮守法，以自求平安多福。

病篤之際，有人請立遺囑；文林依然豪氣干雲地說：

「我男子，死即死，再復何言！」

文徵明得知父親病重，偕醫前往的時候，文知府已逝世三日，溫州城內一片哀戚，千千萬萬的郡民，如喪父母般的痛哭失聲。先期而至的繼母吳氏，已關閉廨舍，命僕婢不得隨便出入。把官府簿書、私人圖書文件，悉數封存，等待文徵明兄弟前來處理。整理遺稿時，文徵明遵囑在父親靈前，焚燒了他所不願承傳的術數；心中雖有一絲歉意，但他決心整頓其他著作，使父親的心血和風骨，能夠流傳。溫州所屬州縣，感於文知府的治績和崇高的人格，致賻遺千金，文徵明謝而不受說：

「父在官無取於人，於此取之，上累吾親。」

繼母吳氏，見他處置得當，稱許他：

「是無忝乃父矣！」

溫州人爲了表示對這對廉明父子由衷的欽敬，特別爲他們修建「卻金亭」，以爲鄉邦的美談。

梅灣塋地，是文林生前親自選定的，葬時，由好友楊循吉撰寫墓志銘，吳寬寫墓碑銘。這兩人和沈周、文林，都曾相約長作林下之游；吳寬在碑銘中悲痛無比地說：

「…君與予相好久，嘗約晚歲歸老吳中，當尋山水之樂，以償平生之勞；今吾歸其時矣，而君先我而逝，則所與同樂者何人哉！」由於遠在京師，吳寬只好遣侄兒吳奕與祭。

年未四十的繼室吳氏說：

「其爲我穿穴冢旁，吾且從公於茲！」

在親友勸慰下，這位生時的伴侶，雖然沒有追隨泉下，卻從此洗淨鉛華，獨處一室，即使至親好友，也難得再見一面；以整個心靈，伴從著性情耿直、勤政愛民的夫婿（註十一）。

註一、〔甫田集〕頁八九。

二、〔唐伯虎全集〕頁二四二，水牛版。

三、〔唐伯虎全集〕頁一六〇，水牛版。

四、「唐伯虎全集〕頁一六四，水牛版。

五、〔蘇州府志〕頁一九五六。

六、〔唐伯虎全集〕頁一二九，水牛版。

七、〔吳都文粹續集〕卷五二頁八。

八、〔吳都文粹續集〕卷五二頁一四。

九、〔甫田集〕頁九〇〇。

十、〔異林〕，徐禎卿著，載〔明朝小說大觀〕百家本頁六六三，新興書局版。

十一、有關文林生平，散見下列各書：

①、〔甫田集〕頁一「文先生傳」，王世貞撰。

②、〔匏翁家藏集〕頁一五一「哀文宗儒」（五古）、頁三四四「祭文溫州文」、頁四九一「明故中順大夫浙江溫州知府文君墓碑銘」。

③、〔吳都文粹續集〕卷四一頁九「明故中順大夫溫州府知府文公墓志銘」，楊循吉撰。

④、〔震澤集〕卷三〇頁一四「故中憲大夫知溫州府事文公繼室吳安人墓志銘」，王鏊撰。

第二十八章　宜興小景與募驢圖

年過古稀的沈周，在貧苦孤獨中，情緒很不穩定。尤其冬天寒冷，狂野的北風，吹颳著茅簷竹叢，彷彿連房屋都隨之震動。一片灰暗和岑寂，從緊閉的門窗擴散開來，浸潤在他的四周，使他的心境和詩，同時染上了那種陰冷和灰暗：

「七十餘年一老翁，心情鶻突腦冬烘。寒衣無婦無人補，日日開窗怕北風。
七十餘年一老翁，衣穿絮破不堪縫；清霜滿地無區畫，掃得蘆花莫禦冬。」——思理衣二首（註一）

有時纏綿病榻，帶著一身支離的病骨，怔怔忡忡地望著鏡裡的衰顏；空洞的草堂，彷彿聽得見喘息的迴響。感覺中，一切都變得陌生而遙遠，僵冷、乏味得像一場掙不脫的夢魘。

然而，他也像岸柳和牆邊的春草一樣，只要暖風一吹，就很容易從嚴冬中甦醒過來，重新展露出生命的活力，隨著黃鸝鳥的鳴囀，他的詩也換成了一種輕快的曲調：

「黃鸝啼夢粉牆東，簾幕深沉日日風，起換酒杯尋一醉，春愁打破落花中。」——睡起小酌（註二）

宏治十二年新春，沈周的詩魂畫魄，復甦得格外的早；這和同鄉好友黃元珍所帶給他欣賞、題跋的一幅「宜（義）興小景」（註三）有關。

那是一幅小小的素牋本，一尺高，橫不過一尺七寸左右，卻在沈周面前展佈出一片煙樹掩映、江流淙淙、峰嶺起伏的清幽世界。

太湖西岸，宜興縣南的荊溪風貌，不僅是沈周夢寐難忘的舊游之地，他更可以從那種摻雜黃公望、吳鎮筆法揮灑成的西澗過龍喦，從畫中的坡嶺灣流，追憶荊溪上流，銅官山一帶的秋天景色。銅官又名「君山」、「荊南山」，從荊溪北岸的亭中南眺，充滿神秘色彩的銅官山便突兀其前，彷彿一個陡峭的天柱；山頂有池，有深邃怪異的巖洞。接連在銅官西麓的是衡山；也就是三國時東吳孫皓所封的國山。幾株古樹，疏疏落落地分佈在岸邊，成爲一幅天然的，倪雲林式的畫卷。

除了畫奇、景奇之外，尤其讓沈周駭異的，是這幅小景的作者—元末校書周砥。周砥的詩詞、學問，馳譽士林，入明不衰；但是，沈周卻沒想到他在畫藝方面的成就，竟這般令人讚嘆，愛不忍釋。

周砥，蘇州人，生活在元朝末世。大部分時間寓居在太湖北岸的無錫；這也許是活躍在百餘年後蘇州藝壇的沈周，對他少有所知的原因。周砥和宜興詩人馬治相友善，他們互相往來的情形，倒跟李應禎、文林、沈周和宜興詩人吳大本間極爲相似。元順帝至正十六年前後，正是張士誠起兵攻陷平江的一段時間，周砥避難於宜興山中。馬治爲這位好友整備舟車，盡遊荊南溪一帶的勝景，日夜唱和，有如晉唐時代的古人；兩人名著（荊南唱和集），就這樣流傳下來，成爲千古美談。

在這種快樂愜意的逃亡生活中，有一點，卻讓如閒雲野鶴般的周砥萬難忍受；馬治有錢的鄉友很多，聽說周砥在山，紛紛置酒邀飲。使爲應酬所苦的周砥，竟不得不留下書信，趁夜遁出這令人難忘的世外桃源。

不過，故事的結尾，卻給人留下一抹永恆的悽涼之感；當周砥投身於另外一個山水之鄉，進入王羲之「蘭亭集序」所描寫的，山陰道上的人間仙境時，反而和他所憎惡、走避的戰爭相遇，一代賢才，竟像朵浪花般地歿於亂兵之中。

前來賀歲，藉求題跋的黃元珍，目睹沈周對宜興小景的沉醉和不絕的讚嘆，好像整個心靈都被攝入畫境之中，無論如何也不忍收回畫卷。經過內心一再矛盾、掙扎的結果，竟慨然地以畫相贈。

這眞是一件喜出望外的新春賀禮。曾經多少次，沈周珍藏著的書畫，爲有力者巧取豪奪以去；那種不得不割捨的痛楚，卻不知何時，竟隱隱地浮現在沈周歡欣而激盪的胸臆。這樣一份珍貴的禮物，雖然出於好友的至誠；但，受與不受，一時也在沈周的心中，成了一種勢均力敵的交戰。交戰的結果，是沈周以倪雲林那種清新簡淡的筆緻，寫出蘊藏在心中的那片銅官秋色（註四），希望能對好友的心靈，有所慰撫：

「元珍得周校書履道所作宜興山水，余知校書之邃學盛望，而未見其繪事之妙，乃嘆賞前輩多能不器如此；元珍遂割愛相贈。因寫銅官秋色圖答之；木桃之卑，甚可醜也。宏治己未人日，沈周。」

周砥的宜興小景，和他這幅作於正月初七的銅官秋色圖，不僅使他從心靈的嚴冬中及早復甦，似乎也使他想到陰陽遠隔的李應禎、闊別已久的隱士吳大本，並引發了被冰雪所覆蓋著的游興。

△　△　△　△

幾位朋友中，李應禎生長在南京，旅居宜興的日子最多；有人竟把他當宜興人看待。宏治四年，李應禎、文林同時辭職。當兩位生死知交，從茅山、張公洞一路南下的途中，登眺唱和，才眞正體會到身無官職的輕鬆與快樂。李應禎似乎也有此生長作宜興人的打算，所以離開北京時，吳寬的送別詩中就有：

「引去誰謀及故人，買田陽羨遂成真；張公洞口終期我，金母橋邊早置身⋯⋯」—送貞伯致仕（註五）

眞正爲這位致仕的太僕寺少卿在宜興購屋置產的，是富甲一方的隱士吳大本。但，不知甚麼原因，李應禎的心中，總以爲蘇州才是他永久的故鄉，宜興只是他登臨游憩之地：

「吾固吳人也；不可他徙。」

李應禎的死，吳寬的久客京師，文林的重膺疆吏，都減少了沈周西游的興趣和旅伴。此外，冥冥中，登臨名山勝水，似乎也靠一種緣份；在前此兩次宜興之旅，雖然暢飲陽羨名茶，觀古英雄周處除三害的古蹟，探荆南溪、銅官山的奇景，但唯有張公洞，每次和好友相約前往，臨去時，總是爲風雨所阻，叩山無門。他覺得周砥這方宜興小景，像一盞明燈，一個指引，會給他帶來旅遊的好運，達到前此沒有達成的心願。

宏治十二年暮春，大約門人唐伯虎在北京詔捕入獄，好友文林從九仙祠得到警兆前後，沈周離開他蟄居了一冬的竹莊，向他念念不忘的桃源仙境進發。

一反以往地，他沒有走滸墅關、無錫、惠山…的舊路，而是駛經太湖東南的吳江、震澤二縣，再沿浙江湖州府港汊林立的漫長湖岸，駛向太湖西南角上的長興。由苕溪口所在的甲浦北上；四十里外，就是他與吳大本相約相聚的山水之鄉了。

計畫中的回程，舵帆由北轉東，載惠山泉水，煮陽羨新茶；前後不過月餘工夫，三萬六千頃的東南巨浸—太湖，可以環繞一週。不過這位相城隱士所採取的路徑，並不是想在悽涼晚景中，創造壯游的紀錄，而是親翁史明古的葬禮，訂於三月庚申；這樣安排，可以免於折返吳、長兩縣，直趨宜興。

前一年初夏，他曾前往兀立長江中的金、焦二島。面對浩淼的江水和往來如織的舟楫，沈周忽然悲從中來；史明古在日，一再相約偕游的地方，他卻以七二高齡形單影隻地獨對著漫天的紅霞：「鬍翁久憶金焦勝，感慨來登獨老身；生死隔塵空舊約，江山如此欠斯人。**強留詩酒聊三日，愁送鶯花又一春；浩蕩煙波莽回首，漫將行樂與誰論。**」—史明古曾約同遊今已化去（註六）。這次宜興之遊，卻是在史明古葬禮後，繼續他那孤獨的航程，內心的感慨，想來也是一樣的深沉。

當船由苕溪開赴甲浦之際，東望煙水一片，東西洞庭和吳城西山，竟渺然無蹤。洶湧的浪濤，使久居澤國的僕夫們也爲之生怯。紛紛要求這位不知天高地厚的冬烘，捨舟上岸，改採山路北行。在沈周想像中，從山上俯視湖景，雖有一望無涯的浩瀚壯闊，但究嫌灰暗和單調；不若從起伏搖曳的篷窗外望，欣賞兩岸的秀爛山色來得多彩多姿。

「探穴有虎子，履險獲奇觀！」沈周說。不過他的這番曉諭，似乎並未能平伏主僕間的爭辯。意不在山水之間的僕夫們，眼看著兇險的風浪，大概很難領會他這種以性命爲賭注的旅行情趣。然而，不知有誰提出了以卜筮作爲決斷的方式。他們知道，沈周不但相信卜筮，並隨身攜帶占卜休咎的工具。

「得需利在彖」；卦象如此，無論如何，總算停止了嘵嘵不休的爭論，毅然決然地搖著櫓，向湖中猛進。

滾滾的浪濤，排山倒海地向石岸驚掠而去，奇形異狀的石趾，也像楚漢對壘般還以顏色，把衝撞來的巨浪，抗拒回去；渺小的船隻，就彷彿在兩軍的鋒鏑和鼓角聲中，穿行而過。

搏命般航行一陣之後，不但逐漸消除了原有的驚懼，反而感覺山和人之間，互展笑顏，互相慰藉一般。這種新奇的經驗，以前他只聽別人說過，想不到竟在是次航行中，親自目睹。他感覺人和自然之間，無論平靜徐緩，或劇烈動盪，只若破除驚恐，保持默契，從中總會有一些條理，一些變化而有序的規則。

「…氣聚勢則附，形散脈復貫。遠近相衍迤，中自存博換。雖靜有動機，萬態紛變亂。虬龍徐蜿蜒，獅猊悍奔竄。夷突各不一，小大略相半。正展芙蓉屏，橫亙蒼玉案。晴縠綯日光，莫熨錦繡段。金庭與玉柱，遠弄波影粲…」—自甲浦道太湖四十里見吳香諸山喜而有作（註七）

在這四十里長人與浪濤、岩石的互相搏鬥、戲弄和慰撫中，他腦中也呈現了不久之前詩社泛舟，好友劉羽仙醉而墮水的一幕：

同社數十人，小飲既酣，或坐或起，朗吟低哦。溫柔的水波，被夾岸的垂柳，映出一種清新的綠意。船行其間，受著暖風的吹拂，彷彿滑進一種迷離恍惚的醉鄉。帶著幾分酒意的劉羽仙，不知怎樣竟落下水去。一片驚呼聲中，他又像無助，又像戲弄般地，在蕩漾的綠波中掙扎泅動；那是人與自然之間的另一種接觸，卻與沈周眼前所經歷的驚濤駭浪大不相類。感受不到那種被自然吞噬，或撞成齏粉的危險，但又確知有無數的死亡觸手，像細柔的水草一般，在捕捉、作弄那酒醉墮水的詩侶。終於，有人解下隨繫在船尾的小舟，忙亂地把他援救上來。

混身上下的衣服，早已濕透，連頭上的角巾，也被釣絲糾纏失落；那種露頭而坐的狼狽，很像書家陳廷璧角巾落水的景象。從死神的觸手中奪回性命的劉羽仙，第一個動作，不是解換滿身濕淋淋的衣服，而是呼酒自勞。那種旁若無人的氣度，使舉座爲之驚嘆；讓人感受到人與自然，生和死之間，是那樣地無常，但又那樣莊嚴。因此，沈周不僅畫出那種景象，並在畫上寫出事件的過程。和此際太湖西岸的險境，正好是一種不同的比照。

幽深曲折，而又充滿驚險神秘的張公洞，到處垂懸著朱藤花，使人如入畫境的罨畫溪泛舟；經亂世詩人周砥刻畫過的西澗過龍嵒；傳說中，有巨大蜥蜴棲息，乾旱時可以祈雨的銅官山……對沈周而言，這眞是一個豐收的暮春。多年未得遊歷的心願，一旦獲得了補償；處處留下了可資紀念的詩畫。作爲東道主的吳大本，除了詩和字已久爲人激賞外，由於世居出產名茶和紫泥茶壺的古陽羨（宜興），他的茶經也別創一格。沈周想到吳寬送李應禎致仕詩中的「張公洞口終期我」句，想必對陽羨茶、茶經和張公洞奇景同樣的垂涎已久。聽說赴溫州後的文林，已把心愛的隨身茶具寄贈吳寬；而他這次宜興之旅寄贈吳寬的禮物，則除了陽羨茶、茶經以外，更附有遊張公洞的圖、詩和那長長的詩引，備述此遊的勝況，使遠在京師的好友，有種身臨其境的感受。

△　△　△　△

「松下行行二三子，書聲白晝草堂開，老夫把卷仍自讀，舊雨到門今不來。苔石無塵棋局在，莎汀有水釣船回，秋風籬落偏蕭索，獨嗅寒花持酒杯。」—朱存理「九日松下」（註八）

進入知命之年前後，葑門大隱朱存理的詩文，愈發有種耐人尋味的蒼涼。年輕一代的秀才、舉人，如唐伯虎、文徵明、邢參、錢同愛、祝枝山、都穆、徐禎卿等，雖然偶而還會在葑門聚會開社，或者到他樓前一溪之隔的雙松樹下喝茶、鼓琴，陪他對奕，在閒談中，供給他撰述「松下清言」的資料。但，他們畢竟早已成人，有的長困場屋，有的飽受家累，有的爲了功名遠赴京師，更有的不幸朋友反目，形同路人…已難得再聽他們一起高談闊論，和詩思泉湧地吟哦。

寂寞無聊的時候，想想沈周、祝枝山師生在長詩中對他近視的嘲謔，依舊感到興味盎然。不過，吳寬那溫柔敦厚的和詩，卻更能顯出對弱視者的同情，以及對朋友的體貼：

「…嗟彼盲者病，遇人惟聽音；其病最所苦，畫地不及瘖。雖然苦若此，樂師能鼓琴…」

吳寬的五古，從此筆鋒一帶，把可能對他的笑謔，轉成一種內心的欽服：

「朱子卻差勝，瞳子職自任；使見素服者，何曾謂青衿？

惟恐醉生花，酒至戒滿斟。矻矻手所抄，書卷偏詞林…」

朱存理以爲，吳寬的和詩，妙在畫龍點睛的尾句：

「…要知視短者，反視惟求心。」—吳寬「次韻石田戲朱野航短視」（註九）

手抄口吟之外，朱存理的學術成就，也許正在他克服短視的意志，在於能時時「反視惟求心」地冥思默想，融會貫通。所以，對葑門東莊的吳寬，存理最具知音之感；可惜，前者遠在帝都陪君伴駕，更不知何日再得相見。

年事越高，行動越不便，近視越嚴重，視界越狹窄而模糊；因此，一艘可以裝載書畫，送他遠遊的野航號帆船，似乎已無法滿足朱存理接觸這美好世界的心願。甘冒「盲人騎瞎馬，夜半臨深淵」的風險；老早他就表示，他需要一隻代步的驢子。

前文說過，也許有人覺得一艘野航，已經使他孤魂野鬼似的到處漂泊；居然遠達杭州，在蘇堤、飛來峰乃至龍井山去尋詩覓勝，讓家人老友爲之躭驚受怕。如果加上一匹驢子，豈不如盲虎添翼，危險性更大；萬一有所閃失，則內在的罪疚，恐怕不是葑門鄰友或蘇州青年秀才、舉人們所願負擔的。

也許有些人，還有另外一種心理上的顧慮：

比如綽號「顚主事」的楊循吉，曾經搭朱存理的野航號暢游太湖；事後爲文贊美，認爲野航上的雅潔舒適，遠非應考時所搭船隻那樣擁擠、喧囂和龍蛇雜處的情形所能比擬。像這樣喜歡搭便船的朋友，一旦聽說存理募驢，難免不會聯想；如果朱氏牽驢上船，把水陸兩種交通工具，結合運用，會有甚麼樣的結果？一部份原本載放書畫、飲食的空間，用來堆積草料和鞍蹬。驢子的糞便，雖然可以隨時從甲板上沖刷進滾滾波流之中，但清風徐來之際，飄進艙裡的陣陣荷香，可能就不再那麼清純。此外，無論夜泊楓橋、石湖或胥口，擾人清夢的，恐怕既非寒山寺的鐘聲，也不是夾岸人家的曉雞，而是那匹不耐五更霜寒的驢子！

由於種種原因和臆測，儘管朱存理呼籲有年，募驢善舉，並沒有人認眞答理。

「嘔心少日，已無錦囊之才；流淚終年，空有碧雲之嘆。髮白因其搜索，雌黃費我推敲。抹去若干，存來十一；欲望收拾在後子孫，莫若流傳先自朋友⋯⋯」（註十）倒是他這篇又懇摯又悲涼的「募刻詩疏」，引起了廣泛的響應，沈周、祝枝山，乃至王鏊，莫不極力爲之勸募，或爲文推崇他的詩作。

令人料想不到的，是徐禎卿這個初生之犢，儒林新秀，不知此中的利害輕重，在前一年春天的虎邱餞別筵上，竟一力承擔下來。到了宏治十二年季冬，一幅仇英的「募驢圖」（註十一）和一篇擲地有聲的，徐禎卿「爲朱君募驢疏」（註十二），就流傳到錢同愛、祝枝山，和家境比朱存理、徐禎卿還要清寒的邢參手中。

單從藝壇上聲名日起的新銳仇英畫上，看不出朱存理一雙傳神的眸子，有何異於常人之處；而頦下那綹長鬚倒頗有幾分仙風道骨的感覺。他那輕撂袍帶端詳驢子的神情，像是躍躍欲試，然而又帶著一些怯意。赤腳、短打裝扮的驢夫，緊拉著繮繩，對驢子的牙齒和身體的健壯，似乎充滿了信心；並在眉目之間，顯示出一種誠實無欺的商德。那匹一面側頭擺尾一面嘶鳴掙扎的驢子，表示出牠有負重致遠的活力和筋骨，至於願不願意「忍辱」，可只有走著瞧了。

站在中間的驢夫，和朱存理、驢子，採取了相等的距離，但是透過緊綳著的繩索，扭曲的驢身乃至人畜間的眼神，使氣韻貫穿著這簡單、質樸的畫面。

「稅驂贈友，昔者聞之，有馬借人，今焉亡矣。朱君性父，白首窮儒，宴息中林，時思放跡。蕭閑布褐，自愛騎驢……」

募驢疏中，才高八斗的徐禎卿，單刀直入地敍說募驢緣起，同時強調出一匹忠實、健壯的驢子，對朱存理鑽研學術，訪友尋詩的重要性。然後，文鋒直指存理之窮及朋友間的通財之義；並描摹存理騎驢訪友的神態，以祈共襄盛舉：

「老者安之，惟仁人爲能播惠。傷哉，貧也！故友道重夫通財；市轡既藉乎高賢，執鞭何辭於賤子。訪交呂氏，行將特特以臨門；好酒李生，會見騰騰而過市。庶垂明覽，不鄙微言。」

不知是這篇募驢疏所發生的勸說力，還是由於朱存理平日在雙松下面，奉茶、對奕……所培植下的群衆基礎，募驢圖和疏公開陳列不久，認捐簿上就密密痳痳地列出捐獻者的芳名：

秀才錢同愛奉贈白金六錢
西崦朱良育贈銀五錢
太原祝允明奉贈五星

蘇衛張欽助米一石
相城沈邠奉米壹碩
邢參贈銀參錢
葉玠奉銀參錢
楊美贈米一石
御前敷陳王道生董淞分贐五十分
魯國男子唐寅贈舊刻〔歲時襍〕一部；計十册抵銀壹兩伍錢

從芳名錄看來，眞是有銀出銀，有米捐米。唐伯虎因北京的一場考試冤獄，弄得家破人散，不得已，以珍藏的古本圖書抵銀，足見其宅心仁厚，古道熱腸。數十年後，依舊有人在募驢圖的題跋中讚嘆：

「賢哉性甫朱先生，老健日逐溪山行。貧無籃輿覂不借，愛賢敬老徐禎卿；一疏手寫謁同好，僱驢代步身為輕。不問朱提并脫粟，為山一簣求其成。唐子最奇家亦窶，以書抵錢非矯情⋯⋯」

不過，衆人所關心的是，像這樣的一套善本古書，朱存理到底留作枕中珍祕，或忍心換銀，湊成買驢之數，就不得而知了。

註一、〔石田集〕頁六九二。
二、〔石田集〕頁六九三。

三、〔文人畫粹編〕卷四頁一六三插圖二十四。
四、〔文人畫粹編〕卷四圖四二，圖說在頁一六四。
五、〔匏翁家藏集〕頁一一七。
六、〔石田集〕頁五二一。
七、〔石田集〕頁二三九。
八、〔明詩紀事〕册四，頁九二八。
九、〔匏翁家藏集〕頁一三三。按：沈周、祝枝山戲朱性甫近視詩，均無年款。吳寬和詩，按集中所編列的順序，則在宏治九、十年丁憂期間所作。
十、〔明詩紀事〕册四頁九二七、〔野航〕附錄頁九「朱竹垞靜志居詩話」、〔樓居雜著〕頁二七「募刻詩疏」。
十一、〔中國名畫寶鑑〕頁五六九。
十二、〔穰梨館過眼錄〕頁七七七。

第二十九章　風流才子

「一盞瓊漿托死生，佳人才子自多情；世間多少無情者，枕席深情比葉輕。」—失題（註一）

對於一個失意落魄、歷盡滄桑，看不出任何前景的才子，美酒佳人，是一種最好的逃避，也是一種慰藉。

尤其當唐伯虎，想到僮僕和續絃妻子對他態度的轉變。在受辱返鄉的途中，他仍舊把家和妻子作爲心靈的最後依賴，他在「騎驢歸思圖」上題：

「乞求無得束書歸，依舊騎驢向翠微，滿面風霜塵土氣，山妻相對有牛衣。」（註二）

前程、功名、希望……儘管一切都已失去，只要在山坳深處，有一二間茅舍，亂頭粗服的妻子，相與牛衣對泣，這也是一種幸福；然而對年逾而立的他，竟成爲一種奢侈的遐想；他只好像荒唐少年時代那樣，另尋寄托。

在孤單寂寞的夜晚，他躺在那一度是寧謐恬靜與好友吟詩尋夢的小樓上，望著「騎驢歸思圖」中一折折的瀑布，雄奇聳峙的危峰，寒風中瑟縮而行的樵子……然後把視線投落在遠景崎嶇山路上，騎著驢子踽踽獨行的歸人。單從畫中，沒有人知道他曾追求過甚麼，只見遠坡外的一片平台上，隱隱約約有著房屋、樹木和等盼著歸騎的人影。如果那代表著人生的另一種希望；對他而言，只能說是另一片海市蜃樓罷了。

那峭拔的山峰，李嵩、劉松年式剛勁厚硬的皴法，危橋下面激湍冷冽的流泉，連自己看了都有種目迷神眩，驚怖戰慄的感覺。

有人說他的畫風，正逐漸減褪沈周的影響，傾向於周臣的風貌；更有人說，窮困潦倒之餘，他意欲以筆墨爲生，師法周臣那種峽深巒厚，古氣蒼郁的兩宋風格，是作爲畫師的坦途。唐伯虎無法確知畫風的改變，是否含有這種功利上的目的；他只覺得那嵯峨的危峰，那擎天的巨柱，足以發洩他心中的磊砢不平之氣。事實上，無論學石田翁也好，學陳暹的傳人周臣也好，他都不以逼肖爲滿足。像許多晚近大師那樣，他想透過業師、元四家、趙孟頫、南北宋諸家，直探荆關董巨的堂奧。從這些遼遠的山水、人物大師的遺蹟中，找出畫家與自然之間的靈會，找尋自己的面貌和途徑。

「吟詩寫畫似參禪，不向他人被裡眠，生公堂前點頭石，天平山上白雲泉。」（註三）

祝枝山這首題在畫上的七絕，正道著唐伯虎的心意。

除了勤於書畫創作之外，南歸後的二三年間，唐伯虎的生活，幾乎陷進一種雜亂無序的深淵裡，多數時間，流連在野寺、妓院中。

他自號「六如居士」，取意於金剛經中的「如幻如夢，如泡如影，如露如電」。

在人生的境遇中，良辰、美景、賞心、樂事四者，似乎永遠難并難全。因此，他不得不採取宋朝范成大在「閶門戲調行客」詩中的生活態度：

平衡。

「萬事惟堪六如觀，一杯莫信四并難。」

由此可知，唐伯虎的自號「六如」，與其說是深受折辱之後，勘破世事所產生的宗教信仰，莫如說是自覺世事無常，只好在一種玩世不恭、隨遇而安的情況下，求得心理上的平衡。

「…學仙學佛要心術，心術多從忠孝立。惟孝可以感天地，惟忠可以貫金石；天地感動金石開，證佛登仙如芥拾……」—解惑歌（註四）

「不煉金丹不坐禪，饑來喫飯倦來眠；生涯畫筆兼詩筆，蹤跡花邊與柳邊。鏡裡形骸春共老，燈前夫婦月同圓；萬場快樂千場醉，世上閒人地上僊。」—感懷（註五）

從唐伯虎晚年的兩首詩題中，不難印證他那種反宗教性格和人生的理念。「燈前夫婦月同圓」，則永遠是他嚮往追求的鵠的，只不知何日才能尋回失去的溫馨。

道觀佛寺之中，雖然也有貪痴和勢利，但比起塵世來，仍舊有一份清淨，使他可以避開那些鄙視和嘲諷。廟中也有不花錢的粥飯，供他糊口；和他那「挑來野菜和根煮，尋著江梅帶蘚搬」的貧苦生活，有著異曲同工的情趣。某些風雅的禪僧道士，除了陪他品茗、奕棋，消磨漫長的時光外，更能和詩聯句，消解他心中的孤寂。

對於青樓酒家和舞榭，唐伯虎有他獨特的看法：

「……為人能把口應心，孝弟忠信從此始；其餘小德或出入，焉能磨涅吾行止？頭插花枝手把盃，聽罷歌童看舞女；食色性也古人言，今人乃以之為恥…」—焚香默坐歌（註六）

荒觀野寺和青樓酒家舞榭，雖然同樣是無室無家，空虛苦悶的他經常寄身之處，但二者之間，也有一些基本上的差異；後者同時也是銷金窟，因此，常常跟他自我寫照的「蘇秦捫頰猶存舌，趙壹探囊已沒錢」的羞澀窘況，大相抵觸。然而，他有他的「韜略」：

那日，他和幾位浪遊的友人，都有了幾分醉意，但是他們都覺得酒興未盡，都覺得該重整杯盤，以求盡歡。他們翻遍了口袋，遺憾的是人人杖頭金盡，所以天旋地轉中，全都束手無策。

可能那並不是一個寒冷的季節。因此，衣服也就可有可無—尤其對這些不爲禮法所拘之士。唐伯虎靈機一動，著人把酒友們的衣服全數典當，用以放情豪飲，竟夕忘歸。醉眼矇矓中，只見唐伯虎搦管塗抹，剎那間，煙雲丘壑，蒼松古廟，彷彿陣陣微風吹散曉霧一般，在紙上顯現。然後，他竟以這些筆底雲煙，贖回諸友賴以蔽體的衣物（註七）。

爲了酒資和纏頭，偶而他們也會作出一些無法見容於世俗的異行：

一次唐伯虎和祝枝山遠遊揚州，聲色之餘，覺得鹽使者的稅課豐富，何妨分惠一二。

經過一番裝扮，兩個衣冠偉岸的玄妙觀道者從容走訪御史臺。

對兩個唐突而至的道士，鹽使者雖然加以怒叱，但見他們那種軒昂的氣度，脫俗的言談；同時宣稱連蘇州名士唐伯虎、祝枝山都與他們折節相交，滿臉的怒意，不覺爲之消解。爲了一試二人的才學，鹽使者指著署中的牛眠石，命二人聯對。

「嵯峨怪石倚雲間」，唐伯虎幾乎不加思索地隨口朗吟。

「拋擲於今定幾年」，祝枝山緊接著對了下句。

「苔蘚作毛因雨長」——唐
「藤蘿穿鼻任風牽」——祝
「從來不食溪邊草」——唐
「自古難耕隴上田」——祝
「怪殺牧童鞭不起」——唐
「笛聲斜挂夕陽煙」——祝

兩位道士詩句愈出愈奇，嚴威素著的鹽使者不禁起了愛才之意，和顏悅色地問他們有甚麼要求。

兩個人首先讚美鹽使者的輕財好施，天下共聞，接著才說出蘇州玄妙觀多年失修，頹圮不堪，倘能捐俸修葺，必定神人同感，名垂不朽。

鹽使者欣悅之餘，隨即傳檄吳、長二縣，助銀五百兩，作為葺觀的費用。

回返蘇州，唐伯虎和祝枝山再以地方士紳之名，聲稱自揚州還，奉鹽使者面諭，代為催請修葺玄妙觀的銀兩。畀歸後，立刻呼朋引類，召妓命酒，不出三五天工夫，便已花費殆盡。

故事的結尾是，某日鹽使者巡視蘇州，整肅衣冠專程前往皮市街口的玄妙觀拜謁，只見殿圮牆傾，金漆剝落，陳舊破敗一如往昔。追問吳、長二令，知道葺觀用金，已經由唐祝兩位舉人代領。鹽使者悵然若失，但為了顧惜兩人的才名，也就沒有再行追究（註八）。

在青樓中，唐伯虎雖然以金銀來尋歡買醉，廣結露水姻緣，但他與她們之間，有時卻存有眞摯的友誼；也許是淪落天涯，同命相憐的緣故吧。

平日除了爲她們書聯畫扇之外，他也代她們和遠客的情詩，想藉以挽回明知不易挽回的情愛。往往他以詩詞歌曲，讚美她們的芳姿和纏綿的情思，來抬高風塵中麗人的身價。春寒料峭的夜晚，他和妓女烘著薰籠，一面取暖，一面尋夢，述說坎坷的身世。

徐素，人們也許無法盡識這位青樓麗人的風姿和音容笑貌，但從唐伯虎「哭妓徐素」（註九）七律中，可以體會出那種陰陽永隔的悽愴，和刻骨銘心的相思：

「清波雙珮寂無蹤，情愛悠悠怨恨重！殘粉黃生銀撲面，故衣香寄玉關胸。月明花向燈前落，春盡人從夢裡逢；再托生來儂未老，好教相見夢姿容。」

前後兩位妻子，一個不幸早逝，一個離異，在他心靈中，無論苦樂辛酸，都留下無法忘懷的痕跡；但對他感情上的衝擊，卻無如「再托生來儂未老，好教相見夢姿容」來得濃烈，令人不禁爲之一掬同情之淚。

他的一些抒寫情愛生活的小詞，引人遐思的春圖，可能多作於此際。

「春來憔悴欲眠身，爾也溫存，我也溫存。纖纖玉手往來頻，左也消魂，右也消魂。條桑採得一籃春，大又難分，小又難分；惟貪縩繭合繙綸，吃不盡愁根，放不下愁根。」——調寄一剪梅（註十）

類似描寫青樓豔事的詞曲中，這僅僅是比較含蓄的一例；其餘蝶浪蜂狂，刻畫入微者，也就可想而知。

由於他生活在那種溫柔夢鄉之中，日與艷麗的佳人爲伴，因此他筆下的春圖，不但面貌姣好，腰身纖穠合度，其形態的生動，色彩的典雅，線條的流暢，也是尋常畫工望塵莫及的。

提起春圖，雅好此道的蘇州人士，會異口同音地稱讚：

「工此技者，前有唐伯虎，後有仇實甫；今僞作紛紛，然雅俗甚易辨。」（註十一）

可見唐伯虎這些得自耳濡目染，親身體驗的創作，每有所出，往往爲人摹仿或僞冒，並無版權上的保障。

△　　△　　△　　△

春闈失意後的唐伯虎，生活雖然雜亂無緒，但心境的演變，卻也不難尋出一個來龍去脈：

在北京三法司、錦衣衛羈押和午門廷鞫中，唐伯虎、徐經披枷帶鎖，一片吆喝聲中，戰戰兢兢地匍匐在地；不僅體會到官法如爐吏卒如虎的威勢，也感到官場的傾軋，以及一個讀書人尊嚴所遭受到的徹底摧殘。

元季山水大師倪雲林，因拒不爲吳王張士誠弟弟士信作畫，爲士信所銜恨。一日，張士信宴客於太湖船上，當他循著倪雲林慣焚的香氣把他從菰蘆中搜索出來時，在衆賓客面前箠楚洩憤，幾近於絕；但倪氏卻始終不發一言求恕。被衆賓客力救得免一死的倪雲林事後解釋：

「開口便俗！」

故事聽來灑脫，高士風範，足令千載而下，肅然起敬；但身罹其禍的唐伯虎，卻領會到自始不發一聲是何等艱難。初受杖時，痛徹骨髓，呼天搶地，涕淚橫流，幾乎不能自己。逐漸進入一種支離而痲痹，好像魂體兩散的狀態。眞正的劇痛，更在停刑之後；那種萬箭穿簇，轉側不得的情境，令人不由得心驚肉顫。

以一枚金幣向心儀已久的程敏政乞求「送梁洗馬序」以報知遇之恩，爲徐經舉人作模擬的問策以盡硯友之誼；由於他的供辭始終如一，所受的刑訊尙屬有限。而懼怕拷治，致獄辭反復無常的徐經，則受到更多的棒掠，屆至定讞，整個人彷佛已經變了另外一種面貌。

當他置身陰暗酷冷的獄中，在獄卒的咆哮與受拷訊的嚎啕聲裡，元旦早朝那種天顏咫尺的感覺，那種匡時濟世的雄心，早已煙消雲散，整個心靈爲一種深沉的孤獨感所佔據。他忽然想到李應禎少卿爲拒寫佛經所受的廷杖，想到那位一生耿介的書家無端受辱後的心理反應；也想到李應禎和文林藉著賀萬壽節機會毅然辭職後的輕鬆和愉悅。

「蘧篨戚施，俯仰異態；士也可殺，不能再辱。」他在給文徵明信中說（註十二）。在北京幾個月的折磨中，他已經看透了官場情態；本朝從地方小吏積勞昇遷而爲朝廷命官的，雖然不乏前例，但是以一付諂媚的姿態，逢迎上官，看人臉色行事，雅非他所能承受的。也許遠在生死未卜，命運難料的獄中，他就已抱定了不食天祿的決心。

返鄉後所受到的唾棄和指責，對唐伯虎而言，是另一記重擊，在他心中所留下的創痕，並不下於在北京所遭受的摧殘：

「……績絲成網羅，狼衆乃食人；馬氂切白玉，三言變慈母；海內遂以寅爲不齒之士，握拳張膽，若赴仇敵，知與不知，畢指而唾，辱亦甚矣……」他在同一封信中，一字一淚的寫。

一種無比深沉的絕望和沮喪，也在他和某些朋友的談話中流露出來：

「枯木朽株，樹功名於時者，遭也；吾不能自持，使所建立，置之可憐；是無枯朽之遭，而傳世之休烏有矣。譬諸梧枝旅霜，苟延奚爲？」（註十三）

然而，經過一陣子懊悔、自責和自我禁閉之後，那種暫時壓抑下來的豁達灑脫、主張在短暫人生中盡情享樂的本性，像經過春風吹拂的野草一般，重又萌生蓬勃起來；既然無辜被冤，問心無愧，又何必自苦得像楚囚一般，空辜負了春花秋月：

「大丈夫雖不成名，要當慷慨，何乃效楚囚？」（仝註十三）

他把這種人生態度的轉變，這種重新投入青春逸樂的宣示，表現在兩方饒有趣味，流傳千古的石章上：

「江南第一風流才子。」（仝註十三）

「龍虎榜中名第一，煙花隊裡醉千場。」（註十四）

在美女環侍中狂歌漫舞，在花前月下，無分晝夜的縱飲，旖旎艷麗的詩詞繪畫，像造物者散播春光似的展現在人們的眼前……。

只是在這種種放浪形骸，玩世不恭的表層下，同時也有對炎涼世態的怨懟，「一失足成千古恨，再回首已百年身」的感嘆，想重新振作策勵的內在呼喚交織其中，成爲一種極端複雜和矛盾的心態。

對世態炎涼的怨嘆，既見於詩，也見於畫，成爲他發洩情緒的一種工具：

「暗笑無情牙齒冷，熟看人事眼睛酸。」是「和雪中書懷」（註十五）詩中的警句。

美女紈扇，是他作品中慣用的題材；他在「秋風紈扇」圖軸上題：

「秋來紈扇合收藏，何事佳人重感傷，請托世情詳細看，大都誰不逐炎涼！」（註十六）

秋扇使他聯想到漢成帝和班婕妤間，悽婉哀怨的愛情故事，也極其自然的，成爲他南京奪魁，與北京鎩羽而歸所見的世態寫照。

至於重思振奮和對未來的策勵，則同樣顯現在詩和給文徵明的信中：

「夜來攲枕細思量，獨臥殘燈漏轉長；深慮鬢毛隨世白，不知腰帶幾時黃！人言死後還三跳，我要生前做一場；名不顯時心不朽，再挑燈火看文章。」——夜讀（註十七）

這種夜深、孤淒、倦讀後的沉思與獨白，在給文徵明的信中，就變得更加具體：

墨翟受到了拘囚，創建了「薄喪」之說。孫子的兵法，司馬遷流傳千古的〔史記〕，是在他們受到嚴酷的刑罰之後的產物。遭受流放的賈生，文詞益發卓落……步武諸賢之後，他想遍覽群經，總疏百家，成爲一個獨特的學術系統。

「……嗟哉吾卿，男子闔棺事始定，視吾舌存否也！僕素佚俠，不能及德；欲振謀策，操低昂，功且廢矣。若不能託筆札以自見，將何成哉？」

只是，夜讀時的獨白和與文徵明書中，信誓旦旦的抱負，一逕在放浪形骸，對現實的逃避下，始終無法專注與奮勵。直到有一天，他發現白髮愈多、馬齒增長、身心俱憊，才以一種帶著幾分悔恨和哀憐的筆緻，寫下如次的悲歌：

「平康巷陌倦遊人，狼藉桃花病酒身；短夢風煙千里笛，多情絃索一床塵……」—送殘春（註十八）

驀然，他興起了遠遊的決心；也許行萬里路，再佐以書卷，才能治癒他抑鬱不解的心結。

註一、〔唐伯虎全集〕頁一〇九，水牛版。
二、〔吳門畫派〕圖二四〇，藝術圖書公司版。
三、〔式古堂書畫彙考〕册四頁四六四「祝希哲題畫」詩。
四、〔唐伯虎全集〕頁二三，水牛版。
五、〔唐伯虎全集〕頁六〇，水牛版。
六、〔唐伯虎全集〕頁二二，水牛版。
七、〔唐伯虎全集〕頁二四一，水牛版。
八、〔唐伯虎全集〕頁二三七，水牛版。
九、〔唐伯虎全集〕頁六三，水牛版。

十、〔唐伯虎全集〕頁二七四，漢聲版。
十一、〔筆記小說大觀〕編六頁三八一八。
十二、〔唐伯虎全集〕頁一六一「與文徵明書」，水牛版。
十三、〔唐伯虎全集〕頁二三二，水牛版。
十四、〔唐伯虎全集〕頁二五〇，水牛版。
十五、〔唐伯虎全集〕頁四七，水牛版。
十六、見故宮藏畫。
十七、〔唐伯虎全集〕頁五五，漢聲版。
十八、〔唐伯虎全集〕頁五四，水牛版。

第三十章　友愛

兄弟析居，原因可能很多，比如兄弟間性情不和，妯娌衝突，家中人口膨脹，居宅不敷使用等等。但無論如何，析居也總會給人們帶來一些猜疑和竊竊私議，也使當事者感到一些困窘和不安。

尤其像文徵靜那樣剛強的性格，雖說是奉繼母吳氏之命析居，又似乎早在親友、街坊的意料之中：

徵靜原名叫做文「奎」，和乃弟文「壁」，同樣是以星宿爲名；文徵明書畫稍稍出名之際，有些冒名作僞的畫商，竟在所作假畫上面誤署「文璧」，眞是差之毫釐，謬之千里，使兄弟二人啼笑皆非。徵靜生於成化五年七月廿八日，僅比徵明大一年三個月零七天，幼年喪母，在舅父和姨母的照顧下，兄弟二人過著僅能免於饑寒的生活。二十歲前，更隨父親的任所轉移不定，眞可以說是難兄難弟。不過二人的性格卻有著極大的差異。

同在縣學讀書的文徵靜，聰明、理解力強、善於筆箚，只是不能像乃弟那樣外柔內剛，遇事忍隱。無論平時多好的朋友，或權勢貴遊，稍不當意，便面加詆罵，使人難堪得無法忍受。然而轉眼之間，卻又怒氣全消，毫不記恨，知道這種脾氣的人，認爲他心腸率眞，容易相處，不瞭解他的人，不但心存怨懟，而且認爲他早晚會惹禍上身。

如果不是發生事故或疾病，他每天總是很早就起床，整肅衣冠，拜謁先祠，這是他一種特殊的表現孝道方式。歲時祭祖，更是精選祭品，愼重其事。平時遇有時鮮或精美食物，也必定先供奉祖先，然後再行品嚐；如果倉卒舉行燕會，未及祭祖，他寧可絕口不食這道佳肴。

至於他對待乃弟的方式，雖然文徵明說是依戀和愛始終如一；但，一個甲子之後，文徵明的次子文嘉，卻在「先君行略」（註一）中，對這位脾氣火爆的伯父，有著生動的描述：

「……公兄雙湖公徵靜，性剛難事，公恪守弟道，而以正順承之。雙湖瀕涉危難，公極力周護，得不罹禍；雙湖亦遂友愛，怡怡之情，白首無間……」

所以，兄弟間的眞正友愛，是在中年徵靜闖禍，徵明爲之周旋得脫以後的事。析家，使文徵明的長兄擁有了蘇州東北陽城湖和沙湖間的一片田產，文嘉文中所稱的「雙湖」，就是他這位伯父的新號。

文嘉誕生於析居的第二年，緊接著的宏治十五年，徵靜的妻子姚氏，也生了一個男孩——是他們的長男，取名「伯仁」。這兩個新生的男孩，以及年已五六歲滿園奔跑吵鬧的文彭，他們未來的藝業成就，很像文徵明。但文伯仁的脾氣，卻火爆得一如乃父；顯然，遺傳的成份，多於得自叔父的薰陶。

其實，經常需要沉默端方、循規蹈矩的文徵明力加維護的，除了脾氣暴躁的徵靜，風流自賞的唐伯虎之外，還有令他時時爲之提心吊膽的至友蔡羽（九逵）。蔡羽的狂傲、肆無忌憚地詆譭古賢，開罪士林宿儒，遠甚於前面的兩位。

世居太湖洞庭西山的蔡羽，幼年喪父，日與群兒在山巔放紙鳶爲戲，母親流淚苦勸，才稍加悔改，由母親教授詩書。

十二歲所作的文章，便充滿了個性和獨特的見解；在文徵明心目中，蔡羽和徐禎卿是一前一後的兩位早熟天才。隨後，他就整個沉潛到父親蔡滂藏書的天地，經史子集，不靠記誦訓詁，而自然融會貫通。

成人後的蔡羽，讀書治學有一種很特殊的褒貶獎懲方式：

在距林屋洞不遠的讀書草堂中，蔡羽用茅草縛成兩個古代的「大儒」，可以彎腰屈膝，繫在左右兩廂的書齋裡面，準備接受他的考驗。正房的北面牆上，則準備了一面巨大的鏡子，以便接受表揚。

在廣袤的學術之海中，蔡羽擅長易經，因此，本號「林屋先生」外，又自號「易洞先生」。他每天的早課，便是研究易經，晚課則是四書，並習以爲常。在這種研究著述的時刻，他一面依自己的創見解釋經意，一面與放在身邊的先儒註解加以對照。每當發現前人註釋不合己意時，便開口大罵：

「某甲謬甚！」

同時叱令童子從廂房中牽出草人，權充註疏古經的某甲，跪在他面前受杖，於「恭聆」他的訓斥後，牽回原位。

如果著書時，遇有發明得意的地方，他就立刻整肅衣冠，對鏡自拜，稱譽自己的影像：

「易洞先生，爾言何妙，吾今拜先生矣！」（註二）

除了這樣自我崇拜、表彰之外，給予別人的評價，則相當苛刻：

他對同樣在易經上下過功夫的文徵明、祝枝山等人的學術造詣頗爲推許，但內心裡卻覺得比他「易洞先生」實在還差了一截；好在文祝二人對他這種無意中所流露出來的弦外之音，不以爲意，友愛無間。

以善學杜詩自命的李獻吉，竄竊剽賊，雄視海內，一時風靡了詩壇。蔡羽覺得犯不上直接抨擊李獻吉，乾脆來個「少陵不足法」的全盤否定；意思是連詩聖杜甫本人尚不值得取法，竄竊剽賊之徒還有甚麼價值可言？

此言一出，不僅觸怒了李氏的讀者和徒衆，甚至所有杜詩的愛好者和士林耆宿，有的對他懷疑、譏笑，有的直接指斥他是「蚍蜉撼大樹」，根本不自知輕重。使這些被觸怒者大快心意的，是他從宏治五年起首赴南京鄉試，結果屢戰屢北，功名不偶。

不過也有些京官和學者，久聞蔡羽之名，沉醉於他的洞庭諸記和深具先秦兩漢風格的古文；卻以未得他應試春闈，未能瞻仰易洞先生的丰采，感到遺憾與惋惜。

對這位被認爲舉止怪誕，態度狂傲的好友，文徵明除了在人們面前爲他解釋、周護之外，倒眞是朝思暮想，情逾手足。也許由於煙水之隔，或生性疎懶，無論上巳修禊、東禪寺賞花、或九日登高，蔡羽常常爽約不至，使文徵明心中，感到悵惘與落寞，因此留下許多懷念他的詩篇：

「春來相見一何稽，病裡相思意欲迷。雨洗碧桃三月盡，風吹落日五湖西。

眼中人物如公少，鄉里聲名媿我齊，老大未忘乘駟馬，仙橋待與長卿題。」—懷九逵（註三）

其他如：

「落日懷人流水遠，秋風撫掌菊花開。」「人日故人偏入望，洞庭煙水隔蒼蒼。」「日落晚風吹宿酒，天寒江草喚新愁；佳期寂寞春如許，辜負山花插滿頭。」—上巳日獨行溪上有懷九逵（註四）

類此思致綿綿的詩句，眞是不勝枚舉。一旦如願相晤，望著松間月下所映照出兩襲長長的青衫瘦影，文徵明詩中，透露出心靈中的滿足和喜悅：

「何處晚涼多，溪堂夜來雨，喬然兩青衫，繁陰遽如許。山僧候巖扉，喜聽松間履，為破明月圓，自汲寒泉煮。」—東禪寺與蔡九逵同賦（註五）

令人不可思議的是，這兩位志業相近，情意相投，又復同命相憐的好友一生間，竟存在那麼多的巧合：

同樣未人帝都，便已名滿京華。

在漫長的數十年間，同樣的應舉不售；文徵明十次名落孫山，蔡羽失意場屋更達十四次之多。

及至年逾半百，功名之心早已淡泊，卻又均爲封疆大吏同時歲貢入京；文氏授翰林待詔，修國史，蔡羽則授南京翰林院孔目之職。

更同樣地，居官不過三、四載，便倦勤致仕，歸老家山。

△　△　△　△

三年丁憂期間，文徵明可以放下那些僵硬而空洞的八股文，全心全意整理父親遺作，以韻致楚楚的精楷鈔寫，充份表現出他壯歲楷書的風貌。先後完成的有〔琅琊漫鈔〕及〔溫州府君詩集〕等，希望有一天能刊印流傳，不負亡父的心血。他也作些書畫方面的考據，寫些論議詩和敍事詩；這些重理性思維的作品，顯示他的生命已經步入一個新的里程，非僅像青年時代那樣，偏重熱情和想像的創作。

但是，這其間也有外來的困擾，和一些不得已的應酬文字；雖然因此文名大噪，得到對生活不無小補的筆潤，內心之中，卻甚感厭煩和無奈。

唐憲宗時，河朔劉叉，任氣尙俠，因殺人亡命，流居在齊魯之間。遇赦後折節讀書。聽說韓愈好客，袖詩往謁，一度成爲韓文公的座上之賓。在他和賓客發生爭執，含憤欲去的時候，取走了韓愈置於案上，筆潤所得的黃金，並留下一句千古名言：

「此諛墓中人所得耳，不若與劉君爲壽！」

使文徵明意想不到的，在親友的逼迫，長老先生的要求下，他也開始寫這些「諛墓中人」的文章。

行狀、傳記、墓誌、祭文、悼辭、輓聯…明明是庸庸碌碌，乏善可陳的人，但是在死者子孫的殷殷囑託，或依所送稿本鈔錄的情形下，不是天縱之才，就是以其先祖的「顯赫」，有時更須把一些瑣碎的事蹟加意吹噓。文徵明這才感到，要想從而表現「春秋大義」、「秉筆直書」的精神，是何等艱難。

父親的〈琅琊漫鈔〉中，就曾留下一則對歷史、傳記的批判：

「世以史記趙氏孤兒作雜劇，是以雜劇為史記也。史遷好摭拾不經之言為傳，不怪其然也……經曰：『趙盾弒其君』；則盾固未嘗殺靈公也，盾之善終，又何嘗死於屠岸賈邪；史之言不足信者多。」（註六）

「摭拾不經之言為傳」、「史之言不足信者多」；正史、經傳尚且如此，則死者的子孫憶述，親朋好友的吹噓，自然多為「諛墓中人」之言，難怪心直口快如劉叉者，對主人案上的筆潤，取之無媿。而文起八代之衰的韓文公，眼見劉叉取金，卻無能為阻；大概也是心中有數吧。

至於比墓誌、行狀更等而下之，使文徵明想起來就皺眉蹙額的，是餞行文和釋別號，所說的多半是些「強顏不情之語」，所以他感慨無限地說：

「嗚乎，是尚得為文乎！」（註七）

他跟祝枝山、張靈、唐伯虎、蔡羽等，多年來追隨鄉里先輩，鄙薄時文，效法秦漢古風，是頗經過一番掙扎的。例如學使者方誌對古文的厭惡，以至於在歲考科考中，對生員們痛加針砭。又如一時同窗的非笑；認為他這樣不顧現實，不專注於科舉程文，不是狂傲、矯情，便是迂闊。有些同情他的人則說：

「以子之才，為程文無難者，盍精於是，俟他日得雋，為古文非晚。」（同註七）

先鑽研八股，待金榜題名後再發展古文的興趣，表面上看合情合理；但中與不中，並非全靠八股文的精能與否；兩次應舉落第，使他不相信冥冥中有命運操縱著，因此，文徵明獨排衆議：

「苟爲無命，終身不第，則亦將終身不得爲古文，豈不負哉！」（同註七）

然而，以古文見重於人的結果，卻是這些需索無度的阿諛亡靈和說來使人臉紅的應酬筆墨，眞是他始料所未及的。

其間眞正知賞、給他鼓勵的，除了幾位師友之外，就是宏治十二年冬天歸省的侍讀學士王鏊（守谿）。家住洞庭東山的王鏊，和吳寬、沈周一樣是倡導古文的先輩，對八股取士的方式，根本就抱持懷疑，甚至否定的態度。此次南歸，對文徵明這樣一位以書畫、古文和在溫州盡卻賻金，廉潔聞名鄉里的故人之子，特別賞識。邀他一同遊燕、研討議論，並要文徵明把平日的詩文鈔寫成册，供他家居賞鑑。文徵明在「上守谿先生書」中，敍述自己學文的原委，並楷書十四首論議和十五首敍事詩文，正式拜在王鏊的門下。至於伯虎之拜入王門，可能更在徵明之前。加上洞庭東西兩山相望，早已和王氏往還遊燕的蔡羽，都成了王鏊最得意的家鄉子弟和山水遊伴。

這位先後擔任宏治皇帝日講官和太子朱厚照宮僚的王鏊，看來體質纖弱，跟他最莫逆的鄉友鬚髯滿面的吳寬，成爲一個很好的對照。在朝廷中，同樣以清廉正直成爲一代名臣；但，如果把吳寬比作「聖之和者」，王鏊則不妨比成「聖之淸者」，他很少與人交往，只是以道自勝，不怒不懼，勇往直前地處理政務，輔佐朝廷。

早年，他不僅身體纖弱，更是性情恇怯。有一天讀程子克己可以治怒，明理可以治懼之言，恍然大悟：

「在我者有理，在天者有命，吾何畏乎！」（註八）

寫下「治怒」、「治懼」兩篇箴言，自擬爲冷冽的清泉，以自省和自我克制的定力，一點一點澆息心中的怒火和恐懼，化解外力的紛擾於無形。他的最高境界是：

「刀鋸在前，不震不竦，是謂不動，孟軻之勇。」（註九）

文徵明無憂無懼以及自我克制的功夫，雖然得之天性和父親的教導、叔父的薰陶，但未始不是受王鏊的影響。

△　　△　　△　　△

文徵明不僅文學上師法遠古，繪畫方面，也想一窺古人的堂奧：

「畫須六朝爲師，然古畫不可見，古法亦不存，漫浪爲之，設色行墨，必以簡澹爲貴。」（註十）他對唐伯虎說。

那年他們同爲二十七歲，他畫了一片平坡，三株長松，一位莊襟老帶的高士，撫松踞石而坐，神情閒適地俯視著綠蔭籠罩下的溪水。簡淡的筆墨，一種蕭然寧靜的氣氛，也許是他們心靈中的天地，或未來生活的寫照。但僅僅五、六年間，物換星移，世事竟生出了那麼大的變化。

二十八歲那年，一幅趙孟頫的「湘君圖」，擺在他的面前，運筆設色和高髻長裾的人物造形，都非常的高古。沈周極力鼓勵他臨摹，但他終於覺得自己功力還淺，見識不夠，恐怕無法體會這位元代大師的眞髓而遜謝。

可是對於古畫的流傳、書畫家生平事蹟和藝林掌故，文徵明卻如數家珍，落筆題跋，洋洋灑灑，頗有太老師杜瓊的遺風。宏治十三年，也就是沈周以「銅官秋色圖」易得周砥「宜興小景」的第二年，文徵明才得一睹這幅畫的廬山面貌。文徵明一面為沈周的珍藏欣喜贊嘆，一面引經據典地在畫後題寫周砥生平，和周砥與宜興馬孝常間的友誼、唱和的韻事。

不過沈周師徒所料想不到的是，大約此後不久，就傳出黃元珍的父親為易圖之事，深表不悅，致父子之間有所爭執。經過一番內心的掙扎之後，沈周毅然連同自己精心繪製的「銅官秋色圖」，一並歸之於黃氏的瞻雲樓。比起米芾當年，見到蔡太保的名帖，索討不得竟據舷大呼，以死相挾的行徑，人們莫不贊嘆沈周的豁達。

△　　　△　　　△　　　△

年逾而立的文徵明，雖然在藝業學術上，逐漸有成，但他卻勤於治學，拙於治家。園中荒草，停雲館前塞阻四溢的溝水，乃至碎裂墜落的屋瓦，均懶於督促僮僕，加以整修。有時，尚未完成的書畫，被書童竊取變賣，也懵然未覺。因此與性情暴躁的徵靜析居之後，心理竟有一種失去依靠的感覺。尤其當他看到西齋前面的假山，雜草叢生，完全失去了那種清新秀麗的面貌。

記得一年秋天，也是這樣荒蕪，在秋風細雨中，心裡浮現出無限的淒涼，彷彿雄心壯志，都在向晚的陰霾中，消磨殆盡。忽然有一天，徵靜召一群工人加以整治，樹木花草，剪薙一新；多時不見天日的太湖石，顯得特別的雄奇古秀。

獨坐幽齋中的文徵明，面對著斜陽下煥然一新的山景，腦中油然浮起王臨川的詩句：「掃石出古色，洗松納空光。」一時詩興勃發，隨口依韻朗吟：

「急澍滌囂埃，方塀淨於掃，寒煙忽依樹，窗中見蒼島，日暮無人來，長歌雜芳草。」（註十一）

思潮起伏中，他想著將來要在松下，修築一個小小的水池，微風徐來，波影晃動，當會呈現出一片零亂的寒碧。

知心好友來時，可以相對忘言，飽餐山水秀色。簷邊的小鳥，將睜著一雙雙好奇的眼睛，趁著人們離開的時候，飛落覓食。

朶朶紅霞飄浮而過，把太湖石染得愈加古鏽斑爛，別有一種莊嚴與渾穆，使他自然聯想到宋代穿著朝衣，手持牙笏，對石下拜的米顛。甚至連他也有一種欲拜的衝動……

那天文徵明把這些由修整假山所引發出的情境和感觸，一一譜成新詩，竟達十首之多。

這些詩，這些瑣碎往事的回憶，都成了他與徵靜共同生活最好的紀念。

註一、〔甫田集〕頁九〇二。

二、蔡羽生平，見〔甫田集〕頁七一九「翰林蔡先生墓志」、〔古今遊記叢鈔〕卷十五頁三九「洞庭山記其八」，陶望齡撰。

三、〔甫田集〕頁二三六。

四、〈甫田集〉頁一五三。

五、〈甫田集〉頁二一四。

六、〈明朝小說大觀〉，明人百家本頁二三二。

七、〈甫田集〉頁六五五「上守谿先生書」。

八、〈甫田集〉頁六八一「太傅王文恪公傳」。

九、〈震澤集〉卷三二頁十四「二箴」。

十、〈過雲樓書畫記〉頁二九八「松陰高士圖」。

十一、〈甫田集〉頁一二四。

第三十一章　秋收

七十三歲高齡，涉太湖西岸的風濤之險，遠遊宜興；傳開來的時候，無論識與不識，都爲沈周揑把汗。

「自甲浦道太湖四十里見吳香諸山喜而作」—沈周描寫和巉巖怒浪相搏鬥的長詩；「張公洞記遊」（註一）—他吟詠壯著老膽，在火炬引導下，舉步唯艱地進入又深又長，險象環生的張公洞五古，都很快地在宜興和蘇州兩地傳誦開來。此外，沈周又應善權寺和尙方策之請，將善權寺的乾洞、大小水洞等各處山水奇境，釐爲二十四詠，成爲宜興人津津樂道的佳話，準備輯入方誌和文錄，傳之不朽。

以前，有人自宜興來，傳說善權寺中不僅有虎，來得熟了的母虎，還把幼虎也帶到禪堂中哺育。這座建於南齊高祖建元年間的古寺，已有六百二十年的歷史。加上是著名故事中人物祝英台的故宅，更增加了一種神祕而浪漫的色彩，令人緬懷憑弔。不意竟破敗而淪爲虎穴。使沈周異常感傷：

「有客新尋古洞回，國山無處問茶杯，僧煩籍役兼徒去，虎熟禪堂引子來……」—感宜興善權寺寥落（註二）

但這次—也許是他今生今世的最後一次往遊，在方策和尙策劃下，一切都改觀了。

沈周的東道主吳大本，蘇州人只知道他那別創一格的茶經、茶具，對水質的精微辨別和品味。此外，也風聞他不僅熱情地接待過文林和王鏊，並準備了田宅，供李應禎致仕後居住、遊憩…這次經過隨沈周涉險的僕夫們渲染的結果，就使這位宜興隱士，蒙上一層更爲神秘的色彩。

他馴養著一隻蒼鹿和一頭白鶴，當他遊山玩水的時候，那鹿和鶴便環繞在肩輿的左右，不驚不逸，看來有如仙駕降臨一般，瀟灑莊嚴。有時，扁舟往來吳越之間，也以鶴、鹿相伴，在山水名勝，灌木修竹中，吟詠流連，儘量不驚擾主人，更不自言姓名；因此有人懷疑他是賣藥長安的後漢隱士韓康（伯休）者流。

事實上，吳大本的藥方和醫術，也眞如韓康一般，救人濟世。到了饑荒年頭，宜興富人，多半閉羅牟利，他卻開倉賑災，甚至不求償還的放貸。

蘇州是吳大本常遊之地，但很少人見過他的蹤跡，因爲他一旦來了，就流連在沈周的有竹居中，飲酒品茗，和繼續他那一生從不間斷地臨寫古帖。總要住上一二十天，才飄然而去；餘者便很少訪晤。但不知何故，他和沉默寡言的文徵明，卻十分投契，不僅頻頻郵寄陽羨名茶，並邀遊善權古寺、玉女潭和周砥筆下的荆溪景色。

「扁舟十里下荊溪，落日蒼涼草木低，絕巘凝暉知積翠，晚風吹水欲流澌。行逢曲渚常疑斷，遙聽荒雞近卻迷，一片沙鷗明似雪。背人飛過野塘西。」—荊溪道中（註三）

除了這些清新絕俗的紀遊詩外，文徵明先後所寫的「宜興善權寺古今文錄敍」（註四）、「玉女潭山居記」（註五）都顯示出他對宜興山水的嚮往和深情厚愛。

△　　　　△　　　　△　　　　△

沈周的詩文著作，多而且雜：各體詩詞文章、客座新聞、交遊錄、雜誌、詠史備忘錄，乃至於宏治十一二年間所編撰的〔杜東原年譜〕…幾乎無所不包。

早年詩文在成化二十年，曾經整理付梓，由鄱陽童軒作序。然而，轉眼十五六年過去，無論書畫詩文，都像日記一般，隨時隨地紀錄下他生命的軌跡。到了他生命的秋天（或是冬天），兒子雲鴻一本秋收冬藏的自然法則，忍著疾病的煎熬，替老父整理編排「石田藁」，以便付梓。

爲家務操勞了將近三十年的雲鴻，轉眼也已年逾半百。他的妻子徐氏，無所生育，側室所生的兒子沈履和一個女兒，也都男婚女嫁了。沈周四十歲前後，曾經有「那堪歲歉年荒日，正迫男婚女嫁時」的名句，沈雲鴻正也嘗到了這種「迫」的滋味。

他一度作過崑山縣的陰陽訓術之官，但那並非他的志趣，所以作了沒有多久，就恢復了他的自由之身，專注於搜集校勘古書和鑒定古器的工作。

對於在蘇州府學作秀才的弟弟沈復、兒子沈履，他覺得沒有必要給他們留下甚麼財富，多少富貴人家子弟，侈滿成習，驕誕成性，終於不免零落破敗。他的見解是積財不如遺書：

「後人視非貨財，必不易散；萬一能讀，則吾所遺厚矣！」（註六）

對於曾祖、祖父，乃至父親沈周所奠定下來的德業和學術，他覺得能保持於不墜，是他最大的使命：

「鴻藐一身，上統百年之緒，屬當仍世之隆奕，至於鴻小子，而有弗克，實辱前人。」

為了怕辱及前人，雲鴻不但兢兢業業，維護家業和家族的聲望，並把他的堂屋署為「保堂」。為了策勵自己，他分別請妻子的表弟祝枝山，和比他年輕二十歲的，父親得意弟子文徵明，分別撰寫「保堂記」（註七）和「相城沈氏保堂記」（註八）。

很多人為沈周的畫掩詩名感到惋惜。也有人認為沈周的詩不是純正的唐格；有白居易、元稹（長慶集）和陸放翁的習氣，使沈周自己也為之迷惑困擾。因之，雲鴻希望能有當代名高望重的大家，為「石田藁」作序，不僅用以彰顯老父的學術造詣，更希望是一位眞正的知音，能從父親的道德文章中，發人所未發的奧旨。彰顯前人的學術成就，是他的使命之一，這是孝思的表現，也是他所要「保」的重要財富。

想來想去的結果，他想到了父親一生的知友，遠在京師的吳寬。書信往返也許要費些時日；但是對兩位老人，可能是一種安慰，一種再好也沒有的紀念，就決定了下來。怎知，六年後的正德元年，「石田藁」正式問世的時候，吳寬和這位滿懷孝思的雲鴻，都已不在人間，只有八十歲的老人沈周，唏噓悲愴地面對著亡子編輯、故友為序的詩册。

幾位知音者間，首為沈周畫掩文名發出不平之鳴的是楊循吉。他在沈周宏治五年的一幅山水畫上題：

「石田先生蓋文章大家，其山水樹石，特其餘事耳；而世乃專以此稱之，豈非冤哉。予每見人於千里外致幣遣使，索先生畫者，而先生之文章不下於畫多也，人雖好

之，未聞致幣遣使於數千里之外者也；是人之愛畫而不愛文章如此夫！」（註九）
沈周喜於知音之餘，更在楊循吉的題識後自跋：
「君謙儀部為予稱冤者，似略予畫，而謂有文章可重耳；予何文，顧辱儀部之知耶！」
幾句謙詞之後，石田翁筆鋒一轉，道出久鬱在心中的癥結：
「畫則知於人者多，予固自信予之能畫久矣；文則未始聞於人，特今日見知於儀部，予故難自信也……」（註十）
某些人對沈周詩格的門戶之見，常使祝枝山耿耿於懷，斥為無知的偏見。
唐詩有國風的遺緒，宋詩雖然較唐詩略遜一籌，由於受唐詩影響深厚，依然人才倍出，暗符唐詩軌轍—這種論調，祝枝山並不反對。但若說沈周的詩完全受宋詩的浸潤，他卻大大不以爲然。依這位弟子之見，沈周詩文深受杜甫、韋莊﹝浣花集﹞的影響，即使間受白居易、元稹、陸游、蘇軾等作品的薰陶，但平生語言和義理，均不離左、杜。
多年前，沈周曾經命雲鴻把一些詩作，拿給這位他所器重的高徒代為編選。祝枝山日後回憶說：
「皆公壯歲之作；純唐格也。」（註十一）
然而，不知受到甚麼樣的風評或挫折，沈周竟把這類祝枝山欣賞讚嘆不絕於口的舊作，一骨腦地收攏焚毀，隨即把興趣轉向宋詩。祝枝山爲此感到無限地惋惜：
「……後學者皆不知；此余猶爲惜之不已！」（同註十一）

不論沈周的詩學淵源，偏重於兩宋或中唐，但更重要的，是沈周廣讀群書，融會貫通，再加上個人的氣質與才華所產生的酵素作用，因此能夠開闔變化，收放自如。這一點，王鏊、文徵明和吳寬，似乎都有著相同的看法。

不過，文徵明對石田師的詩作，又有其獨特的見解和偏愛。沈周過世之後，他曾對停雲館的訪客說：

「先生詩，但不經意寫出，意象俱新，可謂妙絕。一經改削，便不能佳；今有刻集，往往不滿人意。」（註十二）

接著，他隨口為訪客背誦二、三十首他心目中的沈周佳作。這些都不在一般的〈石田集〉中，風格也和世人所見者有異。

他也在「沈先生行狀」（註十三）裡論述石田詩：

「……然其緣情隨事，因物賦形、開闔變化，縱橫百出；初不拘拘乎一體之長。」

於此可見，文徵明對乃師作品研究之透徹，體會之深刻。

在「石田藁序」中，吳寬果然不負所托，對這位故鄉好友的心血結晶，條分縷析地，敍其獨得之見：

歐陽修以為「詩窮而工」，雖然被看作至理名言，但吳寬以為窮者身居困境，其思想表現，必帶有悲哀、悲傷，乃至於悲憤的色彩。因此，所謂工者，多半是工於寫哀詠悲；不像隱而工者。隱者忘情仕途，甘於山林之間，以耕釣書琴為樂，陶然以醉，翛然以游，視富貴如浮雲。以這樣的心境感情表現在詩中，該何等清婉和平，或高亢超絕？沈周的詩，不用說是隱而後工的隱者之音。

然而，古今隱者，又多隱於一個朝代的末季，時勢艱難，民生凋弊，所以身雖隱而時則窮，一種悲憫悲惻的情懷，自然流露在詩中，使人讀來，有說不出的感傷。

沈周是澄平盛世的隱者，沒有世末時窮的憂憤，加以世居山明水秀的江湖之間；吳寬形容沈周的生活和創作的景象：

「……賓客滿坐，尊俎常設，談笑之際，落筆成篇。隨物賦形，緣情敍事，古今諸體，各臻其妙。溪風渚月，谷靄岫雲，形蹟若空，姿態倏變。玩之而愈佳，攬之而無盡；所謂清婉和平，高亢超絕者兼有之；故其名大播，不特江南而已。」（註十四）

是發自內心的學養，是出于自然的天籟，是清婉和平，高亢超絕的正音；吳寬、文徵明這一老一少對沈周作品的看法，不但不謀而合；也可以說是對沈周詩作的定論。

△　　△　　△　　△

宏治十三年至宏治十五年，雲鴻積極編印〈石田藁〉期間，也是沈周繪畫情緒最高昂之際；往往一、二十天才出門看看。

溪水淺了，魚兒在水波中穿梭躍動，清晰可見。孩子們在撲捉漫天飛舞的柳花；轉眼又是江南暮春季節。當他把滿籃竹葉，向溪邊傾倒的時候，一輪紅日，冉冉西沉，無數鳥雀，在逐漸昏暗的樹林裡喧嘩。

隔著短籬，鄰翁向他招手，邀他小飲；上了年紀的人，一切總是隨緣，他毫不推辭地過去。飲酒中，談起年成，凋零的好友，日益茁壯的孩童……由於有兒子當家，他跟世事恍如隔了一層簾幕，歲月也就像手中的沙粒，在不知不覺中流逝。一彎銀月，在溪流中蕩漾，歸來時已帶著幾分酒意，一幅「柳溪春眺」（註十五）的畫扇，就在這寧謐的夜晚完成，並題寫出這一個黃昏的感慨。

蓮藕菱茨之類秋天的佳果，像菊蟹和江蛤一般，是他描繪不厭的畫題。愛徒枝山在「佳果圖卷」上的題識，很能把握住他寫生的神髓：

「繪事不難於寫形，而難於得意，得其意而點出之，則萬物之理挽於尺素間矣，不甚難哉！」（註十六）

一個是「得意」，一個是「點出」，說盡了寫生的甘苦，也最不易為多數觀者所理解。涵蘊在花卉草木中的「意」、「生意」、「意態」和一種難以捉摸、形容的「意境」，如何以一種閒適、恬淡、靈明的心來感受，以簡潔的筆墨來捕捉！放眼元、明兩朝，多少在寫生上下功夫的畫師，不但攝取不到那種生意，連形象都失之刻板。

「今玩翁此卷，真得其意者乎；是意也，在黃赤白之外，覽者不覺賞心，真良製也。」（同註十六）

像楊循吉在他山水畫上的題跋一般，枝山在「佳果圖卷」上的題識，沈周每次展閱，都有一種深獲我心的喜悅。

宏治十三年十一月廿日，他七十四歲生日的前夕，拈筆作溪山林壑，兩人對坐茆齋之中，一人曳杖崖下，童子相隨於後。

「我從繪事歲既多，破費水墨將成河，濫觴董巨意亦廣，望洋不至當如何……」

鑽研董巨的畫法，一直是他追尋的境界。過去，他透過王、黃、吳、倪四家，想溯本追源，探索董巨畫意的端倪。據文徵明說，近年沈周已經找到了新的蹤跡；他得到了高克恭（房山）山水粉本一十三段之多。這一發現，使他的山水畫，有了新的進境。所謂「望洋不至當如何」，正是反映他得心應手，鼓舞欣喜的謙詞。

高克恭，這位來自西域的前朝尚書，畫中的飄緲雲山，一般人只知道是得自米氏父子，殊不知無論山石的結構、皴法、佈局，都隱含著董巨的遺意。沈周的元季四家基礎，再加上從高克恭粉本中，所心領神會的二米董巨精神；早在宏治四年畫贈楊循吉的「支硎遇友圖」中，就已經表現出來。只是，沈周的「支硎遇友圖」，非臨非仿，那種高雅渾融，水墨淋漓的風格，完全是以自己的心意寫雨後的西山。詩情、畫意、蒼勁的字蹟和純樸眞摯的感情，早已融合成爲一個整體。

「當年詩律號精誠，晚歲還憐畫掩名，世事悠悠誰識得，白頭慚愧老門生。」（註十七）直到沈周逝世後的三十六、七年，鬚髮皆白的致仕待詔文徵明，帶著模糊的淚眼題「支硎遇友圖」；可見他對那幅畫的感動，對師生情誼的追懷，有多麼深切。

△　△　△　△

宏治十五年春天，沈周殷切地期盼著王民學分種給他的玉蘭花，早日開放。十餘個花苞，在綿綿細雨和料峭的曉風中搖曳，從茅齋外望的沈周，比孩子更加好奇，想著花瓣綻放的神態，想著怎樣用筆着墨，才能表現出那種含著露珠，迎向朝陽的嬌艷。

他也依舊沉醉於兼具二米董巨神髓的高克恭畫趣之中，三月三日，住宿於西山僧樓，次日早起，夜雨初霽，雲山呑吐；一幅天然的高克恭筆意。正巧得有佳紙，心情、美景兩相契合，遂潑墨作「春山雨霽軸」（註十八）

此外，近三數年內，他也常常和弟子文徵明合作詩畫。十三年正月，文徵明恭繪其先祖「文信國公像」，供奉在停雲館左近的文信國公祠內，由沈周爲之題詩。十五年的三月十一日，盛桃渚五十壽辰，師生二人同往祝嘏。並合作畫卷以爲壽禮。這種情形，固然由於沈周平易近人，慈藹可親，但又何嘗不是同輩老友凋零殆盡，一種孤獨落寞的情緒，使他更接近下一代，以消除揮之不去的岑寂。

孤獨落寞中，一位賞識敬重他的知音—南京巡撫彭禮，巡行到了蘇州。

「盤盤軋軋更重重，功用宜人天下從；兩象合來分動靜，一心存處得中庸。兼收瑣屑才無棄，不擇麄粱德有餘；莫道頑身老難運，運時還解饗千鍾。」—詠磨（十九）

彭禮，成化八年進士，和文林、吳寬誼屬同年。久知長洲沈氏，是隱逸世家。由祖而父至沈周，領袖江南風騷已逾百餘年之久。但，直到讀了他這首「詠磨」，才進一步認識他內心的涵養抱負和才華。

從家常日用的石磨，竟然能發揮出天地間至功、至理和大德的象徵意味，爲彭禮想像所不及。

這位愛才若渴的江西安福縣的大吏，雖然知道巡撫王恕多年前曾經向朝廷薦舉過沈周，後者非但謝不應召；此後足不敢入臺院者，竟達二十年之久。只是，他仍然存著一線希望，請沈周到行臺相見，盼能有所啓發和助益。

兩人像舊友一般，談文學書畫，談民風和治道。談得愈久，彭禮愈覺得沈周的才華、智慧，深邃得像永不乾涸的泉源。

然而一旦試圖把他留下，以便多所請益的時候，沈周便以一種無比懇切的口吻說：

「小人母九十五齡矣；旦夕不可離。」

雖然他已經七十六歲高齡，據說仍然親自侍奉老母的寢膳。知道這種情形，彭禮只好任其自去，並寫了一篇「石田詩引」，敍述沈周的詩文造詣，他對沈周的瞭解，以及這番短暫而令他畢生難忘的相聚。

△　△　△　△

宏治十五年八月十七日，長子雲鴻之死，對老年的沈周，當是最重的一擊。

那是一個炎熱的仲秋，兒子逝世前兩天的中秋日，蘇州城內更是暑氣如炙，使在僧寮中尋求清靜的沈周感到頭暈目眩。

但是，當好友以岩出示其世藏王維「江干雪意圖卷」（註二十）時，卻使他耳目一新，一股茫茫的寒意，從這幅七百五六十年前所畫的雪景中，逼射而出。西風、凍柳、迷雁、寒鴉……處處都給人一種身臨其境的荒寒。

他生平無時不魂縈夢繞的董巨作品，尚難一見，何況更爲董巨筆墨所宗的王維。以前，他只在沙溪陳氏的珍藏中，見過一幅尺餘見方的王維「雪渡圖」，但無法讓他體會到王維的面貌。這幅數尺長，名款依稀可辨的雪意圖，卻使他深自慶幸耄耋之年，有此眼福，眞是不虛此行。

然而這次蘇州之行，也令他遺憾無窮；錯過了與愛子的最後一面。

註一、〔宜興縣志〕卷十頁九六。
二、〔石田集〕頁五三〇。
三、〔宜興縣志〕卷十頁一三〇。
四、〔甫田集〕頁四〇五。
五、〔甫田集〕頁四四九。
六、〔甫田集〕頁七〇七「沈維時墓志銘」。
七、〔祝氏詩文集〕頁一六九五。
八、〔甫田集〕頁四一七。
九、〔石田集〕頁八五七。
十、〔石田集〕頁八五七。
十一、〔祝氏詩文集〕頁一五五二「刻沈石田詩序」。
十二、〔明詩紀事〕册四頁一〇七七。
十三、〔石田集〕頁二二。

十四、〔匏翁家藏集〕册中頁二六五。
十五、〔聽颿樓書畫記〕卷三—〔美術叢刊〕册十九，四集七輯頁一二四。
十六、〔書畫鑑影〕頁三七五。
十七、〔石渠寶笈三編〕册四頁一七七二，題「支硎遇友圖」。
十八、〔藝苑遺珍〕卷三頁三。
十九、〔石田集〕頁八七六。
二十、〔大觀錄〕頁一三六九。

第三十二章　點秋香

士林的嘲諷和屈辱，家庭的冷落，生活的艱困…從北京回返江南的唐伯虎，眞可謂「虎落平陽」，嚐盡了人世的辛酸。

出妻之後，孑然一身，使他有種解脫的快意。

「新春蹤跡轉飄蓬，多在鶯花野寺中；昨日醉連今日醉，試燈風接落燈風。苦拈險韻邀僧和，煖簇薰籠與妓烘…」—春日寫懷（註一）

他筆下的風流灑脫歲月，看來恍如閒雲野鶴；然而，卻無補於他心靈深處的空虛。一種在學術上「總疎百家，敍述十經」，以成一家之言的使命感，以及二三好友對他的期許和鼓舞，時刻未能去懷，可是他卻無法沉下心來，開始那名山之業。因此，他決意於孤帆遠遊，擴充心胸和眼界，而後再靜慮澄懷，著手著述。

依照祝枝山對唐伯虎被黜後遊蹤的記述：

「…黜椽於浙藩，歸而不往；或勸少貶，異時亦不失一命；子畏大笑，竟不行。放浪形跡，翩翩遠遊；扁舟獨邁祝融、匡盧、天臺、武夷，觀海于東南，浮洞庭、彭蠡，塹歸，將復踏四方，得疾久；少瘉，稍治舊緒…」（註二）

以祝枝山對唐伯虎瞭解之深，他筆下所列舉的自伯虎放浪形跡，翩翩遠遊，到歸而得疾這段期間的行蹤，應屬可信；但是，想從中理出歷次出遊的時間和先後次序，卻讓人感到一片茫然。加以習慣上，唐氏的詩詞書畫中，很少署有干支月日，就愈發顯得蹤跡如謎，欲覓無由了。

例如，沈周痛喪愛子的宏治十五年，無論從唐伯虎作品的款識，或朋友的交遊，都難以找出他這一年生活的蛛絲馬跡；而傳說中的賣身爲奴，三笑姻緣的風流韻事，似乎很能補足這段生命史上的間隙，難怪後世千秋，人們要津津樂道，且言之鑿鑿了。

彈詞、戲曲、雜記……三笑故事來源不一，傳播久遠，但就情節分析，主要不離二端：其一，明代小說家馮夢龍筆下的「唐解元出奇玩世」（註三）：

那天，蘇州金閶門外，河面上帆檣林立，船行如織。

唐伯虎所乘的遊艇上，有不少慕名而來的文人墨客，乃至古董商販，紛紛拿出紙或扇，求這位落魄解元當衆揮毫。那種喧囂、附庸風雅，令人厭煩的景象，不亞於乃師沈周在有竹莊中所受到的困擾。無如唐解元沒有沈周的耐心和涵養；應酬一陣之後，就擱筆不畫，任憑人們煩乞不休，只當過耳秋風。

當隨身書僮進以大觥，唐伯虎索性獨自憑窗啜飲起來。

忽然一艘畫舫，從船邊滑過，激起一陣粼粼的水浪。光彩奪目，珠絡搖曳中，一個青衣小鬟的影子，映入伯虎眼中。她那俏麗無比的容顏，流轉的眼波，和那掩口而笑的嬌態，竟不知不覺地懾住了他的心神。魂不守舍的唐伯虎，從舟子口中知道是無錫華鴻山華學士府眷的畫舫時，顧不得賓客們的驚詫和議論，急忙喚舟尾隨而去。

湊巧他忙亂中所招喚來的，是好友王寵（雅宜）的茅山進香船；雖然有助於跟蹤畫舫，但舟泊無錫之後，他卻不得不費一番唇舌，以擺脫好友善意的追問和關懷。

無錫城，華學士府旁所開設的典當鋪內，突然來了一個典當衣物的窮書生。他面貌白晳，不僅言詞謙卑有禮，舉止間，更帶有濃厚的書卷氣，所以雖然是初上門的主顧，卻很快地贏得老闆的好感。

他說：

「小子姓康，名宣，吳縣人士，頗善書，處一個小館爲生……」

原來是位潦倒先生，主管自認閱人多矣，絕對不會看走了眼；接下去的話語，更不免讓人一掬同情之淚：

「近因拙妻亡故，又失了館，孤身無活。」

青年喪偶，已是極大的不幸，喪妻失館，對一個手無縛雞之力的書生，不啻走上了山窮水盡的絕路，典當中人，雖然心腸較硬，聽了這窮書生的遭遇，也不禁起了惻隱之心，看了看那攤開的包袱，想著從寬估價；但見他慢條斯理地從袖中取出數行端整挺秀的楷書，才知道他意不在此。

「欲投一大家，充書辦役，未知府上用得否？倘收用時，不敢忘恩。」康宣說。

「寫得好，不似俗人之筆，明日可喚來見我。」

華鴻山學士把康宣的楷字看了又看，點頭吩咐的時候，這位典當鋪中主管，華學士身邊得力的紅人，心中也浮起一種知人的喜悅。

就這樣，這個稱爲康宣的青年，就在華學士府中安頓下來，取名「華安」，確定了在華府僕役中的身份。

他說他攻的是〔易經〕；學士是一位治易經的人，此點最投合華學士的心意。至於他所說的數度童試未得進學一節，華大人認爲「考試無常」，與一個人的時運有關；想想當年自己的春風得意，眞是一點也不可強求。對於身價一事，學士覺得這個命運多舛的青年，倒也淡泊知足；只見康宣謙恭地回道：

「身價不敢領；只要求些衣服穿，待後老爺中意時，賞一房好媳婦足矣。」這個既平常、又簡單的條件，竟作了點秋香，成就美滿姻緣的伏筆。

華安的任務，是整備文房四寶，伴隨兩位公子讀書，或爲公子抄寫些應酬性的文字：但不久之後，兩位公子就發現華安另有妙用：他不僅能抄寫文字，遇有錯落或文句不當的地方，他還能自動將之修改，使文意通暢，頗有畫龍點睛的作用。

他們試著讓他代爲捉刀，結果兩個人同時博得塾師的驚喜和稱讚。他們那些互相揣摩或應酬的詩文，竟使同儕看了，倒抽一口冷氣，爭言華府公子再也不是吳下阿蒙。

兒子學業突然大進的事，使華學士欣慰，也引起了作父親的懷疑；盤問之下，才知道書房中藏龍臥虎，竟然是華安的傑作，索性要親自考校一下，這個賣身投靠的廝役，到底有多少學問根底。

無論時文、古文，學士命下題來，華安援筆力就，詞意兼美，字跡挺拔，學士讚嘆不已。在他把文稿呈遞給主人的時候，華學士不但透過他恭敬唯謹的臉上，看到他所含蘊的智慧，同時也注意到他腕潔如玉，左手生有枝指。

他決意要把這個從各方面看來，都不會長在人下的僕役，留在自己身側，掌理書記，一應往來書箚，均交他處理。

華學士對他寵信和賞賜日益加重之時，華安並沒有表現出不可一世的驕傲，對府中的家人、管事，依然那樣隨和親近，有時更買酒菜與他們共享；有意無意地探聽那青衣小鬟的訊息。

在太湖的航行中，他整個心神都在畫舫之上，痴望著前面的帆影，想像著那纖細婀娜的身影，純眞而含有無限情意的笑容，那秋水般的眼波，似乎流露著一種愛憐的訊息。轉瞬間，紅霞漫天，他感到自己像湖上的孤鶩一般，茫無所之地翱翔。他所祈盼的人影，始終沒有出現，只有幾點暗淡的船上燈火，在無邊的湖面上，起起伏伏地浮動著。

躑躅在無錫城的南門街上；那時，他正不知那裡去尋找畫舫中一行人的蹤跡，尋找縈繞在他心中的倩影。忽然一聲呼喝，十餘個僕夫引著一乘煖轎，自東而來。轎後的女從之中，他再次接觸到那朗星一般的雙眸，一抹似有意似無意的笑；但隨即淹沒在出迎的人群，和高大的府門後面。許久許久，他怔怔忡忡地望著那高大的門牆，出出入入的人役出神。遐想中，他以為只要能進入那門牆，便可能跟他心裡的影像相會，至於相會之後如何，一時似乎無暇計及。然而進來之後，他才知道庭院深深似海，相逢遠不如在南門大街上那麼容易。

「眾裡尋他千百度，驀回首，那人正在燈火闌珊處。」那時，一種在絕望中突然而來的驚喜，使他疑眞似幻。然而進府之後，一切音訊反倒沉寂得像片死海。

春媚、夏淸、秋香、冬瑞。

不知過了多久，他才打聽到夫人四個貼身丫鬟的名字。春媚掌管學士夫人的首飾脂粉，夏淸侍候香爐茶竈，秋香專管四季衣物，冬瑞則管酒果飲食，他所念念不忘的青衣小鬟，極可能就是深受夫人寵信的秋香了。

「秋香」，這樣一個美麗的名字，加上縈繞在他心中深情嫵媚的眼神，純眞而神秘的笑容，形成他時刻無法忘懷的偶像。在渴思和孤寂的折磨中，他題一首「黃鶯兒」於臥室的粉壁：

「風雨送春歸，杜鵑愁，花亂飛，青苔滿院朱門閉。孤燈半垂，孤衾半欹，蕭蕭孤影汪汪淚。憶歸期，相思未了，春夢繞天涯。」

適典當鋪中主管病故，委華安暫代，華學士見他處理得井井有序，對他也就愈發倚重。那首表現內心孤獨與無奈的「黃鶯兒」，使華學士覺得除非依約爲他找到一個良配，像這樣才華幹練之士，恐怕難以久留，隨托媒代爲物色。華安則趁機傳達久藏在心中的願望：

「華安蒙老爺夫人提拔，復爲置室，恩同天地。但恐外面小家之女，不習裡面規矩；倘得於侍兒中擇一人見配，此華安之願也。」

學士和夫人商量結果，覺得華安所提，不失爲兩便之策。

某夜，華府中堂明燭高照，畫屏前面學士夫人盛裝而坐，婆子僕婦穿梭忙碌，二三十位年輕丫鬟，打扮得花枝招展，在夫人兩側成雁字形地排開。不管見過或僅僅聽過華安的少女，心裡都充滿又緊張又興奮的情緒，萬一能雀屏中選，也是一個出頭的機會。

「老爺說你小心得用，欲賞你一房妻小，這幾個粗婢中，任你自擇。」

步入中堂的他，聽見僕婦傳下夫人的吩咐，興奮中懷著幾分忐忑；不知在多少漫漫長夜中輾轉反側，夢寐以求的她，是否在備選行列之中？叩謝過夫人之後，隨著僕婦手中紅燭的照射，他帶著幾分惶惑地掃視著一張張羞紅的粉臉。他唯恐遺漏或一時錯認，形成了終身的遺憾。然而，看了幾遍之後，他確信牢印在心靈深處的偶像，並不在這片粉香燭影之中。

「你去問華安，那一個中他的意，就配與他。」再一次由僕婦傳來夫人的溫語，聆聽之下的唐伯虎，臉上不由得流露出失望與躊躇。坐在上面的夫人，似乎也感受到了眼前的困惑：

「華安，你好大眼孔，難道我這些丫頭就沒一個中你意的？」

爲恐別人見疑，他不能直指秋香不在列中。在僕婦驚愕，少女們的失望與竊竊私議中，他以誠摯、堅定而又帶著幾分慌恐的語調說：

「覆夫人，華安蒙夫人賜配，又許華安自擇，這是曠古隆恩，粉身難報；只是夫人隨身侍婢還來不齊，既蒙恩典，願得盡觀。」

平日只聽學士和兒子，讚許華安的人品和才華，如今遠遠地看見那燈下的面貌，那不卑不亢，侃侃而談的言詞，知道丈夫兒子所言不虛。想想四個年輕貌美聰明靈慧的隨身女侍，能夠得到這樣的良匹，也就不爲辱沒。一陣沉默之後，夫人笑著說道：

「你敢是疑我有吝嗇之意；也罷，房中那四個一發喚出來與他看看，滿他的心願。」

在等待中，時間顯得非常的漫長，廳中發出一陣陣輕微的騷動，沒有人知道這年輕記室兼典當鋪的新主管，到底以怎樣眼光來選擇續絃的妻室。只見畫屏前面，四個丫鬟，悄沒聲息地走到夫人身邊。想是時間倉促，四個少女，都是平日的素裝，比起站立在燭光下的珠翠和胭脂，她們彷彿一朵朵含苞待放的白蓮；難怪在爲得力家人擇配的時刻，夫人還捨不得放她們露面。然而，就這樣電光石火的一閃，他已認出她綻放在眼中和唇邊的那抹純潔的笑意。

「若得穿青的這位小娘子，足遂生平。」

心滿意足的華安，語調中混合著一種幸福的輕顫。

合巹之夕，新娘於燭下細看華安的面龐，有種似曾相識的感覺。在珠環翠繞中選妻的那夜，顯然不是他們的初識。但學士府內外謹嚴，因此也不太可能在府邸私會過。備感困惑的秋香，不禁向記憶深處，苦苦搜索起來。

「向日閶門遊船中看見的可就是你？」秋香忍不住問。果眞是他的話，一個儒雅瀟灑的書生，又怎麼會投身爲學士府的家奴？實在使她無法想像。

聽秋香追問，化名投靠的唐伯虎，才和盤道出蘊藏在心中的相思和戀慕：

「吾爲小娘子傍舟一笑，不能忘情，所以從權相就。」

回想那天舟上，她偶然探身艙外，看見對面船上，許多華服少年，紛紛以紙或扇向一位儒巾文士索畫，後者卻一概置之不理，那種依窗獨酌的軒昂灑脫氣度，使她不覺爲之傾慕。當兩艘船迎面駛過的時候，當他偶然抬頭望向畫舫的刹那，一抹憐惜、知音的笑意，迴盪在兩個「萍水相逢」的男女之間。

南門街上的一瞥，在秋香敏慧的心靈中，或者以爲是一次不期而然的巧遇；或者是冥冥中的「緣份」在牽掣著，使她不覺嫣然而笑；但對尾隨而來，尋尋覓覓的唐伯虎卻是無可比擬的鼓舞。

無論巧遇也好，或是所謂緣份也好，對一個處身於巨邸深院中的青衣小鬟。并不敢有甚麼遐想，只能當作心靈中一閃即逝的火花。然而，經過半年之久，那微弱，甚至被她遺忘的火花，卻在兩人心中熊熊燃燒起來，倒是她始料所未及的吧。

夫妻仳離，親友反目，士林中知與不知，目視手指紛紛以爲不肖；冤獄後的唐伯虎，已整個陷入生命的低潮。一些年輕文士、無賴子弟，也不過把他看成畫師，或酒食追逐的玩伴；然而一個年輕女子，卻能在迎面的匆匆一瞥中，認識他的本質和氣度，愈發使他驚喜交集：

「女子家能於流俗中識名士，誠紅拂、綠綺之流也。」

然而，在恩愛、喜悅之餘，兩個人都覺得以伯虎這樣名滿江南的才士，不宜在華府久留，以免被人識破。因此，數日後的黃昏，伯虎封存了一切所掌管的財產、賬目和學士、夫人的賞賜，乃至同儕所贈的賀禮，夫妻相偕買舟而去。

「擬向華陽洞裡遊，行蹤端為可人留；願隨紅拂同高蹈，敢向朱家惜下流。好事已成誰索笑，屈身今日尚含羞。主人若問真名姓，只在康宣兩字頭。」

看了伯虎留詩的華學士，雖然知道當日落魄書生，是為可人而來，宿願既達，相攜而遯，令人艷羨。臨行盡封所掌，一介不取的廉潔風範，也使人肅然起敬。只是，其真名實姓，隱含於「康宣」兩字一節，讓他依然如墜五里霧中。此外，無論學士和夫人，對秋香、「華安」之去，莫不悵然若失。著家下隨時明查暗訪，以期參透這神秘的謎底。

轉瞬年餘，一日，學士前往蘇州拜客。書僮眼利，一眼見到在閶門內書肆觀書的儒士，頗類離府出走的華安，只是不敢唐突。經過尾隨、探詢之後，知道是本府的唐伯虎唐解元。為了一看究竟，第二天，華學士懷刺專程到吳趨里拜見。

出迎的唐伯虎，不僅面龐、語音，一似當日的華安，奉茶時，華學士更從他左手上的枝指，斷定昔日那練達、得力的記室，正是風流倜儻的唐伯虎的化身。同時，他也恍然了悟，「康宣」二字的字頭，豈不正影射著「唐寅」二字！

酒席上，華學士和唐伯虎賓主相對，舉杯稱壽，但卻各懷心事。一個不斷提出心中的疑惑；華安到底是否唐寅？一個口中「唯唯」，避而不作正面答覆。

直到酒後，一個超塵絕俗的美人出來拜客，唐伯虎才笑著問說：

「老先生請仔細端詳；方才說學生貌似華安，不識此女亦似秋香否？」說完，兩人相視大笑。

此後，兩家不但以親戚往來，三笑姻緣更傳為江南佳話。

故事之二，出自嘉興名鑒藏家、書畫家項元汴（子京、墨林居士）的〈蕉窗雜錄〉（註四）。比起馮夢龍的「唐解元出奇玩世」，項氏所錄，要簡潔得多。

故事依然起於金閶門外的畫舫，但秋香的主人，則由太湖北邊的無錫變成太湖東南，以絲綢、橋樑和南湖中年輕美貌船孃聞名的嘉興。

爲秋香笑容所傾倒，而喬裝求傭於仕宦之家的唐伯虎，未爲主公的記室或典當鋪中的主管，只作兩位公子的伴讀，暗爲公子文章槍手。因此，成全伯虎和秋香美滿姻緣的，也以唯恐其離去，失去憑依的公子爲主。

婚後不久，適有貴客過門，主人命言行文雅，面貌不俗的書僮，出來待客。席中，來客一再注視書僮，並私下探問：

「君貌何似唐子畏？」

「然，余慕主家女郎，故來此耳。」唐伯虎只好以實相告。由於客人轉告主人，遂使故事減少了許多曲折；主人駭於唐伯虎的聲望，敬重他的才學，立刻把他讓於賓席，然後，趕緊爲他們置下豐盛的嫁妝，將這對神仙美眷，送往吳下。

無論彈詞中的〈三笑姻緣〉，馮夢龍的「出奇玩世」，另一位雜劇作家孟稱舜（子若）的〈唐伯虎千金花舫緣〉或項元汴〈蕉窗雜錄〉的點秋香，故事莫不浪漫而纏綿，動人遐思。並以落魄才子唐伯虎爲故事主角，繪影繪形，彷彿實有其事；但證之書中某些人物和唐伯虎的生平事跡，則又都有若干令人迷惑的地方。

註一、〈唐伯虎全集〉頁五二，水牛版。

二、〈唐伯虎全集〉頁一八四，漢聲版。

三、〈明代小說選讀〉頁八六，大夏出版社。

四、見楊靜盦編〈唐寅年譜〉頁四九，大西洋圖書公司。

第三十三章　點秋香考

馮夢龍筆下「唐解元出奇玩世」中的華學士，使這篇浪漫纏綿的愛情故事的眞實性，受到懷疑：

這位家住江蘇無錫的學士，姓「華」名「察」，號「鴻山」，生於宏治十年。那時唐伯虎已二十八歲，挾妓、縱飲、一心一意效法古代豪傑；聽了祝枝山的勸告，才閉戶讀書，期望次年鄉試中能有所展現。嘉靖五年—唐伯虎謝世後的第三年，華鴻山以而立之年，春闈得意。等到他歷經宦海波瀾，從南京翰林院掌院學士任內乞歸，唐伯虎墓木已拱，更不要說尾隨學士夫人畫舫，爲青衣小鬟的明眸巧笑而投身爲傭了。

手上枝指，是「吳中四才子」中祝枝山的特徵，顧曲老人馮夢龍把枝指移花接木到唐伯虎手上，目的似乎只在爲華學士辨識唐解元時作個方便，然而，也使故事的眞實性，愈發令人懷疑。

另一個情節跟「唐解元出奇玩世」相近的，是孟稱舜著，卓人月重編的「唐伯虎千金花舫緣」（註一）

這齣雜劇中的女主角，原本姓「申」，小字「慵來」，吳興人。由於家道中落，被父親賣到金陵沈八座（高官階）家中爲婢。依照僕婢以主人姓氏爲姓氏的習俗，慵來應屬「沈」姓。

唐伯虎元配徐氏逝世後，除離異的續絃妻子之外，再續「沈」氏，生有一女，許配唐伯虎忘年知交王寵之子。從伯虎晚歲的一些詩篇，可以感到這對貧困中的夫妻感情，相當恩愛。因此，有人聯想這育有一女的沈氏，可能就是伯虎邂逅於金閶門外，尾隨到金陵，賣身投靠所追求到的「沈慵來」。

「猛見箇好姿容，牽女伴笑春風，似向樽前眉語通；暢好是風流麗種，怎能勾便相從。」——沽美酒（註二）

在遊船上驚鴻一瞥，唐伯虎禁不住意亂情迷起來。隨著那逐漸遠去的船影，那縷淡得似有若無的香風，腦海中閃過種種美麗而纏綿的意象：

「卻教我怎形容？白瓊花天上種；難道是綠綺芳容，閃落臨邛；紅線仙蹤，暫寄軍戎？剗地裡香裾風送，空留下一癡翁。」——川撥棹（註三）

唐伯虎的心神，早被那青衣小鬟的倩影牽引向波濤起伏的天際，他只想著怎樣擺脫文徵明和祝枝山兩個知心遊伴，以便追逐即將逝去的芳蹤。

在這齣戲中，不同的是那少女慵來的心扉，也早已縈繞著唐伯虎的影子，飽受相思的煎熬。想到那一日，爲了排遣心中煩悶在府邸花園和唐伯虎匆匆一面；她直覺到他就是金閶船上所見的名士；不意未及交談，便爲兩個公子衝散，心裡無限地疑惑、感傷：

「西風靜悄，翠帳寒生，春去難追。淒涼無底，頻頻逗起新悲。春絲在帖如愁縷，暮雨沾窓似淚揮；得病是相思，憎殺鴛幃！」——仙呂八聲甘州（註四）

當傳遞好音—奉夫人、公子之命，敎她與喬裝書僮的唐伯虎成親—的丫鬟故意用假話逗她時，沈慵來長吁短嘆地道出對神祕、飄忽的意中人的關愛：

「有一日見春舟詠詩，羨飄飄繡衣。有一日遇花園俊姿、掛壘壘賤綈。俺瞳神不移，他行藏太奇；虛浮浮沒住居，杳茫茫瞞名氏；葫蘆提，怎放愁眉！」—那叱令（註五）

一旦美夢成眞，久鬱的情懷，換成無限的幸福和喜悅，在交拜成親的一段戲詞裡，沈慵來的心曲，表露無遺：

「霎時間勾除情債，捻沙般團成姻契。也不用一卮淡酒，一杯清茗，一人媒使。都則是蜂尾穿針，游絲做線，百花為主。借蝶粉，取鶯梭，備香奩，成嫁事；愁病鬼看看去矣。」—村里迓鼓（註六）

劇近尾聲，胤影、銀濤，以長江爲背景的遊船上，唐、祝、文三位好友久別重逢。伯虎約略敍說此行的艷遇，文徵明則想起宏治十一年八月十五日，鄉試出場後，唐伯虎幾乎成爲某指揮使刀下亡魂的驚險：

「子畏，我猛記一事來，前歲那婁江女子作書招你，中秋爲期。你卻爲俗子所窺，冒往被殺；今日這頭事煞不比往事也，。」（註七）

這種前後呼應的手法，足見孟稱舜、卓人月這兩位劇作家編劇手法細膩！然而，劇中也不乏疏於考據之處：

「小生姓唐名寅字子畏，一字伯虎，吳趨里人也。年甫弱冠；曾中應天解元，名高被謗，坐廢在家。」（註八）—第一齣，唐伯虎上場後的獨白。按唐伯虎二十九歲那年，高中南京解元，次年赴試京師，受謗坐廢，時已年屆而立。

接著，劇中的唐伯虎，介紹兩位相邀遊宴的好友：

「有兩箇結義兄弟，一箇喚做文徵明，號衡山，官至翰林待詔；一箇喚做祝允明，號枝山，官至京兆治中……」（仝註八）

文、唐同庚，嘉靖二年四月文氏歲貢到京，閏四月初六日始授翰林待詔之職；是時，五十四歲的唐伯虎，已近生命的尾聲了；其年臘月初二日，便遠離塵寰，回歸道山。四年後，文徵明致仕還蘇，不僅好友音容已杳，桃花塢也面目全非了。

祝枝山比文、唐年長十歲，雖然滿懷壯志，但南京中舉之後，卻屢試春闈不售。直到五十五歲，才補上遠在嶺南的興寧縣令。五年後，薦陞應天府通判；不久乞歸，築室吳城，以山水林園爲樂。其時，祝枝山年已六十有餘，垂垂老矣。

唐、文、祝三人，自少至長，形影難離，閶門放棹、虎邱設宴，本來是件常事；但劇中三友，一個年甫弱冠，一個已以待詔乞歸，一個早由京兆致仕，時光的混淆，形成三人間年齡上的巨大差距，使人爲之費解。

伯虎七律中，有一首描寫在炎炎夏日，沈徵德以豐盛的筵席，款之於報恩寺之霞鶩亭；心中愉悅之情和依依不捨的別意，充斥於字裡行間（註九）。另一首謝宴詩：

「陶公一飯期冥報，杜老三梧欲托身；今日給孤園共醉，古來文學士皆貧。就題律句紀行跡，更乞傒鯖賜美人，公道吾癡吾道樂，要知朋友要情真。」—正德

己卯承沈徵德顧翰學置酌禪寺見招栢酒狼藉作此奉謝（註十）

正德己卯（十四），年屆知命，潦倒依舊的唐伯虎，對沈氏的一飯之德，歡喜感激之外，還有種不知如何答報是好的感覺。

「更乞侯鯖賜美人」，佳肴美酒之餘，更向主人乞求美人；究竟僅是酒後戲言，或朋友間一種不見外的眞情流露？也很耐人尋味。

戲曲情節，小說家言，既不可信以爲眞，也未必全屬子虛：「唐伯虎千金花舫緣」中的南京沈八座，伯虎兩首七律中慷慨好客的沈徵德，帶著幾分朦朧醉意的乞美詩：也許只是一種巧合；但難免使人和他的「配徐繼沈」發生聯想。

△　　　　△　　　　△　　　　△

項元汴〈蕉窗雜錄〉中的點秋香故事，簡單、含混、連秋香和主人的姓氏都沒有，只「知爲某仕宦家也」。但卻使千載而下關懷唐伯虎生平之士，不敢遽然斷其眞假有無。主要原因是項氏距離唐伯虎活躍蘇州的時、空較近，又與伯虎好友文徵明、仇英輩交往頻繁，應不至於像一般人那樣捕風捉影，以訛傳訛。加以明末清初，精通左傳、春秋的史學家尹守衡，據〈蕉窗雜錄〉所載，撰入〈明史竊〉列傳中的「唐寅傳」內，更讓人不敢輕易視之（註十一）。

不過，〈四庫總目提要〉中，已斷定〈蕉窗九（雜？）錄〉出於僞託；如此，則尹氏或亦不免文林所謂「摭拾不經之言爲傳」之譏了。

另一種說法是在金閶門外河上，華鴻山學士見唐伯虎氣宇不凡，過舟拜謁，先行接納。歡飲之際，華家小姬隔簾望伯虎嫣然而笑，唐即席作「嬌女篇」貽華學士，學士以「中酒歌」答之。這故事氣氛遠不如「唐解元出奇玩世」旖旎浪漫；性質倒近似於沈徵德盛筵中的乞賜美人。不過，伯虎的「嬌女賦」（註十二），所描寫的是一個普通人家的少女，體態窈窕，顧盼多姿，笑容俏麗。

「…負者下擔，行者佇路…」

伯虎以生花妙筆，描寫她攜帶手織的布匹，入市易絲的情景；沿途男子，莫不爲她的嬌艷神魂顚倒，如癡如狂。只是，他賦中的小家碧玉，和故事中的華府小姬，似乎並無關聯。

更出人意外的說法是：秋香姓「林」，芳名「奴兒」，是成化年間南京妓院的名妓。不僅風姿綽約，多才多藝，還能詩善畫。

「昔自章臺舞細腰，任君攀折嫩枝條；如今寫入丹青裡，不許東風再動搖。」（註十三）

從良之後，有舊日相識意欲求見，秋香手繪垂柳扇面，題詩表明自己的心意，一時流傳江左，令人贊嘆。

祝枝山也有一首詩，歌詠其事：

「晃玉搖金小扇圖，五雲樓閣女仙居；行間著過秋香字，知是成都薛校書。」（仝註十三）

事在成化年間，伯虎年紀尚輕，與林秋香有著年齡和時代的差距；即使十餘年後，伯虎也未必是她尋求棲息的喬木。再者，只要品味一下枝山的詩意，也不像對一位已成爲好友妻子的女性，所應有的語氣。

餘者，有的說秋香是「上海宦家」之婢，或「某宦家」之婢。而尾隨求傭，藉以接近芳澤的，一說是父親因論奏嚴世藩被杖而死的「吉道人」，一說是父親因彈劾嚴氏披謫而死的陳元超，均不過是登徒、紈絝子弟。

但何以後來都張冠李戴地，把點秋香故事歸結到唐伯虎名下？似乎只能推測：

一、唐伯虎點秋香確有其事，或有過類似的風流韻事。

二、若然，在宏治、正德乃至嘉靖之世，確有女子俏麗、聰慧、多情、屈身爲婢；一如衆所傳誦的秋香。由於人們對那薄命佳人和落魄才子唐伯虎的激賞與憐惜，覺得非秋香無以配伯虎，非江南第一風流才子，則無以當秋香的慧眼。於是傳誦、歌詠，並展現於紅氍毹之上，檀板管絃聲中；其餘故事中的紈絝少年、登徒子弟。遂爲之黯然失色，逐漸被人們所遺忘。

△　　△　　△　　△

行年二十五歲的徐禎卿，像蔡羽、文徵明一樣，屢試南京不售。窮困、落魄，連父親都對他厭煩。功名難以盡如人意，無論窮通，都是讀書人的常態，他不明白何以父子之間竟然不能諒解，他說：

「橋梓之間，正須和協，今而及此，誠為可痛；且處囊脫穎，君子之常，何至蓬累步乎。」（註十四）

但是，在詩學方面，他卻有了獨特的見解和造詣。

「文章江左家家玉，煙月揚州樹樹花。」—文章煙月（註十五）

禎卿詩中的警句，江南有井水處，幾乎無不傳誦。有人批評他的詩飄逸、冷艷，好像飛天仙子偶落人間，絲毫不帶塵俗之氣。和祝枝山的書、沈周的畫，逐漸形成鼎足之勢，可謂「吳中三絕」。然而，面對這些青年時代的作品，他並不滿意，他胸中所醞釀著的詩學，正支持他向魏晉盛唐的古老詩風邁進；沒有人能預測他未來的成就。

在感情上，他卻跟唐伯虎、文徵明一天比一天接近。

「書籍不如錢一囊，少年何苦擅文章，十年掩骭青衫敝，八口啼饑白稻荒……」—贈徐昌國（註十六）

伯虎在詩中，描寫他的困境，也描寫他那堅忍不拔的精神和勤奮：

「草閣續經冰滿硯，布衾棲夢月登床……」

對唐伯虎被黜後的苦況，徐禎卿也有十分生動的刻劃：

「閒居嗒嗒醉嗚嗚，轉覺微情與世疏；貧剩戠氍猶養鹿（伯虎時畜一鹿），病拋魚肉久甘蔬。一龕碧火蒲團夜，十畝黃柑酒瓻車；此事若成須報我，菟裘隨分著吾盧。」—贈唐居士（註十七）

他跟文徵明更是有無相通、形影不離。丁憂末期，文徵明經過宅西吉祥菴，忽然懷念起少時和亡友劉嘉忙中偷閒，在菴中相會的往事。連文徵明那天所寫的「追懷亡友劉協中」（註十八），和伯虎等所輯的〔劉秀才詩集〕，都成了徐禎卿愛不忍釋的卷冊。從詩和文、唐兩人的口中，徐禎卿的眼前逐漸浮現出劉嘉飄擺的素色絹裙，潔淨如白玉般的面龐。帶著重病的劉嘉，曾到伯虎樓壁上題詩；那該是多麼淒美的景象！聽說宋相范成大墓遭到損毀的時候，少年劉嘉曾爲文相悼，可惜他遍訪不著那嘗爲老輩贊賞的，悲愴而帶有一種俠氣的名文。徐禎卿幾度下馬憑弔陌上劉嘉的荒墳；當他經過古老的吉祥菴時，也會像文徵明那樣，想像在秋風寒葉，蒼苔滿佈的石階上，和詩所化身的劉嘉相期相會的情境。總之，由於他和文、唐二人親密的友誼，連他們故世的好友，也成了徐氏心靈中的密友。

宏治十六年，一夏一冬之間，他和文徵明唱和而成的「太湖新錄」（註十九），更是膾炙人口，傳鈔一時。

從胥口到洞庭西山，航程不過五十里之遙，島上到處都是石室岩穴，仙蹤聖跡，充滿了神祕的氣氛。但太湖之中，氣象幻變莫測，有時晴空萬里，縹緲峰遙遙在望。有時煙水一片，整個島嶼頓失所在。風濤之險，使許多世居的吳人都望而生畏，終生不得一遊。

四年前，秋天，他獨自泛舟，出西崦，經犀渚，登上元墓西面的竹山。遠遠的西南方；煙霧朦朧中，東西兩洞庭的灰影，幾幾乎連成一線。心中浮起一種神祕的恐懼感和無限嚮往。然而，直到他二十五歲這年五月，才在陸姓友人邀請下，得償宿願。他形容從胥口航向太湖的驚奇與興奮：

「洪波終古泛冥茫，襟遶群山地軸長，水脈潤資南國遠，仙家深構玉堂涼……」

縹緲峰的峻偉，林屋洞的幽奇……然而，不若從林屋洞回程，肩輿緩緩行過一段石坡路時所給他的感受；坡下有茂密的橘園，空氣中，充溢著桑葉，洞草拂過的香氣，使他突然生出一種隱居的念頭：

「歷嶺循坡石路紆，行邊濟弱有肩輿，墻桑覆葉欹僧帽，洞草分香上客裾。積儉振家風俗美，繁寒傷橘地租虛，他年若為兒孫計，合卜菟裘向此居。」—遊林屋洞歸道中偶作（註二〇）

見到詩中的情境，想著湖山環繞，處處結著紅橘黃柚景象，文徵明不禁怦然心動，他在和詩中寫：

「…湖山四面天開寺，橘柚千家土著民，他日菟裘如有意，願攜書劍作比鄰。」（仝註二〇）

此行對徐禎卿而言，四日的停留，八首新詩，不僅可以誇耀於好友，更值得永生回憶。而文徵明，經由徐氏詩中的描摹，好友蔡羽的敍說，再加上自己的想像，雖然沒有手攀足躡，歷經顚簸之苦，但西洞庭的幽奇，卻已歷歷在目，因此能一一妥切地作和。

十年前，皮襲美往遊洞庭西山，作古詩二十篇，歸後，陸魯望一一爲和，至今仍爲士林所稱道，想不到徐禎卿和自己也得效前人風雅。更爲巧合的是，距徐禎卿西洞庭之遊五個月的光景，文徵明則因事前往洞庭東山。留居五日，遊歷四大名蹟，得詩七首，一變而爲「文唱徐和」；不僅與徐禎卿之旅先後輝映，這種輪流唱和，也算別開生面。難怪當〔太湖新錄〕—三十首新詩鈔錄完成之後，文林好友，前輩詩人呂㦤以無限贊嘆的口吻題：

「湖上東西兩洞庭，二豪詩句動英靈；令人歆慕抛塵相，與世流傳勝水經……」（註二一）

△　　△　　△　　△

「自笑千金惜已捐，陶然知命且隨緣；睽疎故舊家家酒，狼籍圖書處處船。布被夜寒孫抱足，柴門雪滿客無氈；陸游草草真成放，千首新詩六十年。」（註二二）

先寫千金之家的破敗，次寫樂觀隨緣，一艘書畫船，處處爲家的安貧樂道精神，然後是寒酸苦況和詩文造詣；這就是徐禎卿祝性甫朱存理六十壽誕的七律。

存理的壽筵中，親交滿座，莫非是蘇州的宿儒和才子；紛紛吟詩上壽：

「……書鈔滿窗皆親手，詩草隨身半在舟；前輩風流惟此老，天公都為後生留。」（註二三）

祝枝山的詩中，強調性甫風流典型，對儒林後輩的啓發性。也有人在詩中，描寫管絃聲騰，壽筵氣氛的典雅熱烈，以及存理平日老萊子娛親般的孝行。

文徵明以史學家的靈敏嗅覺，從賀客的言談、眼目所見，搜尋這位葑門大儒的傳記資料。

席間話題，除近時野航號帆影所寄，就是徐禎卿、仇英幾年前哄動一時的募驢疏和圖。

「吾交凱在先，謁凱而後至君家。」

都穆回憶杜瓊在世時，每訪葑門二朱先生，必定先下輿向存理解釋一下，然後過門不入地逕往朱凱家走去。當朱凱留他用飯時，杜瓊又說：

「君貧，當飯于存理氏。」（註二四）由此可見老輩的忠厚與率眞。

接著有人提起座中另一位朱先生—朱凱所表現的孝道：

宏治五年，一向很少出門的朱凱，忽然駕舟駛抵數千里之遙的都城。當他乾瘦的身影出現在侍郎吳寬府邸時，使這位鄉友大吃一驚，以爲是在夢中。

朱凱一面擦拭淋漓的暑汗，一面蹙著額表示，他年幼多病，六歲那年更幾乎病死，全賴祖母顧氏日夜抱在懷裡，以口含藥餵飼，才有今日。求吳侍郎的一篇墓誌，是他對祖母僅有的報恩。

「予與堯民（凱字）別久，接之驚喜，而又感其孝，不可無言以慰之也。」吳寬在「顧孺人墓誌銘」中寫（註二五）。

話題一經轉到吳寬身上，衆人知道其侄兒吳奕在東莊「振衣崗」和「曲池」旁，各建一亭，作爲他告老歸隱，游眺憩息的地方，於是爭向吳奕問吳侍郎—不，吳尙書的近況。

「七十嗟無幾，難教病不生，已孤君相意，莫慰友朋情，晝寢安逃罪，朝吟久絕聲，吾衰忽如此，更苦入朝行。數日冠裳解，依然一老生，看花無目力，養鶴少心情。夜月勞延坐，秋風感作聲；近來添老景，腰痛況難行。」（註二六）

從京中鈔錄回家的二首「老病」詩中，不難見出前一年秋天吳寬連病三個多月的苦況。對於爲他構亭，以供歸老燕游的事，病中的他，依然大感欣悅。爲了顧及老年腰腿不便，他囑咐侄兒，不要忘了在池邊修建碼頭，備置小舟，以減輕筋骨之勞。

不過，到了冬天，北地飄雪的時候，吳寬病勢反而漸輕。十一月八日，東宮輟講之日，接受袍、帶之賜；十二月十一日，編修多年的〈大明會典〉進御那天，更以副總裁身份，與南京吏部楊惟立聯名進呈。

春秋三十四歲的宏治皇帝，御容雖然略顯憔悴，但眼見有明以來歷代典章制度，在他手裡輯成皇皇巨冊，將與〈唐典〉、〈宋書〉先後輝映，心中有種無比的欣慰。

宏治十六年二月二十夜，進呈會典後的兩個月零九天，吳寬夢到有人立在堂上，一位太監從堂後出來，手中拿著一個帖子說：

「查例何必多，只一條足矣！」

「己定乙丑日。」是鄉友王鏊的語氣。

有甚麼事例要查？

乙丑又是何日？

睡意矇朧中，吳寬有些不解。醒後看看床邊曆書，乙丑—二月二十八；乃大吉之日。

二十二日，隔鄰王鏊相邀過飲，談及那怪夢，猜測可能與修撰會典，朝廷意欲加恩有關。

那知，到了二十八日早朝，文武百官山呼已畢，宏治皇帝竟召吏部，下手敕晉封這位六十九歲，立朝三十三載的老臣爲「禮部尚書」。

前此，由於他德高望重，天下尊稱「匏菴先生」而不敢字；朝野紛紛推測他將更膺大任。但幾次有補尙書缺的機會，他總是堅辭不就。甚至有人說：

「今世亦有不肯爲天官冢宰者乎！」（註二七）

想不到皇帝手敕竟遽然而降，使他謙辭不及。想起前之夢境，他不由得感慨繫之地說：

「始知凡事前定，非人所能爲也。」（註二八）

註一、〔盛明雜劇〕上輯卷七，文光出版社。

二、「花舫緣」頁五。

三、「花舫緣」頁五。

四、「花舫緣」頁十六。

五、「花舫緣」頁十七。

六、「花舫緣」頁十九。

七、「花舫緣」頁二四。

八、「花舫緣」頁二。

九、〔唐伯虎全集〕頁三九，漢聲版。

十、〔唐伯虎全集〕頁四一，漢聲版。

十一、〔唐寅年譜〕頁五十、頁一一七附錄尹守衡〔明史竊〕，「唐寅傳」。

十二、〔唐伯虎全集〕頁一，漢聲版。

十三、〔唐寅年譜〕頁三二。

十四、〔吳郡二科志〕頁一二，中央圖書館藏。
十五、〔迪功集〕卷三頁四，大立出版社。
十六、〔唐伯虎全集〕頁六〇，水牛版。
十七、〔吳郡文粹續集〕卷五二頁五二。
十八、〔式古堂書畫彙考〕册二頁三八二。
十九、中央圖書館藏本。
二〇、〔太湖新錄〕頁四。
二一、〔太湖新錄〕頁十。
二二、〔吳都文粹續集〕卷五二頁五三。
二三、〔野航附錄〕頁二「贈性甫」。
二四、〔野航附錄〕頁六「都元敬談纂」。
二五、〔匏翁家藏集〕册三頁四二七。
二六、〔匏翁家藏集〕册一頁一六九。
二七、〔吳都文粹續集〕卷四一頁四「文定公墓表」，王鏊撰。
二八、〔匏翁家藏集〕册三頁三五二「記夢」。

第三十四章　落花吟

宏治十六年十一月廿一日，長洲大隱沈周葬其子雲鴻於益字鄉新塋。

雲鴻逝世後遠近奔弔者，千餘人之多。停靈一年零三個月後，出殯隊伍之盛，哭號哀戚之深，也爲近年所罕見。這種景象，固然是沈周的德望，使人對他晚年喪子，由衷地哀輓。而沈雲鴻在操持家務的三十年期間，能按著一定規矩，送往迎來，禮待族人和親友；遇到饑饉之年，更能賑荒濟急；因此，親者哭之，疏者惜之。對七十七歲高齡的沈周而言，除了心靈上的悲痛，同時也失去了生活上的依賴。

雲鴻生前，珍藏唯謹的一幅老父作品「古木慈烏圖」，畫的是祖居西莊景物。一株輪囷老樹，枝幹糾結，上伸旁撐，大可數圍；象徵著一個龐大久遠的家族。樹上，無數的烏鴉群集翺翔，啞啞相呼，羽翼相覆，或相哺以食；又是一種孝弟友愛的象徵。這幅畫，整個的畫出了雲鴻所蘊藏著的心願。上面有吳寬的題識：

「……世之故家莫不有此木；子孫不能保其先業，伐而薪之，而烏止於他人之屋者多有之；雲鴻視此而有感焉，詎非孝之深者乎！」（註一）

老父畫出了他的心願，吳寬道出了他的心志；然而轉瞬之間，卻已雲散煙消，鴻跡杳然。

飄擺的幡幢，不時吹起的積雪，蒼蒼涼涼的嗩吶，蕭疏的路樹……每樣景物，都像一簇簇利針似的，刺在沈周的心上。年方十五歲的孫子沈履，是雲鴻側室所生的唯一男孩。雖然已有妻室，但一付少不更事的樣子，遠不如許配錢姓的孫女來得穩重。唯一使他安慰的是高齡九十六歲的老母，身體依然健康；沈周側出次子沈復，早已進入郡學，年來無論接替家務和籌措喪事，頗有幾分長兄雲鴻的風範。

一次，沈周到寺中小住，以消解鬱積在心中的煩悶。有人以五代黃筌「勘書圖」（註二）相示。重重疊疊山水襯托下，涼亭四周紗帘高掛，中置書櫥、床具。一白衣人據床而坐，俯視面前憑几讀書的紅衣童子。一個白衣小僮隨侍在側，彷彿在準備茶水。畫面上，顯露出一種清涼、溫馨與寧靜。圖中所繪，乃是韓愈愛子有道，唯教以讀書的故事。

沈周乍見這幅立軸，有種如逢知己，如見故人般的喜悅。接著而來的，則是一種說不出的悒悒；因爲那原是他家世藏的故物，爲祖父、父親和伯父定爲「神品」，卻不知何時流散出去。此外，就他記憶所及，像這樣散落在外的名家珍品，尚不知凡幾。

雲鴻一生，不但以保存祖宗和家族的聲望、文化、財產於不墮爲職志，更喜愛積書、彝勘；他一貫的主張是：

「後人視非貨財，必不易散；萬一能讀，則吾所遺厚矣！」（註三）

黃筌畫中的教子故事，和兒子雲鴻生前的話語，反反復復地在沈周腦海中迴盪。他幾次提起筆來，顫顫欲動，卻又默然而止。良久之後，才毅然決然地寫下重睹故物的感慨。

記得一次，他站在愛徒文徵明背後看他畫畫。他注意到他的每一個點點劃劃，看那流洩在筆下的山石樹木，雖然沒有自己晚近作品的蒼老渾厚，但別具一種峭拔勁挺之氣。自己與此子風格、氣性上的差別，正彷彿書中的顏柳，詩中的蘇黃。從揮灑點染中，他也透視到這青年秀才，蘊蓄在胸中的節操和清正不移的人品。當他看得出神的時候，不知不覺地以手拊在文徵明的肩背上，發出欣慰的歎息：

「老夫以此相付矣！」（註四）

文徵明知道沈周這聲感喟的含意，自然不單指畫藝的傳授，包括發揚老師的道德、哲思和他對自然與人生的領悟。文徵明甚麼也沒說，只是默默地回頭，師生之間四目相視，算是承受了那沉重的付托。

雲鴻過世之後，沈祝兩家雖然誼屬姻親，愛徒祝枝山更有著耀眼才華和士林的重望；但沈周心中，似乎覺得性情溫厚含蓄的文徵明，更能夠瞭解雲鴻那種勤儉持家，寬厚有節的處世態度，那種愼重嚴謹的治學方式。因之，他以愛子的墓志銘相托。對文徵明而言，即使沒有老師的囑咐，單以他和雲鴻情同手足的情誼，也是義不容辭。

送葬的行列，在江南的雪原上蜿蜒，鐃鈸、鑼鼓、馬嘶、車輪聲，以及此起彼落的哭聲，夾雜在陣陣的寒風中。文徵明那篇懇摯，充滿深情，平實中足以見出死者特殊風範的墓志銘，也以一種深沉有力的節奏，敲擊在人們悲悼的心上。

△　　△　　△　　△

老年喪子的沈周，對春天和花，特別珍惜、留戀。

面對著春雲繚繞的峭壁和遠山、微微漾動的江水，一位頭戴幅巾的老者，獨自靜坐，或策杖徘徊在花樹下面。陂陀平臺之上，落英點點，一種繁華消逝的蒼涼，從茂密的花蔭和老者平靜的臉龐上，流露出來。隔著淙淙的溪流和板橋，一個抱琴的小童，悄然循蹤而至。「水流花謝」（註五）、「落花圖」（註六），類似的畫題，在沈周晚歲屢屢出現。青綠淺赭，秀潤寧謐中，別有一種沉鬱的氣氛。那默坐或策杖遠眺的老者，多半是沈周自身的寫照；在蘇州山水中，他慣以那幅巾策杖，吟詠逍遙的姿影入畫。

宏治十六年三月十八日，兒子過世後的第一個春天，其時東闌牡丹初放，常常一起踏青賞花的許國用卻說：

「兩日西山茶笋頗佳。」

想到西山僧寮中的寧靜和紫笋青茶的風味，兩人立刻理舟揚帆。但一想到東園中乍放的牡丹，卻乏人臨賞吟哦，心中不由得浮起一絲對那國色天香的惋惜和歉意。

「歸亦傾國未老。」窺知其心意的許國用一半催促，一半安慰地說。

記得幾年前的暮春，許國用看花來遲。那天，沈周也是那樣掩關悶坐，不但春意闌珊，西軒、東園的牡丹早已殘紅滿地，缸中春酒，更涓滴皆無。沈周以一闋「賣花聲」，描寫那無花無酒的窘況：

「…茅屋少人蹤，滿地殘紅，君來方怪酒尊空，一席清談聊當飲，儘慰衰翁。」（註七）

春天短暫，春酒有限，可見賞花飲酒都是緣份。無論遲來或早到，總不如把握分際；沈周心中雖然想著，但終不甘心讓園花孤零零地自開自落。在浪花拍擊船舷的輕響聲中，沈周抽筆迅快地用墨點染出記憶中綻放的牡丹，繫以「蝶戀花」一闋，聊慰寂寞的花魂：

「坐悶家中無意味，笋紫茶青，便爾西山去；叵奈東園花，一樹新紅，不語愁先露。儘欲相留留不住，少倚扁舟，尚把西施顧；料理歸來春未暮，臨軒爛醉還非誤。」（註八）

雲鴻逝世後的第二個春天，面對滿地落英，沈周感慨更深，連賦「落花」七律十首。沒有幾天的工夫，看到文徵明和徐禎卿各和十首（註九），心中有說不出的喜悅。想不到老年人一點對景生情的感觸，竟引發年輕人的興趣和迴響。兩人所捎來的一疊古雅別緻的詩箋，沈周像對著卷卷春雲，淙淙流泉和滿林紅白落英那樣，咀嚼吟哦，又邊吟邊飲。這些青年人才思、熱情所凝鍊成的詩句，使他像品味到另一股清泉。與徐禎卿相比，文徵明無論詩和文，步調都較穩定，不疾不徐，沈周和當日的文林一樣，堅信他是匹大器晚成的千里駒。至於徐禎卿作品，慮淡思深，自然脫俗，頗有李太白的瀟灑、豪邁。然而，對於他未來的發展，沈周無法像對文徵明那樣，一眼透視到他的底蘊。

文徐二人的和韻，再度引燃了沈周對落花的詩興。前次所賦的十首，頗費斟酌，兩日夜的苦吟才成定稿。而這次反和的十首，竟似水到渠成，靈思泉湧，不更宿間，便膽錄寄出，以供門生和蘇州詩友們吟賞。在暮春到初秋期間，儘管春花早已落盡，但蘇州詩壇，依舊興緻勃勃地傳誦沈周師徒的落花詩；一唱三嘆的情景，恍如多年前他和楊循吉哄動一時的「夜登千人石」。

最讓沈周感到意外的，是這次中秋過後，文徵明從南京帶回名詩人太常寺卿呂㦂的十首和詩。沈周于欣喜贊賞之餘，連夜又反和呂㦂十首；不到半年期間，這位年近八旬的詩翁，共賦落花詩三十首（註十），海內和者無數，多以十首爲限。以文徵明的看法，沈周的落花詩，愈作愈快，愈快愈妙麗奇偉；無窮無盡的詩思，如長江大河般的流洩不竭。

△　△　△　△

窮途落魄的唐伯虎，似乎更易於爲落花詩這種帶有淒涼寂寞色彩的心聲所撥動，一時百感交集，愁悵不能自已；總共和了三十餘首（註十一），爲門弟子之冠。

「花朵憑風著意吹，春光棄我竟如遺；五更飛夢環巫峽，九畹招魂費楚詞。衰老形骸無昔日，凋零草木有榮時；和詩三十愁千萬，此意東君知不知？」

對他而言，生命的春天，似乎特別短促，片刻的繁華，竟幻變無蹤，甚至連凋零的草木都不如。

猶記幾年前詠遍京師的「花月吟效連珠體十一首」，花、月、人，互相依戀，如同一體，形成一種恆永圓融的象徵。

「月臨花徑影交加，花自芳菲月自華；愛月眠遲花尚吐，看花起早月方斜。長空影動花迎月，深院人歸月伴花；羨卻人間花月意，撚花玩月醉流霞。」（註十二）

當日得意之作，至今唐伯虎可以隨口而吟；但同時北京上元鰲山觀燈，火樹銀花，御溝垂柳，乃至在五六個面貌姣好優童陪伴下，縱轡奔馳的景象，也浮上了心頭，剎時間，喉中有種被哽住了的感覺。而落花吟之賦，更是傷心人遇到了傷心事；無論滿園滿谷的落花，或師、友所賦的詩句，處處使他觸景生情，撫今追昔。

「和詩三十愁千萬，此意東君知不知？」在這最後一首的尾句，更迸裂出他數年來的心緒。

他像變色龍一樣，用種種方式來掩飾眞正的創痛和心緒，欺瞞別人，也欺瞞自己。

「南京解元」

「江南第一風流才子」

「龍虎榜中名第一，煙花隊裡醉千場」

在書畫上面，他鈐蓋著一方方豁達瀟脫的閒章。

在花中行樂月中眠的狂歌醉舞中，不僅別人把他看成逍遙自在的地行仙，有時自己也覺得早已拋開了人世的寵辱。

野寺裡的鐘磬，或夜深人靜，獨自面對一尊斑剝的古佛，一爐繚繞的檀煙；在他感覺中不僅已勘破，並超脫了塵俗的一切。

但，在今昔面對花月的感受上，卻使隱藏著的心靈傷痕，浮現出來：

「春盡愁中與病中，花枝遭雨又遭風；鬢邊舊白添新白，樹底深紅換淺紅……」（仝註十一）三十餘首落花詩中，隨手拈出幾句，與連珠體詩相較，一個是意氣風發的鞍馬俠少，一個是飽經風霜，欲說還休，而又不得說的羈旅。

「五陵鞍馬少年時，三策經綸聖主前，零落而今轉蕭索，月明胥口一江煙。」（註十三）

這首七絕，不一定是唐伯虎的自我寫照，不過卻很能表現他那前後兩種不同的生命體驗。

其實，詩詞和人的年齡、氣數、遭際，一向是與時推移，變化不已的；沈周又何嘗不是在變？

「…看花不是久遠事，人生如花亦難托；去年花下看花人，今年已漸隨花落…」（註十四）寫給徵明長兄徵靜的「看花吟」中，沈周吐露出那種花落水流親舊凋謝的空虛感。

也許有人對他所撩撥起的詠落花風氣，不無微詞，所以他特別在詩後解釋：

「非老懷愛賦花落，蓋人情迫老，不得不耳。」

有趣的是，同樣的落花，沈周、唐伯虎、文徵明乃至王鏊，由于年齡和性格上的差異，一種鮮明的對比，也反映在詩上。

芳醇、蒼勁，帶著幾許曲終人散的感傷—沈周的詩一如其畫。

唐伯虎性格上的浪漫、失意後的頹唐，加以對自然的敏銳感受，釀造成一杯杯濃濃的佳釀，使人未飲已先有微醺的感覺。

文徵明雖已進入壯歲，子女繞膝，書名文名遠播海內，交遊日漸廣闊，只是一旦置身年輕女子面前，依舊像少年時代那樣羞澀。因此，他落花詩中的「美人」，也是採取古老的象徵方式，不像伯虎筆下的鏡中粉面，臺院笙歌那般輕顰淺笑，婉轉有情。

王鏊近因丁憂在籍，暇時，由伯虎、蔡羽等陪遊洞庭西山的林屋洞、縹緲峰勝境，對沈周的落花詩雖然沒有像一般人那樣一和十首，卻有詠落花一絕：

「魚鱗滴地雪斑斑，蜨怨蜂愁鶴慘顏；只有道人心似水，花開花落總如閒。」（註十五）

比起某些缺乏創意的詩壇之士，只知因襲堆砌的落花詩來，論者以爲：

「觀此詩，一洗山林陳腐之陋，奚以多為！」（仝註十五）

△　　△　　△　　△

文徵明暇日和徐禎卿、蔡羽、唐伯虎、張靈等，到好友沈律（潤卿）家看畫：宋徽宗御筆「王濟觀馬圖卷」、鄭所南的蘭花、趙孟頫的千字文…沈律的收藏，雖然眞贋都有，也算富甲一方。

有時幾個人泛棹虎邱，在「千頃雲」把酒臨風，留連竟日，文徵明不覺有故人之思，乃揮筆作煙雲變幻，灑脫飄逸的「千頃雲圖」（註十六），並賦短句：

「歷歷煙巒列翠屏，陰險松檜擁空亭，登臨不盡懷人意，把酒憑欄看白雲。」

和徐禎卿的太湖唱和，畫落花圖，並一遍一遍爲好友、長輩書寫沈周和自己的落花詩；到孫鳴岐家，臨寫懷素的「清淨經」……

更爲愜意的是，夏日夜晚，清風徐來，琴師楊季靜、好友祝枝山在「悟言室」中對坐納涼。季靜輕輕撥動著古琴上的冰絃，爲尋求更多的知音，這位出身音樂世家的琴師，正計畫著一次遠遊。祝枝山手不停揮地寫他的自作詩。遠遠傳來樓上的更鼓，整個情調彷彿一首詩，或者是一首富有詩意的夢境。

「巫峽朝雲隔翠波，仙禽無奈晚來多，風流只愛張京兆，日日章臺走馬過。」（註十七）寫倦了的祝枝山，長長地伸了個懶腰，詩卷任由季靜捲起持去。在溫馨友愛的氣氛中，文徵明虔誠祝念這位琴師早日尋覓到天涯知己；然而，祝枝山和他，又何嘗不在追尋可以一展才華抱負的時機。

總括丁憂後的一二年間，文徵明的生活可謂十分閒適，然而這種心靈和生活的寧謐，卻爲他最敬愛的恩師吳寬的逝世所驚破。

宏治十六年歲除，病體逐漸康復的吳寬，曾以一首「踏莎行」自壽：

「一歲之終，吾生之始，年稱七字從今起。俗說添年是減年，不添不減那能此。天念疏慵，人憐委靡，詞林老大成何事，若教歸去更安閒，不知活到多年紀。」（註十八）

進入古稀的他，雖然關心朝政，卻有一種說不出的疲憊感。夏天，更連病兩月；一日，拄杖園中，驚覺到幾株馬牙棗樹，已經結實纍纍，吳奭、吳煥兩個兒子以前隨便揷栽的榆樹，也茂茂盛盛的發展開來。池邊的白鶴和老樹上的烏鴉，一唳一答，竟如好友的唱和一般。

時時集聚唱酬的鄉友，陳璚（玉汝），以耳順之年，擢副都御史，往南京赴任，王鏊丁憂返吳，使他愈發感覺寂寞。吳疇洪（禹）近時見面不多；同邑、同群、同朝、同志的五同會中，只有李世賢，時時過來看他，送酒、送鶴。不久前所送的一隻鶴雛，短短的頸子，蜿蜒如鶩，還看不出鶴的面目來；無論如何，園鶴有伴，不像自己背井離鄉的孤孤單單。

病中，他曾三度上疏，乞求致仕；宏治皇帝一再以鰣魚、鮮果、菜蔬賜問，頻頻遣太醫妥爲診治，只盼他病癒之後，勉力供職。

這位盛年君主，很期望國防、民生、吏治…均能在他手中植下根基。他所藉重的吏部左侍郎王鏊，丁憂返籍；因此更不希望穩健、忠厚而又最孚時望的吳寬，離開京城一步。再者，繼〈大明會典〉之後，吳寬更膺命為修〈歷代通鑑纂要〉副總裁，這也是宏治皇帝翹首以盼的文化果實。

在假山石邊，泉聲鶴影的清陰消暑意趣中，忽然他想到江南的重陽，碧碗中的佳釀，和沁齒的冰漿。猶記從前，他不僅以「滿城風雨近重陽」為首句，賦詩多首，往往也在重陽佳節，約三五知己到吳城西山登高。於是，浮現於吳寬腦海中的，是陽山大石，西山的茂密橘園，滿面虬髯的史明古，耿介不群的文林、李應禎，和青年時代好友中碩果僅存的沈周。他以充滿溫情和無限依戀的筆調，寫信給沈周（註十九）。

吳寬的信和他逝世的噩耗，幾乎同時到達蘇州，事實上，從發信到七月十日他生命終止之時，不過短短的四日，堪稱為文定公吳寬的絕筆書。

文徵明三位敬愛如父的老師，已經去了兩位；看到沈周以婆娑淚眼捧讀遺書時，他禁不住放聲痛哭。

他更以詩記述那種畢生難忘的悲愴景象：

「百年韓孟氣相投，四海平生幾舊遊；豈謂書來隔今古，空餘迹在想風流。蹉跎鄉社成長負，珍重交情到死休；莫怪獨持遺草泣，江東菰米為誰秋。」──次韻石田題匏翁臨終手書（註二十）

另一個擾亂文徵明寧靜心緒的，是這年秋天，他與性情倜儻不羈的年輕弟子陳淳（白陽），同往南京應試，卻雙雙鎩羽而歸。

註一、〔匏翁家藏集〕册二頁三〇二。
二、故宮博物院藏。
三、〔甫田集〕頁七〇七「沈惟時墓志銘」。
四、〔中國繪畫總目合錄〕一三—〇四四「文徵明雜畫册」，翁同龢跋。
五、〔吳門畫派〕頁六五，藝術圖書公司版。
六、〔吳門畫派〕頁六六、九六。〔藝珍別集〕名畫，唐宋元明册「沈周落花詩意圖」。〔文人畫粹編〕册四圖二八。
七、〔石田集〕頁七八六。
八、〔石田集〕頁七八八。
九、文徵明落花詩見〔文人畫粹編〕册四頁一六一。〔藝珍別集〕名畫，唐宋元明册「沈周落花詩意圖」。〔甫田集〕頁一〇四。
十、沈周落花詩見〔石田集〕頁六二九。〔石渠寶笈續編〕册二頁一〇四八。〔文人畫粹編〕册四頁一六一圖二八釋文。
十一、〔唐伯虎全集〕頁三三，漢聲版。〔唐寅落花詩册〕，中華書畫出版社版；前後二本詩稍有不同。
十二、〔唐伯虎全集〕頁四二，漢聲版。
十三、〔唐伯虎全集〕頁二八〇，漢聲版。

十四、〔藝珍別集〕名畫，唐宋元明册「沈周落花詩意圖」。
十五、〔明詩紀事〕册四頁八七二。
十六、〔紅豆樹館書畫記〕頁九四七。
十七、〔聽颿樓書畫記〕卷二頁一二九「畫來禽畫眉」。
十八、〔匏翁家藏集〕册二頁一八四。
十九、〔耕石齋〕卷十頁二一。
二〇、〔石田集〕頁九〇三。

五代 黃筌 勘書圖

第三十五章　蒼松芙蓉

從某些方面看來，陳淳的性格和氣質，跟唐伯虎頗爲相近；俊美的面龐、修潔的姿影、風趣而機智的言談……

「有癖惟攜妓」—從陳淳的名句中，更可以看出他和唐伯虎具有同樣的浪漫情調；也種下端莊自持的文徵明日後和他幾乎反目的因素。然而由於他和唐伯虎的理想、生活環境不同，他所表現出來的，是一個天生的藝術家，和不知人間疾苦，也不事生產的富貴公子習性。沒有唐伯虎浪漫溫柔之外的俠氣，也沒有唐伯虎迭遭家變，飽經憂患之後的憤世妒俗，玩世不恭的情懷。

如果任他自行取擇師友，在繪畫方面，他對石田老人的寫生花卉，極端仰慕；那簡淡的筆墨，竟把自然的神態和生意，表現無遺。那寬和容忍的氣度，好像天地間一切，無所不包，無所不容，沒有一樣值得固執和計較。而沈周整個人就像陣陣的和風，和百年的醇酒，使人自然而然地受著他的薰陶、沐化。

祝枝山、唐伯虎，不僅在書法、繪畫方面，可以爲他指點迷津，在歌舞管絃的溫柔鄉中，也是最好的玩伴。然而他卻投在性情莊重剛正的文徵明門下，多少有些出乎人們的意料之外。

陳淳家住蘇州城東三十五里之遙的「陳湖」；陳湖又名「沉湖」，原是一個繁華的鎮甸，唐朝天寶六年春天，地陷成湖；可能由於陳姓人家，世居湖濱，久而久之，遂訛爲「陳湖」了。陳湖水鄉，也是「大姚村」的所在，宋朝米芾的一個女兒嫁於大姚村，因此留下許多米友仁前往探妹時的書畫遺蹟；這對陳淳未來山水畫的發展，是一個不可忽視的因素。

陳淳祖父陳璚，成化十四年中進士之後，先後在北京和南京兩地爲官，無論跟吳寬、沈周、文林都有極深的交誼，所以文徵明常說他與陳淳父親陳鑰（以可）乃是「通家之好」。令人不可思議的是，文徵明和這位有通家之好的陳鑰，一方面在性格上有著極端的差異，一方面在感情上，切磋文字、有無通假、過失相規、形影難離。

「水火其性，而膠漆其誼」─文徵明常常用來形容兩人的個性和交往。如果用以形容他和陳淳的師生情誼，也是同樣的恰當。

陳鑰半生，可以簡單地分成幾個大的節奏：

在北京豪華的宅邸中，珠玉朗潤，舉止優雅大方的陳鑰，周旋在乃父的賓客之間。文采風流，照映奕奕，多少高官貴介，同聲讚嘆他是前途無量的佳子弟。

進入壯歲，返回蘇州，創建家業。由於經營得法，城內城外，到處都有他所置下的園產、別墅和當鋪。然而，性情慷慨，好濟人之急，幾次積聚成的千金家財，卻又一無吝色地隨手散去。

近年被推選爲陰陽正術之官後，愈發大起宅第，廣蓄童奴。每日高車駟馬地與賓客遊燕，輕歌妙舞，好像永遠沒有停歇的時候（註一）。但是，他卻讓他的長子拜在好友文徵明門下，接受舉業和文學的教育。

使文徵明無法理解的是，世居湖濱，經常吃著美酒佳肴的陳淳，爲甚麼會對乾蝦米有著那麼深的嗜好。在他的帽沿中，經常藏著乾蝦。乾蝦和酒，就成了這位青年弟子的提神劑。來到停雲館時，他只弱冠年紀，文徵明發現，只要不斷絕乾蝦仁，無論時文、古文和詩詞書法，他都進展得很快。在繪畫方面，雖然嚮往於太老師沈周的寫意神韻，時而吟詠沈周爲乃祖所作「姚江十二詠」（註二）中的詩句：

「**石沒潮來處，石出潮去時；潮來潮復去，石亦不曾知。**」——上馬石

然而，他對文徵明所教給他細潤工整的畫法，平穩妥貼的作詩要訣，仍能細加領會，學習不輟。

他們師生間的討論學習，似乎並無固定的時間和地點；有時在停雲館中，從文徵明珍藏著的某些古書畫論起，有時在陳鑰蘇州別墅或陳湖的莊園中，或在碧波蕩漾的湖船上。不知是有意是無意，文徵明逐漸發現他跟這位摯友之子，也是他最早收下的門弟子間，產生的友情遠勝於師生之間應有的禮節拘束和情誼。

他們的偕遊、唱和，與無拘無束的言談，很能解除文徵明心中的岑寂。許多早日的硯友，有的科名順遂，遠走京師，有的萍蹤無定；連唐伯虎、蔡羽都無法像以前那樣朝夕相聚，陳淳適時地塡補了他心靈的空虛。

如果說這位小他十四歲的弟子有甚麼明顯的不良習慣，可能只是生活環境，使他忽略了應有的生活規範所致。例如借走了文徵明心愛的盆花，久不歸還；明知乃師病中寂寞，

卻未能及時探視；或相約會面，苦苦等候而不見蹤影……對於這些有虧禮數的行徑，文徵明的心緒與其說是憤怒、責怪，莫如說是帶著一份失望、幽怨，而寄以更大的懷念和期盼：

「誤遺（疑遣）幽芳別主翁，歸蹤寂寞小庭空；美人自被鉛華累，君子應憐臭味同。結珮誰家桎夜月，返魂無路託秋風，也知尤物非吾有，卻誦離騷似夢中。」—溫蘭為陳淳借去不還（註三）

再如懷念溫蘭之外的懷人，就更有一種殷切的情意：

「美人期不至，寂寞繞堦行，短架閒書帙，幽窻聽屐聲。空令開竹徑，深負洗茶鐺，春草暮雲合，梅花初月明。蹉跎殘諾在，次第小詩成，未敢輕知己，終然媿後生。新年池上夢，舊雨酒邊情，眼底非無客，相看意獨傾。」—期陳淳不至（註四）

這類爽約不至的事，竟屢見不鮮。自幼孤獨慣了的文徵明，像這樣敞開竹徑，洗好茶鐺，在梅香月影中一面吟詩一面苦苦等待的好友，可能只有已故的劉嘉，和唐伯虎、蔡羽、徐禎卿數子而已；於此可見，陳淳這位介於弟子和朋友之間的青年，在他心靈中的地位。

不過，陳鑰付予好友與兒子業師的束脩和敬意，也相當厚重。他看到文徵明的書房狹窄，就為他出資在西側修建一室，作為待客、授徒、吟詠的地方，文徵明把它題作「假息菴」，並欣慰異常地以詩致意：

「剪棘依垣小築居，短簷橫啟紙窗虛，造門已慣非緣竹，據案相忘況有書。徐孺每勞

懸木榻，陶潛何必愛吾廬，須令更不論賓主，一半幽閒已屬余。」──以可為余治小室余題曰假息菴（註五）

陳淳從遊未久，便補為蘇州府學生員，無論對文徵明和陳氏父子，都是極大的鼓舞。在場屋中困頓多年的文徵明，沒有像祖父那樣，在兒子扶持下同堂應試，卻先跟得意弟子一起到南京趕考，心懷自然有些不同往昔。長子文彭，詩文已能琅琅上口。四歲的文嘉，也能「床前明月光，疑似地上霜…」順口吟哦，逗人喜愛。十餘歲的長女，頗有乃母的風範；人生至此，所差者唯有功名一道。

「燭跋熒熒照酒明，故人相對說生平，差池何止三年別，老大難忘一舉名。殘夜池塘分月色，遶門楊柳度秋聲，不辭筆硯酬嘉會，去住江湖各有程。」──與王欽佩顧華玉夜話（註六）

在南京，跟每三年一見面（由於丁憂，此次竟一隔六載）的友人把酒話舊，感慨往往最深。

多少才智之士，懷著滿腹經綸和經國濟世的抱負，希望一舉得售，脫穎而出。然而，由於許許多多無法預知，不可理解的因素，有人連戰皆捷，到了明年暮春，便倏然而起，恍若朗星，步入宦途。有的一次次落第，一次次在鎖院中度過漫長的中秋。許多面孔，愈來愈熟，卻漸見衰老。一些從未謀面的新秀，或前度英姿雄發的年輕生員，再見面時，已萎靡得判若二人。至於見過一兩面後，便終生埋沒壠畝或鄉村塾館之中，自然更不乏人；究竟人耶？天耶？文徵明無由得知也不願多想。

「去住江湖各有程」，重聚的歡愉，黯然的離愁，然後各自天涯，聽憑命運的擺佈。

文徵明每次金陵歸來，時序多已漸進重陽，幾乎每次都會大病一場，或沉睡數日，今番並不例外：

「潦倒儒冠二十年，業緣仍在利名間，敢言冀北無良馬，深媿淮南賦小山。病起秋風吹白髮，雨深黃葉暗松關，不妨窮巷頻回轍，消受鑪香一味閒。」—病中遣懷（註七）

以前科場受挫，父親會寫信安慰他，這次則格外地空虛寂寞。照例，入冬前後，他開始繕寫一年來的詩文，在新年來臨時，可以有一本完整的小册。應詩友和長者之請，以烏絲欄紙，一遍又一遍鈔寫沈周、呂㦙、徐禎卿和自己的落花詩（註八），也成爲遣愁解悶的方式。落花，使他不由得浮起石田師宏治二年夏天所畫的那幅「松下芙蓉圖」；蒼勁的孤松，斜斜地伸展開的芙蓉，疏密有緻的掌葉，用筆簡潔，色彩淡得像秋水一般。花朵也淡，幾筆似有若無的胭脂，既飄逸又高雅，不能不說是神來之筆，加上三數幼蕾，更顯出一種蘊蓄待發的生命潛力。孤松芙蓉，俯仰生姿，情緻綿綿，正是春紅夏綠凋零衰歇之後，所展現出來的自然神韻。

在雙峨僧舍，他決心跟沈周學畫，也是在這一年；轉眼十五年了，他沒有再見過那幅畫。但那墨色鮮活的蒼松，彷彿在秋風中微微顫動的花枝，卻經常在他胸臆中浮現。聽說有位名裱匠把這幅畫跟許多落第賦懷的詩裝裱成一個長卷；眞是既不可思議，又值得玩味的配合。

「桃李花開春正濃，笙歌無日不相從，由來艷冶人爭愛，寂寞誰憐澗畔松。西風吹冷滿天涯，秋老芙蓉始著花，自是幽姿宜向晚，任教桃李占韶華。」（註九）

成化十三年孟冬，首唱落第吟的是湯夏民秀才，其時這位老生員已經七次鄉試落榜，心中的落寞、苦悶，應不下於淶水公文洪。湯夏民遍請同抱落第之恨的秀才賡和，先後和詩的有浦應祥、姚綬、杜堇，乃至陳淳祖父陳璚等數不勝數，各以七絕兩首抒寫失意的辛酸。暇時，湯夏民就命兒孫之輩，展開詩卷，一面欣賞各家法書，一面吟詠玩味這些時賢潦倒落寞時的抑鬱情懷。然而不知何時，沈周這幅畫也被湯氏網羅了去。以松象徵孤獨寂寞，以芙蓉表現向晚的幽姿，或大器晚成之兆，不知沈周當日畫時，是有意抑或無意！

「兒幸晚成，無害也。」

「子畏之才，宜發解。然其輕浮，恐終無成。吾兒他日遠到，非所及也。」

想到幼時，人人都把他視爲魯鈍，然而知子莫若父；重讀前度落第時父親的慰問信，看看伯虎幾年來的落魄，文徵明心中的痛苦、絕望，也就爲之消解不少。他眞希望能借到湯氏的畫卷和詩卷，臨摹鈔錄一遍，暇時欣賞吟詠一番，以化解心中的塊壘。

儘管文徵明和唐伯虎這兩位難兄難弟，一個困於場屋，一個困於生計，然而對於徐禎卿的躍出鄉試泥沼，得中宏治甲子舉人，無不爲之衷心喜悅。因此，當嚴霜寒雪逐漸吹向江南時節，兩人都盡著一切力量，爲這位三餐難繼的好友，籌措應試春闈的旅資和一些必要的安家費用。在依依不捨中，面貌醜陋，兩目炯炯有神的徐禎卿，步向期盼已久的北京之路。

△　△　△　△

在唐代詩畫大師王維的花卉作品中，往往不同季節的花卉，在同一幅畫面上，爭奇鬥艷；桃杏與夏荷並放，寒梅和芙蓉，俯仰生姿，互相映照。〔歷代名畫記〕作者張彥遠，對這種破除時空限制，別有一種天趣的畫風，大加贊賞：

「得心應手，意到便成，故造理入神，迥得天意，此難與俗人語也。」

雖然有權威性的理論支持，和歷代文人畫家的效法，但王氏遺作「雪蕉圖」、「袁安臥雪圖」中，蕉、雪輝映的意趣，似乎仍難讓人普遍地接受。有人說他不解寒暑，無視自然的法則；有人則引張氏論點，相與辯難。

然而，宏治十七年冬天，七八高齡的石田老人，卻無意間目睹到這種自然的奇境：

「雪中相見使人疑，輞口千年有此枝，雪亦未消蕉亦在，僅存玄鶴兩相知。」（註十）

陳淳祖父，左副都御史陳璚的書齋前，景物異常的清靜而雅緻。假山後面，伸出幾片碧綠蕉葉，把院中的積雪，太湖石邊的羽鶴，襯托出一種無法用文字語言形容的詩情畫意。捲曲的蕉心，那抹帶著白雪的嫩綠，跟那紅如渥丹的鶴頂，更點活了這神秘而雅潔的莊園。使沈周驀然領會七百五十多年前，擅寫雪景的王維（摩詰），面對這種景象時的心境，「雪蕉圖」，必然在這種強烈的感動中，揮灑而成；想不到千秋後世，卻生出那麼多疑惑和議論。

那鶴，畜養已有十年之久，神態凝定地站在一塊湖石上，彷佛在修道參禪。不過這時候牠的主人陳璚的心境，可並沒有像那鶴和沈周，面對園景時的閒適，他正在擬定會剿海上巨盜施天泰的策略。由於他兼領操江都御史之職，負有提督水戰的任務。

對多年來出沒海上，大肆摽掠的海盜，究竟用痛剿、招撫，或恩威並濟地以強大水軍作後盾，再曉以利害，令其來歸？他和籍隸山東的都御史魏紳，已經一再地計議，似乎以後策爲宜，以免兵連禍結，影響濱海居民的生計。大約最遲明年春天，就要會師海口。

東吳水戰，自古無過於周郎，沈周衷心祝賀陳璚旗開得勝，重振當日周公瑾的雄風，平靖海疆。回莊後所寫的「雪蕉白鶴圖」，不僅使他成爲王維的千古知音，也是對好友陳璚的一種紀念。

△　△　△　△

宏治乙丑（十八）年春天，蘇州藝林熱鬧而忙碌。

「寒窗燈火張生夢，京洛風塵季子金，兩地相思各明月，關山書尺幾消沉。」—懷伯虎（註十一）

徐禎卿滿載鄉愁與懷人之詩，和進士及第的喜訊，先後傳抵伯虎手中。其時，他爲琴師楊季靜所畫的「南遊圖」卷，剛剛完成，連他的兩首清新脫俗的七絕，一並在士林好友之間流傳賡和。

「秋月城頭夜擣衣，客心如雁只南飛，築宮燕市人何在？鼓瑟齊門事竟違……」—送楊琴士（註十二）

多年前，王鏊曾經以詩送老琴師雅素翁由北京南旋故里。現在，伯虎又以圖和詩，送雅素翁琴藝獨傳的季子楊季靜遊金陵。鍾山下、鳳凰臺上、旖旎浪漫的秦淮河畔，不知可能尋求到知音？

「江上春風吹嫩榆，挾琴送子曳長裾，相逢若有知音者，隨地芟茆好結廬。」（註十三）

圖後，伯虎預祝這位青年琴士，早遇知音；但他心中，不免覺得楊季靜有些沽名釣譽，過度張揚。

溪畔的山徑上，年輕的高士，放轡緩行，彷彿在驢背上尋詩，又像在諦聽天籟。負琴的童子，緊隨騎後。路上車馬行販，或行或止，於靜僻中，別有一種春天的繁忙和鬧意。

楊季靜是位極注重生活情趣的人，書卷古琴之外，平素身邊，書畫鼎彝，環列四週。有時趺坐松下，對瀑鳴琴，也以這些古器相隨，銅爐茶鐺之外，更設有文房四寶，以備吟詠和書譜。這次一騎一童，負琴遠遊，倒也別有一種瀟脫蕭散的風緻。

時病時好的文徵明，在一首五古中，以世交的口吻，描寫楊氏兩代在琴藝上的造詣和內在的修養：

「…古調得真傳，餘巧發天思，豈獨藝云精，檢脩仍肖似…寥寥六十年，一派屬君季。只惜知音稀，囊琴走千里。秣陵古名郡，去去尚有遇。鏗然振孤音，一洗箏笛耳。」

此外，彭昉寫了一篇洋洋三百餘言的詩序，邢參、錢同愛、祝枝山…七律、古詩不等，各有唱和，儼然成了蘇州的一件大事。自孟春二月起，大家就張羅爲楊季靜餞別，然而不知何故，直到仲夏，卻尙未啓程。

也許由於這次是相隔六年才有機會赴試，它的得失，對徵明衝擊似乎特別大。除了去年南京歸後病過一陣外，到了春天，依舊時斷時續，纏綿榻畔，甚至連畫筆也懶得動；比起往日讀書之暇，揮灑不倦的情景，使他大爲感嘆。三月暮春，又是去年隨石田師賦落花詩的時候，好友榮夫展示前年他所畫的「飛瀑松聲圖」（註十四）；簡淡的色彩，奔放的筆墨，那種信手塗抹，自然天成的明快風格，使文徵明簡直不敢相信是自己的作品，也顯示出兩年前不同的心境。他以無限感慨的筆調爲榮夫重題：

「千山飛瀑帶松聲，記得前年信手成，病懶近來惟打睡，相看無復舊心情。」

不知是否由於文徵明年來多故：痛失良師後的空虛，困頓場屋的煩悶，以及纏綿病榻的苦痛；加以唐伯虎的放蕩成性，難耐文徵明的一再諍諫，致兩位相交二十年的好友，竟突然反目。

註一、有關陳鑰生平，見〔甫田集〕頁五五三「祭陳以可文」、頁七二七「陳以可墓誌銘」。

二、〔石田集〕頁六七二。

三、〔文人畫粹編〕册四頁一六八。

四、〔甫田集〕頁一一一。

五、〔文人畫粹編〕册四頁一六七。

六、〔甫田集〕頁一七三。

七、〔甫田集〕頁一六〇。
八、〔虛白齋藏書畫選〕頁二四四－九，二玄社版。
九、〔文人畫粹編〕册四，圖二七及頁一六〇圖錄。
十、〔中華名畫輯覽〕圖一六四「雪蕉白鶴圖」，河洛版。
十一、〔吳都文粹續集〕卷五二頁五三。
十二、〔震澤集〕卷一頁二五。
十三、〔大觀錄〕頁二四二七「南遊圖」卷。
十四、〔石渠寶笈〕初編頁四三三。

第三十六章　四海資身筆一枝

唐伯虎心平氣和的時候，會客觀而仔細地分析他和文徵明性格上的差距：自己總是口無遮攔，常常有意無意間，得罪貴介。轟飲無度，往往酒後失態。流連歌臺舞榭，沉迷聲色花鳥之間⋯⋯

文徵明雖然小自己八個月，但從青年時代起，似乎對每樣東西都有分寸，有節制。尤其最後一項，羞澀的文徵明不僅敬而遠之，簡直到了深惡痛絕的地步。

在文徵明方面，也曾環顧周邊好友，祝枝山、陳淳等日常行逕，比之唐伯虎，似亦無分軒輊。所以，他毋寧抱著一種欣賞和容忍的態度，了解他們的才華、性情和心志；覺得一時的紙醉金迷，對他們非但無傷大雅，也不會動搖眞正的品格和方向。有時，對他們在聲色場中所表現的機智，意氣風發的神態，流露在詞曲詩畫上的靈思，簡直讓他心醉。

「曲欄風露夜醒然，彩月西流萬樹煙，人語漸微孤笛起，玉郎何處擁嬋娟。」—月夜登南樓懷唐子畏

「⋯高樓大叫秋觴月，深幄微酣夜擁花；坐令端人疑阮籍，未宜文士目劉叉⋯⋯」—簡子畏

不止一次，文徵明吟詠唐伯虎生活中旖旎浪漫的情調；然而，在他失意、多病、心緒極端惡劣的宏治十八年春天，唐伯虎的言語行爲，在他眼中變得輕佻圜薄。對生命、前

途，似乎不自愛惜到了自暴自棄的程度。身爲知音好友的他，覺得實在無法再行緘默；因此，在給唐伯虎的一封信中，對他多少年來的過失，作了番徹底的檢討和責備。

文徵明那種憤怒訓斥的口吻，頓然使唐伯虎想起文林在世時對他督導的嚴厲；那時，他戰戰慄慄地垂手而立，一遍又一遍地求這位長輩寬恕他的罪愆。直到他遠離不齒之流，在行爲上表現出改過向善的誠意，才能得到首肯與寬恕。一旦他的文章和言行，有了進境和值得嘉許之處，那身材矮小，心胸開闊的長者，彷彿把他前此的過失，完全置於腦後；在高官貴介、士林宿儒面前，對他不住口地稱讚。

他也記得，當他創鉅深痛地從北京落魄而歸：

「…下流難處，眾惡所歸。績絲成網羅，狼眾乃食人；馬氂切白玉，三言變慈母。海內遂以寅為不齒之士，握拳張膽，若赴仇敵。知與不知，畢指而唾；辱亦甚矣…」（註一）

伯虎六年前寫給徵明信中，曾經一字一淚地敍述心中的苦痛。當時，徵明對他在北京的言行失檢，不但沒有任何責備的話語，反而痛斥那些對考試冤獄妄加渲染和猜測之詞，更面責那位出賣唐伯虎的友人。

多年來，唐伯虎堅信，文徵明是他至死不渝的知友；然而讀了文徵明這封「聲色俱厲」的信函，他彷彿突然掉進了一個冰冷的世界。原來在文徵明心目中，他竟是那樣一個不齒之流，或者說是「異乎其類」；如果說諍友的眼睛，好像自己的一面鏡子，這面鏡子實在冷酷。影像中的唐伯虎，動輒得咎，一點也看不出有何前途和希望。文徵明對他的這番責罵，比之當日文林有過之而無不及，好像他自始至終就荒唐得毫無是處。

因此，喪失了友情、知己，或者可以說是喪失了尊嚴的唐伯虎，在給文徵明的覆函中，異常激動，充滿了挑戰性；不惜將二十年的友誼，孤注一擲：

「…取之側陋，施之廊廟、冠劍之次；人以爲不類，僕竊謂足下知人。比來癡叔未死，狂奴若故，遂致足下投杼，甚媿甚媿！」

開門見山的幾句冷言冷語，不啻一把利劍；意指素有知人之明的文氏父子，對他唐伯虎可能是看走了眼睛。道不同不相爲謀，物各有性、人各有志：

「…然山鵲暮喧，林鴞夜眠；胡鷹聳翮于西風，越鳥附巢于南枝；性靈既異，趨從乃殊。是以天地不能通神功，聖人不能齊物致…」

既然江山易改，本性難移；只好各行其道：

「寅束髮從事二十年矣，不能翦飾，用觸尊怒；然牛順羊逆，願勿相異也。謹覆。」（註二）

讀到這封極盡諷刺和挖苦的回信，文徵明冷汗直流，二十年知友，一番好意的勸諫，竟引出這般決絕的話來。

但是，一讀再讀之後，覺得年已三十六歲的唐伯虎，依然那樣任性而孤獨；寫此信時，必然憤怒得有如被揭破瘡疤的困獸；忽然又對唐伯虎憐惜起來。再看信中那些有如毒錐利刃似的字句，也不過是唯恐失去他的瞭解和友情的哀鳴罷了；想著想著，文徵明倒忍俊不禁地笑了。

這次友誼的危機，期間並不太久，大概也不需要甚麼人從中斡旋，兩人就重聚到一處，談詩論藝，游山玩水去了。不過，文、唐兩位老友的齟齬，倒使同樣放蕩不羈，雅好聲色花鳥的陳淳，心生幾分警惕。陳淳與弟弟陳津，和文徵明朝夕相處，雖有師生之分，實則為忘年知友。有時老師剛剛完成的心愛之作，只若陳淳面露喜愛，就任令持去，了無吝色。然而文徵明的端莊、剛毅的性格，對某些禮法的拘泥，多少使他有些畏憚。

其時，文徵明、唐伯虎，除了陪侍郎王鏊詠白蓮詩、遊虎邱、天池、陽山、華山等吳郡西山名勝之外，文徵明、祝枝山、蔡羽、邢參、朱存理等，并在王鏊的策劃指導之下，著手重修〔姑蘇志〕（註三）。於蘇州歷代名賢手蹟、文獻外，更廣搜近世鄉賢如徐有貞、劉珏、李應禎、吳寬、文林，乃至沈周等資料。當日杖履所至，不僅留下優美的詩篇、聯句和題跋，足以顯示老一輩的風流、學養和節操，也流露出他們生死不渝的友愛之情。有時文徵明會駐筆遐想，未來的修史者，對祝枝山、唐伯虎和他的交遊、藝業以及屢受挫的功名…將作怎樣的看法？

對文徵明而言，愈是受困於場屋，文名和德名卻傳播得愈廣。這是鎖院以外的另一種公評和篩選，比主司或試官們評量士子的標準可能更嚴，更客觀。在「上守谿先生書中」，文徵明曾經帶有幾分自嘲和自謙地向王鏊表示，所撰的墓誌、傳記、行狀、碑銘、悼挽之類文章，多為阿諛死者的「強顏不情之語」，算不得眞正的文章。但在叔父文森，老師吳寬和王鏊等一代名臣、史家的悉心培植下，文徵明不但識見廣闊，剖析精當，文筆嚴謹，更重要的是他的性行端莊，心地公正醇和。所以很多前輩，如沈周、朱存理、呂嵬，和王鏊等，不僅對他以良史相期許，還隱約地把自己的身後事，如行狀、傳記、墓志銘等託付於他；希望一生的事蹟節操和學術上的造詣，能藉以流傳千古。「姑蘇志」的纂修，可以說是對文徵明的一種鍛鍊，也許有一天能在翰林、史館佔一席之地。

△　　△　　△　　△

王鏊眼中的唐伯虎，無論才華智慧，都像株盛開的花木，芬芳四溢，光艷照人。燕息、偕遊間，和詩、聯句、對景寫生…王鏊不時流露出對他欣賞贊許的神色。在外表清和儒雅，內心端嚴剛毅的王鏊而言，是種極少有的現象。

春天，師生相偕登上煙雲飄緲中的陽山。山門邊的巨石，如獅如猊，如奮鬣奔騰的怒馬。廊殿僧寮，隨著山勢建造，彷彿櫐櫐的蜂房。俯瞰山峰起伏，好像主峰照拂下的群兒一般。在一塊蘚苔密佈的大石上，兩人赫然發現了吳寬、李應禎、張淵、陳廷璧和史明古的題名。隨又在屋壁上看到由李應禎書寫的四人大石聯句（註四）。

那已經是三十年前的陳跡了；五人同遊，飽飲山泉之餘，詩思也如泉水般源源湧現，聯吟八十二句四十一韻。自此，陽山大石（或稱餘杭大石）之名，盛傳於世。游人絡繹不絕，騷人墨客，吟詠題識不可計數。沈周後來獨自賈勇攀登危磴，不但賦了一篇「大石狀」（註五）的五言古詩，而且想像幾位好友聯吟時的風流雅緻，繪成巨幅的「大石山聯句圖」。

二十年後，吳寬丁憂返吳，幾位同遊好友相繼下世，回憶往事如夢，無論體力心境，吳寬都已不能獨遊，只有沈周的巨圖，不時取出玩味。回京前，曾應陽山雲泉菴主智韜之請，寫了一篇「陽山大石巖雲泉菴記」（註六）刻于崖石之上。然而時至今日，連吳寬也已化去；王鏊、唐伯虎心中不禁黯然。

「巖巖者大石，奇觀人所誦。」

三十年前的聯句，由李應禎開首；唐伯虎眼前彷彿再次浮現李應禎清癯的面容，渾厚的吟哦聲；他也依韻而和：

「峻極惟崧高，嘗聞吉甫誦。」（註七）

「石今者何為，勢若與之共。偶來試春衣，暫足解塵鞚。」——王鏊接聯而下，恍如回到三十年前的歲月，恨不得與故友圍石同吟。

「太湖隱見微，遠山朝挹眾。沉船露危檣，敗屋橫折棟……」在一起一落的吟哦中，王鏊透過古木垂藤，遙見太湖波濤浩淼，帆檣隱隱……亟欲舉酒浩歌，援琴一弄，與天地合而爲一；最後二十二句，竟由他一氣呵成，頗有高山飛瀑，不能自已的感覺。

石湖荷花盛放，時序漸近秋涼的時候，唐伯虎一則應安徽富豪王友格、休寧齊雲岩紫霄宮養素道人汪大元的邀請，前往撰寫「王氏澤富祠堂記」和「紫霄宮元帝碑銘」；這兩篇文章，均應以重酬。再則，可藉著這個機會和可觀的筆潤作爲川資，繼續前往福建仙遊九鯉仙祠祈夢（註八）。

十年前的都穆，六年前的文林，均曾請人代爲祈夢，所得朕兆，似乎皆有應驗。

「塗楮畫素，或但成細瑣藝玩；殆澀儒腐生之業，亦何直許云，是殆匪如響者也。」（註九）

唐伯虎想到自己當年，夢神贈墨萬個，當時百思不得其解。但被黜後前路茫茫，生計唯艱，看來舞文弄墨，必是命中註定的吧。

經過數年的煎熬，不知九鯉仙會不會爲他指示出另一階段的朕兆？

對於近乎怪力亂神的九仙祈夢，王鏊似乎不以爲然。如視之爲一次開闊心胸視野的遠遊，也就無可厚非。從他贈別唐伯虎詩中的「人生出處天難問」、「一生如夢復何如」，不難看出王鏊對不遠千里，前往求夢的看法。但，末尾兩句：「我亦有疑煩致問，蒼生帖息定何時？」則表現出這位廟堂棟樑心中的隱憂：

「卿輩輔導良苦，朕備知之。東宮年幼，好逸樂，卿輩當教之讀書，輔導成德。」（註十）

宏治十八年五月，乾清宮中，病入膏肓的宏治皇帝，執著閣臣劉健的手，托付後事。枕邊的絹巾，染著大片咳出的血液，彷彿逐漸退落的斜陽。李東陽、謝遷等一般重臣，環跪榻側，君臣欷歔成一片。

第二天一早，年方十五歲的嗣君朱厚照，應召而來。這位面貌清秀聰敏的太子，滿面戚容，環視幾位疲憊不堪的顧命大臣；氣息微弱的父王，正把一隻枯瘦的手搭在他的肩上，心中已然明白，他身膺大任的日子到了。

勿忘祖宗創業的艱難，戒除驕奢，任用賢良；是春秋三十六歲，統治國家一十八年的宏治皇帝最後的囑咐。

如果說「知子莫若父」，那麼也可以說「知徒莫若師」，對自幼貪玩放縱的東宮朱厚照，身爲少詹事兼侍讀學士的王鏊，知道得太淸楚了。

吳寬、王鏊，曾先後爲東宮進講。也許由於他的聰明，少年朱厚照總是千方百計地逃避學習，把大部分時間用在擊毬、跑馬，或架鷹縱犬地在御苑中遊獵。雖然怠於習讀經史，但他對於梵語佛典的興趣倒很濃厚，像有明以來多位君后那樣崇佛好道，把聚斂來的金錢，施捨到廟觀之中。

「…人生八歲出就外傅，居宿於外誠欲離近習，親正人也；庶民且然，況有天下者乎…」（註十一）

爲了東宮輟講，文定公吳寬曾經苦苦上疏，請宏治皇帝約束太子。

儲君年少縱逸，並不是王鏊唯一憂心的事，這位太子師眞正擔心的是劉瑾、馬永、谷大用、張永……這些專門替他搜集玩物、斂財、引導他荒唐嬉戲的太監。

數年前，朱厚照將要出閣就傅之際，朝廷爲了愼選正人以端國本，曾詔令部臣會議。提名到王鏊時，衆臣同聲贊佩：

「此眞其人！」（註十二）遂以他爲講官之首。

宏治皇帝彌留托孤之際，王鏊雖然丁憂在籍，但是，他好像親自在御榻前面受命一般，輔佐荒縱成性的少君的擔子，從那時起，就壓在他的肩上。

「我亦有疑煩致問，蒼生帖息定何時？」

邊寇、海盜、幾個驕縱慣了的貴戚、某些野心勃勃的藩王……接連不斷的災禍和種種隱憂，不僅王鏊感覺到了，唐伯虎也體會得出；然而，功名路絕的他，又能有甚麼作爲？

△　　△　　△　　△

徽歙之行，對唐伯虎而言，尚屬首次，除了爲王氏家祠作記，爲紫霄宮撰碑之外，尚有一些應酬性的文章。如新安洪伯周所求的「愛谿記」，吳明道的「竹齋記」（註十三）等，這些爲人稱祖德、道神異、釋別號……正是文徵明經常爲人請托，不勝其煩的筆墨，所謂「率多強顏不情之語」，然而爲了筆潤，唐伯虎也不得不勉強爲之。想到今後漫長的一生中，受制於「孔方兄」的文墨生涯，無法隨情任性，心中不由得自我揶揄：

「兀兀騰騰自笑癡，科名如鬢髮如絲；百年障眼書千卷，四海資身筆一枝。陌上花開尋舊跡，被中酒醒鍊新詞；無邊意思悠長處，欲老光陰未老時。」—自笑（註十四）

在自嘲之餘，也懷著一絲旅愁，然而，登上休寧縣西四十里之遙的齊雲巖後，唐伯虎心中立刻有種豁然開朗的感覺。唇邊自然而然地迸出前人的詩句：

「齊雲山與碧雲齊，四顧青山座座低。」

齊雲山主峰齊雲巖，豈止「齊雲」，簡直就在雲端之上。

齊雲巖三面懸空峭壁，只有一面石梯可以攀爬。和蘇州城西的陽山相比，齊雲的雄偉壯闊，根本就不可同日而語。當他行經休寧縣西三十餘里的白嶽嶺時，已覺山高路險，不僅無法乘坐肩輿，更要連著繩索牽扯而上。至桃源、車𡶶嶺，則愈來愈形高聳。及至登上齊雲巖之後，俯視群山有如低矮之丘陵，連西面的五老峰，也如冠珮仙人，仰望天庭持笏拱拜一般。

「隔斷往來南北雁，只容日月過東西。」（註十五）

唐伯虎不知不覺地信口朗吟；把原有的兩句古詩，聯成一首七絕。

四十餘畝廣闊的峰頂上，數十株古松，姿態矯捷有如虬龍，襯以片片霜林，石室巖穴，眞彷佛置身仙境。他在「齊雲巖縱目」中寫：

「搖落郊園九月餘，秋山今日喜登初；霜林著色皆成畫，鴈字排空半草書。麯蘖才交情誼厚，孔方兄與往來疎；塞翁得失渾無累，胸次悠然覺靜虛。」（註十六）

△　△　△　△

九仙祠中，祈夢得「中呂」二字時，比前次的夢墨，愈發使他茫然不解。

古樂十二調中，「中呂」調屬陰律，在「夾鐘」和「林鐘」兩調之間。「中呂」又稱「仲呂」，就禮記「月令」而言，屬孟夏。以十二地支言，序列爲「巳」。

「仲呂者，言萬物盡旅而西行也，於十二支爲巳。巳者，言陽氣之已盡也。」（註十七）

驀然，唐伯虎聯想到〔史記〕「曆書」對仲呂的詮釋－莫非與個人的氣數有關？

從記憶中，他搜尋唐宋以來，以中呂爲調的長短句（註十八）；有「滿庭芳」、「滿庭花」、「鑽陽臺」、「瀟湘夜雨」、「話桐鄉」、「江南好」、「轉調滿庭芳」……但都找不出有甚麼和自己氣數相關的蛛絲馬跡。

和「江南好」一字之差的有「江南春」，調屬「中呂商」。

不久前，石田翁應許國用之請，和倪雲林的「江南春」時，唐伯虎也曾和了一首：

「……人命促，光陰急，淚痕漬酒青衫溼；少年已去追不及，仰看烏沒天凝碧。鑄鼎

銘鐘封爵邑，功名讓與英雄立，浮生聚散是浮萍，何須日夜苦蠅營？」（註十九）

接著，他也想到青年時代的「倀倀詩」中：

「…前程兩袖黃金淚，公案三生白骨禪；老後思量應不悔，衲衣持鉢院門前。」（註二十）

如果論及氣數、命運，這些字句，無一不可算是「詩讖」了。也許王鏊說得對：「人生出處天難問」；不問也罷。

這次徽閩之遊，由於時在秋冬，景物中，除了霜林紅葉，碧天白雲間的鴈群之外，就是盛放的菊花，留給他的感觸最深：

「白雲紅葉襯殘霞，攜酒看山日未斜，黃菊預迎重九節，短籬先放兩三花。喜看嫩葉□□面，笑折新苞插鬢丫，可惜國香人不識，卻教開向野翁家。」—山家見菊（註二十一）。

唐伯虎曾經爲世傳瘍醫，好友朱大涇所撰的「菊隱記」（註二十二）中，把菊花比作壽人壽世的隱士，應該生長於荒郊曠野之中，是隱者的知友；顯貴之人，不過偶而吟賞親近。然而在旅徽途中所見到的籬邊黃菊，卻被鄉村少女，折爲鬢丫上的飾物，隨即枯槁遺棄在地。

及至投宿福建寧信旅邸，看到館人所懸畫菊，形容憔悴，心中不禁浮起一陣深沉的悲哀，遂題七絕一首：

「黃花無主為誰容？冷落疎籬曲徑中，儘把金錢買脂粉，一生顏色付西風。」—過閩

寧信宿旅邸館人懸畫菊愀然有感因題（註二十三）

爾後一冬一春，閩浙之旅的餘程，唐伯虎與其說是遊山玩水，莫如說逐漸在心中勾劃出未來的半世生涯，和一個山明水秀，草菴竹亭，花木扶疎；可以供他隱居，對菊命酒，臨流修禊，揮筆作畫的林園。

註一、〔唐伯虎全集〕水牛版頁一六〇、漢聲版頁一三四「與文徵明書」。

二、〔唐伯虎全集〕水牛版頁一六三、漢聲版頁一三七「答文徵明書」。

三、〔姑蘇志〕，王鏊等著，見學生書局版。

四、〔唐伯虎詩輯逸箋注〕頁一六六。又：陳氏偕遊，未聯句。

五、〔唐伯虎詩輯逸箋注〕頁一六七、〔石田集〕頁一三九。

六、〔唐伯虎詩輯逸箋注〕頁一六四、〔匏翁家藏集〕册二頁二三〇。

七、〔唐伯虎詩輯逸箋注〕頁一六三、〔唐伯虎全集〕水牛版頁二四八、漢聲版頁二七八「陽山大石聯句」。

八、唐伯虎九仙宮祈夢次數，時間考據，請閱本刊四二期頁一三七，本文第二十二章。

九、〔唐伯虎全集〕漢聲版頁三一九祝允明「夢墨亭記」。

十、〔明鑑〕頁三〇一，啓明版。

十一、〔吳都文粹續集〕卷四一頁四王鏊撰「文定公墓表」。

十二、〔吳都文粹續集〕卷四一頁四五邵寶撰「王鏊墓志銘」。

十三、上列數文，見〔唐伯虎全集〕水牛版頁一七八、一八三、一七七、一七九，漢聲版頁一五〇、一五五、一四九、一五一。

十四、〔唐伯虎全集〕水牛版頁六一、漢聲版頁五四。

十五、〔唐伯虎詩輯逸箋注〕頁一六九。

十六、〔唐伯虎全集〕水牛版頁五九、漢聲版頁五二。

十七、釋「中呂」、「十二律」等，見〔文史辭典〕頁〇〇八五、〇四〇一。

十八、〔詞牌彙編〕頁六一一，聞汝賢纂。

十九、〔唐伯虎全集〕水牛版頁一一二、漢聲版頁九二。

二十、〔唐伯虎全集〕漢聲版頁一八七（水牛版中有漏字）。

二一、〔唐伯虎全集〕水牛版頁五九、漢聲版頁五二。

二二、〔唐伯虎全集〕水牛版頁一八〇、漢聲版頁一五三。

二三、〔唐伯虎全集〕水牛版頁七五、漢聲版頁六四。

第三十七章　歌風臺

踏青、詠花、修禊⋯

正德元年開年之後，江南雖曾霪雨連綿，但春天的蘇州依然那麼熱鬧。

剛從閩浙遊歸的唐伯虎，立刻投入這片遊春雅集的歡笑聲中。行過山陰道，憑弔過蘭亭舊蹟的他，腦中無時不浮現王羲之生平的片片段段，和蘭亭序所描寫的種種意象。「王羲之觀鵝」、「王羲之換鵝」、「蘭亭修禊」一類故事，成了他應時應節的創作題材。

這次遠游，不僅擴充了眼界，似乎也掃除了數年來心中的積鬱；唐伯虎筆下的景物，給人一種恬淡寧謐的感覺。

「子畏畫愈淡愈秀，徵仲書絕小絕工。」（註一）

不知從甚麼時候開始，蘇州士林對唐畫、文書有了這樣的口碑。這種讚賞之辭，也顯示出唐伯虎跟乃師周臣那種嚴謹而稍感刻板的畫風，大異其趣。

漸漸地，他不僅超脫老師筆墨技法的羈絆，似乎也超脫了古人古法；使多年來學習到的畦徑，爲個人的感情和想像所駕御，自由自在地馳騁。

「水墨固戲事，山川偶流形，輟筆信人捲，妍醜吾未明；摹擬亦云贅，所得在性情⋯」（註二）

去年十一月八日，沈周偶然在一位朋友家中，看到自己早年仿巨然筆法的「匡山新霽圖」，不禁滿懷感慨地重題七律一首。

使唐伯虎感動不已的，不單是沈周畫裡厚重雄偉的山峰，焦墨大披的皴法，澗瀑雲氣的曲折，以及紅黃相間的木葉所表現出的神秘與蕭散，而是石田師新近題寫的那段話。「摹擬亦云贅，所得在性情。」這是他久存心頭的想法，沈周的詩，讓他有「先得我心」之快，或者說有「英雄所見略同」的信心。

其實，遠自七年前，唐伯虎從北京歸來後，爲丘舜咨所作「黃茅小景」（註三）中，就已經透露出無古無今，但求抒寫胸臆，表現性靈的趨向。

除了縹緲峰、林屋洞之外，有「熨斗柄」之稱的黃茅渚，是洞庭西山最奇特的一景。在消夏灣細草荒菅的襯托下，藤蘿糾結，古木縱橫；屹立森然的石壁，恍如南宋李唐（晞古）畫中的氣象。然而，細加品味，無論以淡墨皴染的清勁韻致；或在漁磯旁所加浮泊著的小舟，面對風帆沙鳥，趺坐在磯上的高士，處處都顯示出他正在擺脫周臣乃至李唐的影響，別具一種格調和境界。

此畫一出，沒有去過洞庭西山的張靈、文徵明交口稱羨：

「黃茅渚頭熨斗柄，唐子好奇曾屢遊，太湖絕勝能有幾，還許我輩閒人收。此子畏作西湖熨斗柄也，暇日補題，殊愧麁鄙。」（仝註三）

被黜後的張靈，讀書、作畫外，便是斗室高臥；使包括徐禎卿在內的好友，對他不顧生計的消極態度，頗不以爲然，唯獨和伯虎、枝山往來如故。

其時，連洞庭東山尚未遊過的文徵明，就更加羨慕不已；他在卷後題：

「…我生無緣空夢墮，三十年來蟻旋磨，睡起窻前展畫看，恍然垂首磯頭坐…」（全註三）

從詩意看來，文徵明簡直悲哀得不知今生今世，能否有幸踏上群山環抱著的消夏灣，憑弔吳王和西子避暑的勝境。然而，文徵明詩中接下來的幾句，才使唐伯虎覺得眞正是他生平的知音：

「…知君作畫不是畫，分明詩境但無聲。古稱詩畫無彼此，以口傳心還應指；從君欲下一轉語，何人會汲西江水？」

畫中有詩，詩中有畫，也許正是唐伯虎所要追求的境界，卻被徵明一語道破。

△　△　△　△

在蘇州，起碼有兩個「桃花塢」，同樣的廢棄而荒蕪。

太湖洞庭西山，縹緲峰東北，有桃花塢舊址。沿溪桃樹，落英繽紛的幽清美麗景象，遠在唐朝才子皮日休、陸龜蒙往遊時，就已不復可見。依山所建只有野人數家，過著清靜悠閒、與世無爭的歲月。然而，就這樣已使兩位詩友，心中十分感動，先後各留五古一首。

「…空羨塢中人，終身無履韈。」（註四）

皮日休雖自稱「醉士」，但登進士後，輾轉宦遊，身不由主，且終爲黃巢所害；難怪對地處窮鄉僻壤的塢中人，羨慕不已。

至於以品茶、游釣留名千載的陸龜蒙，面對著沒有桃花的空塢，心中卻燃燒著對武陵桃花源的渴望：

「行行問絕境，貴與名相親；空經桃花塢，不見秦時人。」

悵惘之餘，反倒鼓舞起重建桃花塢，重返古老時空的情懷：

「願此為東風，吹起枝上春。願此為流水，潛浮葉中塵。願此為好鳥，得棲花際隣。願此作幽蝶，得隨花下賓。朝為照花日，暮作涵花津。試為探花士，出作偷桃臣。桃源不我棄，庶可全天真。」（仝註四）

在亂世中，有甚麼比得上全天眞，無榮無辱更爲可貴？

三年前夏天，前往洞庭西山的徐禎卿，也有同樣的願望與豪情：

「…草木歲深應委腐，山原春好欠芳菲；誰能更買千株樹，走馬來看十里緋。」（註五）

在畫「黃茅小景」前後，唐伯虎也有一幅「花溪漁隱」軸（註六）。濱湖小溪，流泉淙淙，野樹扶疎，一葉漁舟，靜泊溪口。一個志不在漁的隱者，彷彿在沉思冥想，更彷彿隨時可以收起釣竿，緣溪而入，回歸人間的仙境。

「湖上桃花塢，扁舟信往還，浦中浮乳鴨，木杪出平山。」

當時，他游過消夏灣、黃茅港，必然也探訪過桃花塢；曾經受過奇恥大辱的他，莫非早就想種桃養鴨，終老是鄉？

果眞如此，甚麼因素使他選擇另一個桃花塢，來替代那孤懸浩淼的湖上桃源？

年已而立的弟弟唐申，依然那樣懦弱。十歲的侄兒長民，頗知用功，彬彬有禮，惹人疼愛；這個獨生子，不僅是唐申的希望，也是唐氏宗兆所繫。唐伯虎曾在給文徵明信中，殷殷托咐：

「…但吾弟弱不任門戶，傍無伯叔，衣食空絕，必爲流莩。僕素論交者，皆負節義；幸捐狗馬餘食，使不絕唐氏之祀，則區區之懷，安矣樂矣！」（註七）

此外，家中殘留下來的僕婢，對他也不無仰賴；湖中深隱，這一切感情與生活上的負擔，勢難兼顧。

心理上，唐伯虎也有展不開的糾結和矛盾：

「…人言死後還三跳，我要生前做一場；名不顯時心不朽，再挑燈火看文章。」—言爲心聲，「夜讀」七律中，唐伯虎賦出內心深處的吶喊。

「…跏趺說法蒲團軟，鞵襪尋芳杏酪香；只此便為吾事了，孔明何必起南陽？」（註八）—發自心中的另一股聲浪。

「久遭名累怨青衿，半壁藤蘿覆釜鬵；去日苦多休檢歷，知音諒少莫修琴。平康驢背馱殘醉，穀雨花壇費朝吟；老向酒栢棋局畔，此生甘分不甘心。」（仝註八）

「此生甘分不甘心」—不信命運就此擺佈得他永遠一籌莫展，也不信亂象漸萌的大明天下，用不到唐生來輸誠效命。

……

家計、責任、消極認命、積極奮發；六七年來，唐伯虎的心潮，一直這樣起起伏伏。在反復矛盾中，唐伯虎看中了那片可以代替湖上桃花塢，作爲他心靈淨土的荒園—宋相章

里心水田頭櫂
陰陰太平時
節英雄懶湖
海與漁草澤
深　唐寅畫

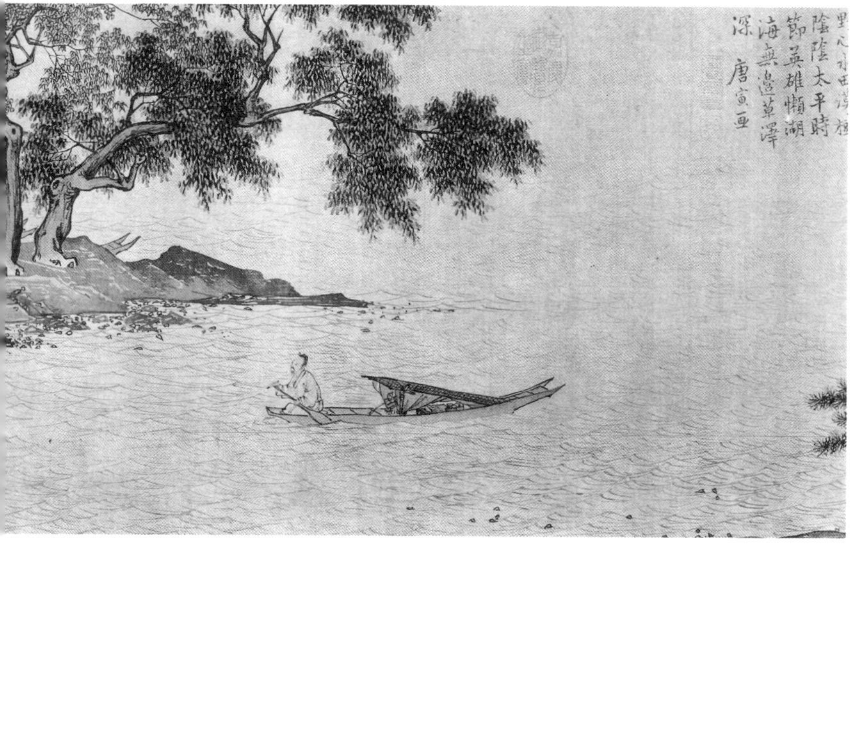

唐寅　花溪漁隱（局部）

粢所築的桃花塢。塢在金閶門內，離他祖宅所在的皐橋，相去不遠。他可以一面遂其山林隱居的心願，一面照顧家小。他還可以依舊高踞在自幼居住的小樓上，讀書、賣畫，保持跟塵世的一線接觸。

章粢桃花塢中的水榭游廊、亭臺樓閣，雖然一無所遺，但廢池淤流間，依然崗巒起伏，桃花爛漫。平闊處，有的成爲牧童橫笛投石的遊戲場，有些被賣花人闢成苗圃，栽植花木。數十家年畫作坊，或作散工的貧戶，也在這荒廢了的塢址上搭棚建屋，尋覓生活。能否在這片雜亂荒蕪中得到清靜，「心遠地自偏」，恐怕端賴個人的修持。

桃花塢，像蘇州城內外許多古園、古寺那樣，究竟荒廢於蒙古入主中原，或元末明初的群雄逐鹿？唐伯虎無由得知。以前，每次走過駐足憑弔之際，除了引起一種興亡之嘆外，他隱隱約約地有份遍植桃木，恢復舊觀的願望。

「弱水三千，我只取一瓢飲」—閩浙旅途上，經過認眞思考籌劃後，再面對這片荒煙蔓草的廢塢，唐伯虎覺得它實在難以在他手中復舊，但不妨加以剪裁：

取幾重山，一帶水，數百株古老的桃樹，再圍以疏籬，就會形成一個幽清寧靜的世界。岸柳桃杏，不足之處可以補植。芍藥、牡丹、芙蓉⋯從花圃中就近移置。溪流淤淺的地方，逐漸疏濬。在他的構想中，只要適宜地佈置幾間茅菴，一介草亭，再搭建一座紅木板橋，就會有柳暗花明，曲徑通幽的情趣。

兩次九仙祈夢之行，「中呂」既不可解，早年的夢墨，似乎是僅得的朕兆，也許就是一生命運所繫；「夢墨亭」三字，不知不覺間，在唐伯虎腦海中浮現。遙望那鶯燕飛掠，微風吹拂下紛紛飄落的花瓣，想像著蜷伏在蕉蔭下的花鹿，和兀立茅簷下聽琴欲舞的白鶴，他驀然想到，有甚麼比「桃花菴」更能傳達出那種如詩如畫的景象！

△　△　△　△

正德元年四月，當唐伯虎一面籌款買地，一面計畫蒔花築園的時候，朝廷詔下，召請師輔重臣，丁憂服除的王鏊晉京拜官。起復爲吏部左侍郎外，更兼修（孝宗實錄）的副總裁；此行任務之繁劇，不難想見。

但，從王鏊表情的凝重，使人感到他內心的壓力，似乎猶甚於這些有形的擔子：

宏治即位之初，年僅不惑的他，英姿煥發，充當皇帝講官，同時兼修（憲宗實錄）。國家治亂、天理人欲、君子小人之際的辨別取捨…他那流利的口齒，詳明順暢的講解，生動巧妙的譬喻，使弱冠的朱祐樘，不僅了然於心，並亟思整頓內廷，改革朝政。有一次講到歷史上的中官擅權，皇帝退入宮中後，還特別對左右太監說：

「若知今日講官之意乎；大抵謂廣也。」

當時的太監李廣，不僅擅權納賄，更像如今的劉瑾之輩，以符籙禱祀蠱惑帝王，掠奪民田鹽利，廣建私第…宏治皇帝則藉講官的話，希望李廣知所收斂。

一次，在中官慫恿下，皇帝到後苑遊春，留連忘返；王鏊以「文王盤于遊田」爲題，詞嚴意暢，反復開悟；卒使朱祐樘悚然悔悟，從此不復出遊，專心於學問和政事。

常常更深夜靜，鴛鴦瓦上霜色漸濃，這位發憤圖強的帝王，卻撇開三千粉黛，獨坐寢宮，溫習日間的講章。

偶而得閒，在宮中槐樹圓影下默默小坐，卻突然冒出一句：

「難得老尙書！」

左右中官一時不解其意；想來皇帝心中，仍在思索朝堂間事，不知不覺地讚嘆起某老尙書謀劃得體吧？

在「孝宗皇帝輓章」中，王鏊表現出最誠摯的崇敬：

「寬仁延二紀，兵甲偃三垂，問膳長秋數，求衣昧爽遲。懋昭湯不邇，端拱舜無爲，莫繪乾坤象，誰爲太史辭。」（註九）

然而蒼天作梗，君臣之間，竟連最後一面，都未能得見，宏治皇帝九泉之下，也不能無憾吧。

正德登基後的京中景況，王鏊也微有所聞：

十六歲的朱厚照，自幼好武，即位後，更一違大行皇帝遺詔；皇宮御苑竟如軍營一般，命宮監總督團營，每日裡呼喊馳騁，號炮連天，把軍旅大事，視同兒戲。

在一群不肖太監引誘下，所置皇莊，已達二百餘所之多，所至之處，臂鷹走馬，歌舞角觝，官民不堪其擾。一些臭味相投的無賴子弟、宦官，竟封爲國姓，賞賜無度。顧命大臣劉健等屢諫不聽，正紛紛求去。兵部尙書劉大夏，遵照遺旨，請汰撤傳奉官和鎭守團營的太監，不聽；已經上疏乞歸獲准。

晉京之後，倘然諍諫不聽，少年皇帝一意孤行；曾爲右春坊右諭德及東宮講官的王鏊，不知該何以自處，何以面對大行皇帝和天下黎庶！

儘管王鏊悒鬱於衷，心事凝重，但他的出山拜相，無論對蘇州的縉紳好友、天下百姓，都是轟動一時的大事，也是朝野希望所寄；因此拜謁進言的，餽贈書聯、土產的絡繹不絕。告別鄉里之日，餞送詩文無算，更由他的得意門生，解元唐伯虎，恭繪「王公拜相圖」（一稱「王濟之出山圖」，註十），堪稱空前盛況。

旌旗蔽日，湖帆隱隱，在地方大吏，鄉里縉紳的恭送下，左侍郎王鏊肩負起重振朝綱，扭轉乾坤的重任，啓程北上；如果把這祖道餞行的盛典，看成歷史的轉捩點，實在並不爲過。伯虎此圖，一反前此創新求變的繪畫態度，力求典雅莊重，務使筆筆都合規矩、有淵源。畫中樹石，挺拔剛健，全倣李唐。人物描繪，栩栩如生，彷彿李公麟（龍眠）再世。也有些線條飄逸綿密，傳神寫照，絕似顧愷之。觀畫的人既詠事，又詠圖境，莫不認爲唐伯虎是以生平用意之筆，傳寫邦國不朽的盛事。

「贊化調元屬重臣，相君歸國節旄新，大廷入覲新天子，四海應沾鼎外春。門下生張靈。」

「東南赤舄上明光，百辟迴班侍子長，事業九經開我后，文章二典紀先皇。春風夜雪門牆夢，秘洞靈丘杖履將；敢道託根偏樹拔，例隨荒草逐年芳。門生祝允明。」

其餘吳寬侄兒吳奕、葑門老儒朱存理，門生盧襄、薛應祥等詩，無不情詞懇摯；贊頌王鏊的道德功業。慶賀朝廷得人之外，幾位經常隨侍筆硯，杖履從游的門生，更表現出內心的依戀，和臨別的空虛感。

從字裡行間，可以揣摩出徐禎卿的一篇典雅清麗的五古，爲王鏊抵京後所補賦的。就

「王公拜相圖」整體詩畫而言，論者以為唐伯虎的畫、祝枝山的精楷、徐禎卿的廷評古調，足以稱為「三絕」，必為千古不朽的名蹟。

吳寬晉京時，沈周以「年老難別」因此一程一程殷殷相送，直到京口，才迴舟揮別，此後則未再相見。

「…老年敢祝惟多愛，厚祿深慚自不勝；杖履相從應有日，臨岐詩券最堪憑。」（註十一）。

吳寬詩猶在耳，無奈浮生若夢；每見年老多病的沈周，形單影隻地懷念故友，王鏊和伯虎心中都不免興起無限酸楚。

此次王鏊去後，最感空虛和孤單的，無過於身心前程備受摧殘的伯虎，因此，他像當日石田師送吳寬那樣程程相送，舟中清談竟日，以消磨旅途的岑寂。

船到江蘇沛縣，師生同登泗水西岸的歌風臺舊蹟。臺上的碑亭、琉璃古井，早已無存。甚至連臺也與平地無異；所到之處，只見荒煙蔓草，和一些斷落風化了的磚石。

「大風起兮雲飛揚。威加海內兮歸故鄉。安得猛士兮守四方！」

想到漢高祖劉邦掃平四海之後，當日逐鹿功臣，或死或叛，面對人事已非的故鄉父老，不禁浮起一種孤獨淒涼的感喟。師生二人，也為之發出深長的嘆息：

「鑾輿翠蓋始東巡，隆準依然泗上身；父老已非豐沛舊，塵埃誰識帝王真？八千子弟空歌楚，百二河山竟去秦；莫道四方須猛士，商山閒殺采芝人。」—歌風臺（註十二）

王鏊一向很少稱許人，但對落魄潦倒的唐伯虎卻非常器重，時加贊賞；詩中末句的野有遺賢，是否有所指，不得確知。伯虎和韻之中，則除了面對蒼苔滿佈，龍蛇莫辨的斷碑產生千古興亡的惆悵外，對於天公弄人，命運所作的種種出人意料的安排，頗感愴然：

「…仗劍當時冀亡命，入關不意竟亡秦。千年泗上荒臺在，落日牛羊感路人。」（註十三）

歌詠之不足，唐伯虎又圖寫實景，以抒心中的感慨。歌風臺，也可能是師生二人此行分手之處。王鏊旌旗所向，自然是直指京師，唐伯虎則可能轉趨東北海岸；也就是祝枝山在「唐子畏墓誌銘」中所說的「觀海于東海」了，然後才回帆蘇州，繼續他的築園工作。

註一、唐伯虎「王羲之觀鵝圖」、文徵明「蘭亭序」及陳盟跋見（故宮文物月刊）期三七頁三二與三三中間附圖。

二、（大觀錄）頁二三九五。

三、（大觀錄）頁二四三五。

四、（蘇州府志）頁二〇〇。

五、（太湖新錄）頁三。

六、（吳派畫九十年展）頁三。

七、（唐伯虎全集）水牛版頁一六〇、漢聲版頁一三四。

八、（唐伯虎全集）「漫興」十首，水牛版頁五三、漢聲版頁四五。

九、〔震澤集〕卷四頁三〇。

十、〔清河書畫舫〕亥頁三五、〔式古堂書畫彙考〕卷四頁四五六；以下張靈、祝枝山、徐禎卿、朱存理等詩，均見於此。

十一、〔石田集〕頁九〇二。

十二、〔震澤集〕卷五頁五。

十三、〔關於唐寅的研究〕頁五五。

第三十八章　痴與癲

宏治十八年，進士及第的徐禎卿，非但沒有一般人想像那樣春風得意，飛黃騰達，反而愈發窮困潦倒。只能借住在一位致仕的東閣學士舊宅（南陽宅），屋中陳設，只有他攜來的簡單書琴。那宅邸門牆頹敗，荒草漫徑，訪客可以騎馬直入，到堂前石階再行下馬。砍伐零落的樹上，烏鵲爭喧，蠹魚在微風吹拂的牆壁上爬行，使人完全無法想像主人操持國柄之日，車水馬龍，冠蓋雲集的盛況。徐禎卿三餐不繼的困苦情形，到了妻子兒女進京後，就更爲加重。

安貧樂道的他，把希望寄託在「館選」上面，依照宏治四年訂下的常例，鈔錄平日所作詩文論策，呈禮部，送翰林院審查，再擇優試於東閣，從中選拔「庶吉士」。研究和著作，依舊是他不變的志趣。

直到有一天，一位中官奉命維謹地，把他和華亭陸深端詳品評一番，他的心不禁涼了下來。不久，正如外面傳言那樣；陸深中了館選，吳中才子徐禎卿則以貌醜落選。因此，他只能分派諸司之中，暫爲「觀政進士」，而後作個庸庸碌碌、瑣瑣碎碎的京官或外放州縣。

傳說，殿試前宏治皇帝曾在宮中焚香祝告：「願得賢才，以輔太平」。結果不以文章卻以貌取人；究竟是朝廷之過，抑或中官之過？每當徐禎卿心灰意冷，浮起這種懷疑之際，他的好友，剛從獄中獲釋的戶部主事李夢陽（獻吉）總是告訴他，他來京之日尚淺，還不了解皇帝的聖明和知人善任。這位備受江南士林批評，卻在北方領袖風騷的慶陽詩人，以其最近的一段驚險遭遇爲例：

這年仲春，皇帝下詔求言。

個性率眞的李夢陽一面細讀求言詔書，一面感奮得痛哭流涕。隨即寫成一篇洋洋數千言的奏疏（註一）。

「二病」、「三害」、「六漸」，從中官擅權、大臣氣節的喪失、軍隊的腐化、官吏貪墨、盜賊橫行……種種弊端禍源，一一列舉出來，祈求察納變革。其中最大快人意的，是痛陳張皇后之弟壽寧侯張鶴齡、建昌伯張延齡，招納無賴，強虜民女，霸佔田土，要截商貨等驕縱不法之事。

疏上之日，兵部武選清吏司主事王守仁（陽明）不但欽佩他的忠忱、膽識，並爲之卜筮；得「田獲三狐」、「黃矢貞吉」。

「行哉，此忠直之繇也。」王陽明鼓勵他說。

皇帝看了，似乎頗以爲然；但奏疏末尾的幾句，卻幾乎爲他招來殺身之禍：

「…臣竊以爲宜及今愼其禮防，則所以厚張氏者至矣；亦杜漸萌之道也。」

愼禮、防微杜漸，以求保持張氏家族的富貴和爵祿；原是至理名言，是爲帝后設身處地的忠諫，卻被壽寧侯張鶴齡據爲把柄；他在辯本中，一方面反控李夢陽十大罪狀，一面扭曲其疏中以「張氏」稱國母，實在不敬之至，李夢陽則因而被逮。

朝臣中，一時之間有指李夢陽言事狂妄的，有指其忠心爲國的；科道官則交章論救。皇后及其母金夫人日夜泣訴於帝側，求斬李夢陽於市。左右近侍則提出折衷的辦法；把李夢陽送交錦衣衛責打二十杖放回，以符聖上「輕罰」之意。

錦衣衛責打二十杖後，還能活著放回嗎？皇帝心中似乎比誰都明白：

「汝知渠意乎？」皇帝對兵部尚書劉大夏說：

「打必送錦衣衛，渠拴關節，打之必死也；於渠輩則誠快矣，如朕殺諫臣何！」（註二）

最後，皇帝不僅面斥張氏二侯。並在金夫人一再泣訴求重刑下，氣得他推案而出，只以「罰俸三月」處分了事。

這故事，對徐禎卿確有說服力，當他正準備順乎自然，等待時運，以便爲國效命時，宏治皇帝卻已賓天。

△　△　△　△

在仕途上，徐禎卿雖然並不如意，但文學上卻有不同的進境。遠在蘇州後期，已備受詩壇稱譽的他，就想一改飄逸的詩風，追求古老的風格，以忠實表達個人的感情和氣性。到了北地，受李夢陽、何景明等影響，更堅定了徐禎卿的看法，以「文必秦漢，詩必漢魏盛唐」爲追求的鵠的。不久，徐氏便與李、何及邊貢、康海、王九思、王廷相結爲「七才子」（或去王廷相，加以朱應登、顧璘、陳沂、鄭善夫爲「十才子」）。就中以李夢陽、何景明和徐禎卿最著，成鼎足之勢，與大學士李東陽所領袖多年的文壇，分庭抗禮。七子譏刺東陽一派文風萎弱，對東陽門牆時加掊擊。東陽以房師之尊，斥七子爲狂妄。互相激盪的結果，倒是許多舊日蘇州文友，覺得禎卿毀棄前學，與李、何爲伍，不啻「邯鄲學步」。一向對李夢陽反感的蔡羽，對徐禎卿詩文的轉變，想來也是最爲惋惜的吧？

在學術領域中，人各有志；鄉友的譏刺，徐禎卿可以置之度外。但好友唐伯虎爲籌築桃花塢而向他一再求援，甚至貽書見讓，卻使他又慚愧又難過。

那是正德元年冬天的事：

是年春天，爲了逃避現實，也爲能以文史上的成就見重於朝廷，徐禎卿請准到湘越等地採訪古蹟，纂修外史。他的遠行，引起李何諸子的依戀和關懷，紛紛爲詩送別。李夢陽更以珍藏二十年的古銅鏡爲贐。據他「詒古鏡書」（註三）中解釋，此鏡是一位自稱「軒轅氏故臣」的老者所贈，取禹鑄九鼎時所流失的銅汁冶鍊而成，有逢凶化吉，驅「百物之奸」的靈效。平時，只有大賓鉅人，齋戒沐浴、淨心澄懷之後，才得一見。而徐禎卿面貌清古，又遠涉洞庭、蒼梧等古蹟，正須防奸辟邪，以備萬一，所以才慨然割愛。

南下舟中，徐禎卿不斷以詩抒寫旅途的感慨和惆悵。其中有代替妻子所賦的「江南樂」（註四）五絕八首，不但可以看出年輕少婦對家鄉的思念，也可以得知禎卿伉儷預計回到蘇州的時間，和在故鄉盤桓兩個月後的萍蹤：

「與郎計水程，三月定到家，庭中赤芍藥，爛漫齊著花。」——八首之七

「江南道里長，荊襄在何處，聞郎昨夜語，五月瀟湘去。」——八首之八

然而，陰錯陽差，在這種時間的安排上，他竟與遠游閩越歸來，再陪王鏊北上豐沛的唐伯虎，失之交臂。此後，似乎一個潦倒京師，一個窮愁於江左，終生未得再見，想來當屬一大憾事。

湘越之外，帆檣所向更遠達江西、湖北，入四川，遊巫山然後回返北京。對出身寒微的徐禎卿而言，可謂生平壯遊；然而也是最後的一次。此後無論身體、處境，無不江河日下，竟以三十三歲英年（正德六年），如彗星般的一閃而逝。只有其自行嚴加編選的〔迪功集〕，探究詩文奧秘的〔談藝錄〕長留人間。

徐禎卿的噩運，或謂始於游歸之後，外史纂成，預備進獻朝廷之日：

「…歸來欲奏楚王書，漢主上林方好武；黃金不遇心自吁，白璧無媒翻見侮…」

他在「唐生將卜築桃花塢謀家無貲貽書見讓寄此解嘲」（註五）中寫。如何見侮，由於這首五古中描寫簡略，語焉不詳，不得盡知。但李夢陽的一首詩中，竟把徐氏獻書皇帝比喻爲「卞和獻玉」，痛惜之情，憤慨之忱，足見禎卿受辱之深，以及正德君左右的跋扈：

「龍游滄波阻，日出浮雲蔽；嗚呼獻玉士，竟洒荊山涕。」—贈徐子（註六）

對於他盡心竭力寫成外史的褒詔未下，吏部的授官令卻下來了—除爲「大理左寺副」。把刑部、都察院和其他法司所送囚犯，有的已經拷掠得奄奄一息，有的判了死刑；心灰意冷，根本就喪失了生存的意志…由大理寺一一駁調問理，以求消除冤抑。對於像他這樣志在詩文著作的才子，授以大理寺職，頗令人感到意外。

當徐禎卿以「便於奉養」為由，乞徙江南近地時，更被當事者斥為標奇立異。因此，他只好熟讀各種繁複的律法，堆積如山的讞案，面對著一雙雙痛苦失神的眼睛，從茫無頭緒中，審理起來。

然而，任職未久就發生了酒後疏失，囚犯逃脫的事件，徐禎卿則頓時由審囚一變而為被調查審理的對象。大概由於情節輕微，僅處罰俸，並降調為國子博士；這就是他在給唐伯虎詩中所謂：

「昨日結交燕少年，酣歌擊筑市中眠，正逢天子失顏色，奪俸經時無酒錢……」

懶散、豪飲，以及堅持文學上的主張，不僅使他宦海生波，也使他的生活幾乎陷於絕境；遠比「奪俸經時無酒錢」要嚴重得多。也許，徐禎卿不忍心讓窮途落魄的好友唐伯虎，再為他的生活操心。

「前年共飲燕京酒，高樓雪花三尺厚；酣歌徹夜驚四隣，世事浮沉果何有……」—答徐昌穀博士（註七）

顧璘（華玉）詩中，把徐禎卿雪夜酣飲的情狀，描寫得極為傳神。

徐禎卿則在「答顧郎中華玉」（註八）五古中，也異常坦誠的傾訴貧病思歸的窘況：

寓所已由北京西城的「南陽宅」，遷居城北。秋潦頻頻的情況下，園中荊棘叢生。輾轉病榻之上，往往十天半月足不出戶。回想在大理寺最後的一段日子，月俸發下，立刻轉送官署，繳交罰俸；妻子兒女，只能眼巴巴地看著空得見底的米甕。在北京賣文章，價錢比土還賤，微薄的收入，只夠全家大小喝碗照得出人影的薄粥……

「……與子同心，願各不移，恒共努力，比翼天衢，風雨凌敝，永勿散飛，天地閉合，迺絕相知」（註九）

徐禎卿作秀才時代，曾在所著〈新倩籍〉「唐伯虎」小傳中，寫唐氏的性情、遭遇，寫他對朋友間「要盟同比，死生相護，毋遺舊恩」的期望；上面的一段盟誓，正是徐禎卿對伯虎心聲的迴應。進京赴試時，更得到伯虎的資助，因此，對唐伯虎的貽書見讓，既困窘又慚愧。

然而，這首「解嘲」長詩寄抵蘇州之後，桃花塢已初具輪廓，兩位好友間的一點誤解，也像仲春殘雪般地溶解開來。唐伯虎見徐禎卿對朝廷失望，倦勤思歸的意味極濃。尚未完全明白徐氏現狀的伯虎，還在回信中勸他：

「足下抱負不凡，物望正隆，立功立德，端在斯時，豈可學僕之不肖，而以頹廢終其身哉！」（註十）。

不久，徐禎卿看到唐伯虎寄給王鏊子婿徐縉（子容）的廬山障子，頓時憶起當日的江西之旅，因而寄信蘇州向伯虎索畫（註十一）；足見二人的友愛，一如往昔。

△　　　△　　　△　　　△

孤獨岑寂的人生路上，「友誼」也許是最好的調劑；不僅年輕人在尋求生死不渝的眞誠友誼，年及八旬，知交早已零落的沈周，也同樣珍視新獲得的友情。

宏治末年夏至之日，有位精通醫術的詩人畫家張秋江來訪。

數十年來，張氏居無定所，萍蹤所至，由平津到江南，到處濟人、吟詩、揮筆寫生。

他寫生的題材頗廣，但以芙蓉最爲得心應手，世人則以「張芙蓉」稱之。

前兩年，分別到義烏、東陽訪古賢遺跡，這次專程到長洲，謁見心儀已久的高士沈周。三處所到之日，湊巧都在「夏至」；張秋江自己也感到詫異，因賦七律一首，沈周乘興作和：

「策策西風毳褐塵，雨逢長至好懷春，蠟成短屐充遊子，吊到名山為古人……」（註十二）

次日，吳江畫梅名手陸復也來竹莊作客，爲沈周作梅花長卷，接紙七幅。兩丈多長的畫紙上，枝幹交錯，疎密有致，變化萬千。一片寒香，使人有置身鄧尉山香雪海中的感覺。沈周率先把和張秋江詩題寫在枝幹隙處，文徵明、唐伯虎、張傑、趙承嗣等才子縉紳，紛紛題寫。清新的詩意，挺拔的字跡，與虬枝冰蕊融合成難解難分的一片，很有王元章筆下墨梅的氣勢。

正德元年，沈周與金陵史忠（廷直、痴翁）的結識，則更爲奇特：

史忠能畫能吟，縱筆揮灑，不分家數。萍蹤來去，無拘無束。從來不謁豪門貴族，光明磊落，很有豪俠的氣度。

其愛妾何玉仙，號「白雲道人」，書畫之外，更善解音律。琵琶、南北曲，均得名家傳授。史忠酒後常搦管度曲，動輒五六十首，或竟百首，紅顏白髮，吟哦彈唱，傳爲佳話。

史忠嫁女的方式，也一直膾炙人口：史氏有女，年已及笄，由於未婚夫婿家貧，遲遲無法具禮迎娶。趁元宵之夜，以觀燈爲名，夫妻二人把女兒送到婿家，然後大笑而去。

史忠的才名、俠名以及他少年不慧，十七歲，才會講話便能賦詩填詞等奇行逸事，遠在三十年前沈周就耳熟能詳。所以，那天他回到蘇州寓所，看到堂中所設絹素被人以潑墨揮灑成巨幅山水時，便直覺地認定：

「必金陵史痴也。」（註十三）

於是遍尋街巷，邀之而歸，留住三個月之久，才戀戀不捨地別去。

史忠好飲，但是沾唇即醉，因此，他的醉鄉之遊，不在於酒，在於天生性情；尤使沈周倍加讚嘆。史忠的說法是：

「云痴豈假酒，假酒痴不全；我痴抱混沌，七竅莫我穿……」

在相處的時日中，沈周發現這位老年之友的另一種特殊性格；他常常嘮嘮叨叨，訴說與人的一些譏刺口角；但是，對他人的孝義與善行，也長篇累牘地加以記述，以期流傳。此翁的不痴，於此可見一斑。面對這樣一位純樸率眞的性情中人，回想自己生平的瘋瘋癲癲，不計毀譽，但求安心自適；沈周百感交集，乃將此番交結，賦爲長詩，相約爲老兄弟：

「……我生迨八旬，落魄如風顛；不知人所毀，亦不求人憐。種竹欲借地，買書常賣田，蓬蓬被白髮，咄咄書青天。我顛與翁痴，痴顛相比肩，約為老兄弟，逍遙覓彭籛。」——贈史痴翁（註十四）

△　△　△　△

「人謂眼差小，又說頤太窄，我自不能知，亦不知其失。面目何足較；但恐有失德，苟且八十年，今與死隔壁。正德改元石田老人自題。」（註十五）

那幅石田老人肖像，頭戴烏巾，身著素袍，端莊慈和，有如古之大儒。面頰略顯削瘦，鬚眉俱白。由於相末署款，是否門人孫艾所作，不得確知。

題中，沈周雖然自稱與死為鄰，但年來詩畫創作，卻未曾少輟。

題「米芾素蜀帖」、「山谷書李白詩」、「王蒙太白林巒圖」、「倪迂水竹居圖」⋯題詩中，對於這些他所終生鑽研的前賢巨匠，仍表現出無限的景仰。尤其對倪雲林作品，沈周搜集探索更是不遺餘力。

「又過矣，又過矣！」

記得從前，每當他摹仿倪雲林山水，趙同魯師總是在他身旁大聲疾呼。他也自知筆路蒼勁有餘，但無法把握住倪雲林那種清素淡雅的韻味。年僅長他四歲的同魯師，已於宏治十六年九月仙逝。而他那高大的身影，軒昂的氣宇，不畏豪強，一生為地方百姓福祉奔走，與當道力爭不屈的氣概，猶在目前。

沈周細數生平所寓目過的雲林眞蹟，不下四十餘幅，無不為之心醉，揣摹臨寫；但終覺愧對同魯師的期許。

「⋯馬齒今年八十，又見此卷，水竹清華，老槎秀石，過於荊關兩家胸次矣。」（註十六）

沈周著力於雲林山水的原意，在於透過元季四家，上溯荊關遺意；然而，他於好友默菴處讀過倪氏水竹居圖後，不得不改變他的看法：雲林造詣，已有超越荆關之勢。

沈周八十歲所畫，除了前此所述爲文徵靜書「看花吟」，繪「落花詩意圖」外，也應愛徒徵明之請，臨黃公望「富春大嶺圖」（註十七）：

「酒散燈殘夢富春，墨痕依約寄嶙峋，山光落眼渾如霧，莫怪芙蓉看不真。」

酒散、燈殘，在得意弟子的求請下，白髮宗師，不辭老眼模糊地拈筆揮灑。丘壑溪流，茂林泉石，隨意點染，而有不逾矩的化境；豈非別有一種詩情畫意？這景象，對文徵明而言，也該畢生難忘的吧！

雉雞、九畹蘭、牡丹、筍、梔子、枇杷、菱藕石榴……

爲日昇所作的寫生册（註十八），可能是他這一年的力作。花鳥蔬果寫生，是沈周當行本色。每幅畫後，各題詩兩句，抒寫蕉風竹影下，靜觀所得的種種生趣。末書絕句一首：

「晴簷白髮坐春風，隨物度形吾紙中；八十年生太平世，吾生還與物生同。」

天人合一，萬物同胞；古人名言，卻是他晴簷默坐，靜觀萬物的親身體會。

沈周這種一如西銘所謂「萬物總同胞」的觀念，也表現在他端陽所畫的「老栝圖」（註十九）上：

依畫記中所述，堂前老栝，是他父親同齋手植，算來已屬百年之物。枝幹縱橫，蒼翠茂密，綠蔭盈庭，賞花納涼盤桓其下，早已成爲一家人生活中，密不可分的部分。清秋夜雨，冷然作響，更是一種縈繞魂夢的天籟。

然而，連年的氣寒土瘠，加以這一年入春後，雨水過溢，老栝突然枯死。沈周在對樹浩嘆，回春無力的情況下，只得採納一向愛惜花草樹木的許國用獻議，以詩、文、雞、酒，鄭重禱於司土之神，祈求百年老樹能起死回生。此外，更作圖以存其貌，古幹枯條充塞滿幅，彷彿形容憔悴、行吟澤畔的三閭大夫，又彷彿伸向彼蒼的萬千枯指，作無奈的訴求。

不知巧合抑或時運，沈周九九高齡老母，也在這一年離開了塵寰。

註一、〔空同集〕頁一〇六五。
二、〔空同集〕頁一〇八八「祕錄」。
三、〔空同集〕頁一七三八。
四、〔吳都文粹續集〕卷五二頁四四。
五、本詩見於：
〔唐伯虎全集〕頁三一七，漢聲版。
〔吳都文粹續集〕卷五二頁四八。
〔明詩紀事〕册四頁九六四。
六、〔空同集〕頁三一四。
七、〔吳都文粹續集〕卷五二頁四〇。
八、〔吳都文粹續集〕卷五二頁四六。

九、〔新倩籍〕，中央圖書館藏。
十、(〔唐伯虎尺牘〕)頁五八「與徐昌穀」，廣文書店。
十一、〔唐伯虎全集〕頁三一〇，漢聲版。
十二、〔吳越所見書畫錄〕卷四頁七五。
十三、〔列朝詩集小傳〕頁三四八。
十四、〔石田集〕頁一二〇。
十五、〔吳門畫派〕圖八二，藝術圖書公司版。
十六、〔石渠寶笈〕頁三八二。
十七、〔式古堂書畫彙考〕册三頁三二四。
十八、〔石渠寶笈續編〕册六頁三二六一。
十九、〔吳越書畫所見錄〕卷三頁七九。

第三十九章　夢墨亭

多少有些出人意料：正德元年冬天十月廿日，徐禎卿博士寄唐伯虎的「解嘲」長詩，竟跟伯虎的畫像，和當世名士所題伯虎像贊，合裱成一卷。

乍看起來，這首代替書信的長詩，與其他幾則簡短的像贊相比，似乎有些不倫不類；但細讀長詩後半，對兩人交誼及伯虎性格的刻劃，覺得作爲伯虎像贊非但恰當，而且格調別緻：

「…入門百結鶉鷚盡，笑立文君明鏡前；卻思舊日高陽侶，黃公酒壚何處邊？天下綈袍誰不憐？郄卿未具山中橐，何人爲買剡溪田？」

一連串的思念、關懷、惺惺相惜之後，徐禎卿筆鋒如電，直指伯虎的性情：

「唐伯虎，眞俠客，十年與爾青雲交，傾心置腹無所惜。擊我劍，拂君纓，請歌鸚鵡篇，爲奏朱絲繩，胡爲擾擾蒼蠅之惡聲。我今蹭蹬尙如此，嗟爾悠悠世上名！」（註一）

伯虎這幅畫像，紙高不過七寸，面貌清癯，氣度恢宏，不悉出自何人手筆；臺州寫眞聖手鍾希哲，沈周高足孫艾，或畫壇新秀仇英？近年，每當沈周進城，文唐隨侍，或手談，或相對清話，仇英也時而在側，執筆爲他們畫像；他那專注而勤奮的態度，英氣勃發的神采，常使沈周等相視莞爾，無不把他看成吳門畫壇的繼承者，未來造詣，不可限量。

伯虎像後諸人題贊，多以不同角度來詮釋他皈依佛氏後，自號「六如居士」的「六如」眞諦。其中王鏊首題，推測時間，當在丁憂太湖與出山之前的一段時間。

「請問六如，六如何居？書如伯喈，文如相如，詩如摩詰，畫如僧繇，氣如湖海之豪，貌如山澤之癯；若夫禪家六物，吾不知其所如矣，無乃得居士之犅者歟。」

王鏊似乎有意避談佛家的六如，寧願把唐伯虎比作蔡伯喈、司馬相如、王維等古代名家；在他心目中，永遠把這個落魄潦倒的門生，看成遭時不遇的人才；應該愈加奮發砥礪，以待時運，雅不欲其逃禪遯世，埋沒終生。

餘者，有的說唐伯虎能洞視死生；雖有大才，足垂千載，卻以虛幻的六如自視。有的從他的錦心繡口，冰雪聰明，說他「若非金粟如來相，應是玉皇香案人」；歸納他那風流跌宕的生涯，指爲「此生風月笙歌債，惹得百花香滿身。」

詩人呂憼，認爲唐伯虎是身懷絕學，卻縮手就閒，悟得禪語，卻並不妄迷，故爾能「心與天遊，虛室存白」。

年老的沈周，依然常寓古寺，聽經說偈。往昔題唐伯虎的「江深草閣圖」（註二）時，就覺得他才氣太高，光華外露，恐遭天忌，因此寓勸諫於贊賞之中：

「唐子弄造化，發語鬼欲泣，遊戲山水圖，草樹元氣濕。多能我亦忌，造物還復惜；願子斂光怪，以俟歲月積。」

沈周心中，也許認爲佛義薰陶對唐伯虎的修身養性，無害有益，乃在伯虎像後，寫上一偈：

「現居士身，在有生境，作無生觀。無得無證，又證六物，有物是病。打死六物，無處討命；大光明中，了見佛性。」

然而，像後加上了徐禎卿的長詩之後，到底「六如何居」，就愈發使人恍惚迷離了。

△　△　△　△

春天，經過一番裁剪整修後的桃花塢，從原有的喧囂雜亂中劃分開來，居然燕飛蝶舞，花開爛漫，清流之上，幾隻野凫，緩緩地浮游著：

「桃花塢裡桃花菴，桃花菴裡桃花僊，桃花仙人種桃樹，又折花枝當酒錢……」

由文徵明題額的桃花菴，松竹環繞，綠草如茵，假山池畔，立著唐伯虎流傳千古的「桃花菴歌」（註三）石碑。藥欄邊、太湖石上或松陰下面，鶴跡時現；偶爾一兩聲清唳，崗巒迴應，眞讓人有不知今世何世之感。

草菴左側，一條彎彎曲曲的小徑，把人引向更爲幽僻的「夢墨亭」；自唐伯虎桃花菴歌，和亭中所樹祝枝山書「夢墨亭記」碑（註四）一出，不僅昔日傳說中的桃花塢，重在人們腦海中活躍開來，這一歌一記，更是傳鈔的傳鈔，求拓的求拓，一時洛陽紙貴。

到了春天修禊，堪稱是桃花塢的開園大典，溪中客棹往來如織，柴門外面車馬不絕。蘇州城的才子佳麗，無不以應邀前來，一睹唐伯虎的桃花塢新貌爲榮。桃花嫩柳之間，管絃齊鳴，吟聲四起。無論供果、筵席，都是新鮮的時珍。歡笑聲和各種新奇的酒令，不時傳到唐伯虎耳中，使他感慨無限，頻頻舉杯，一飲而盡：

「穀雨芳菲集麗人，當筵飣餖一時新；轢絃護索仙韶合，抆手搖頭酒令新。白日不停簷下轍，黃金難鑄鏡中身；莫辭到手金螺滿，一笑從來勝是嗔。」──桃花塢祓

禊（註五）

從今以後，他將因桃花塢的建成，桃花菴和夢墨亭聲名的傳播，進入一種新的生活形態。這種改變，或者說是這種正式投入畫壇，以筆資身的決心，無論對唐伯虎，或對他抱著高度期望的師友，多少會引起一些心靈的波動，需重新加以適應。

記得夢墨亭奠基之初，唐伯虎到三茅觀巷面請祝枝山爲記，表示既然九鯉仙示兆如此，命運多舛，看來別無他途，此生只好心甘情願地作個金閶畫師。

祝枝山聽後，默然良久，幾經思索，才一如以往地下筆疾書：

從伯虎少年時代的目空一切，父母妻子相繼而亡，到閉戶經年，不費折草之力，便取得南京榜首：娓娓而談，彷彿一段段傳奇故事。

補敍九仙祠夢墨一節，似乎應屬全記的高潮，足以引人入勝；祝枝山搔著兩鬢星髮，沉吟片刻，並未多著筆墨。因爲接著而來的，正是伯虎生平創痛所在，必須輕輕帶過，與其刻劃祈夢的神奇，莫如僅用以襯托伯虎性格上的豁達：

「領薦之明年，會試禮署，乃用文法詿誤，卒落薦籍；人又駭之，而子畏夷如也……」

推敲再四，祝枝山覺得「文法詿誤」，用得既含蓄，又適切；於是筆鋒急轉而下，描寫伯虎受挫後剛毅不拔的精神和行動上的表現：

「去爨求神鈐天軌，至理極事，山負海茹，鑽琢窈惚；於是心益精，學益大，而跡益放。或布護餘蓄，以為圖畫。」

蘊蓄於中，發抒於外；既寫伯虎天資穎利，性情曠達，學養深厚，復寫其遭時不遇，猛憶仙山神兆，乃不得不順天待時，從事於丹青；枝山這篇文章，直如抽絲剝繭，層層深入，把一個天生的巨匠，委委曲曲地從如椽巨筆中，一步步導引出來。

「…當其妙解，超然冥會；乃復以為業無大小，神適斯貴，是誠可以陶寫浩素，我心獲兮。」

這又是祝氏畫龍點睛的手法，於暢敍伯虎筆精墨妙，擅長山水、仕女、鬼神、花鳥…各種繪畫題材之外，更總結出精神和肉體備受壓抑、摧殘的藝術家，得到充分解脫後的心靈喜悅。

至於末段，祝氏指出，墨之爲用大矣，豈僅伯虎所以爲的「塗楮畫素」而已！

昔日王勃（子安）夢墨，結果以文章流傳千古。

他自己也曾夢墨，唯年近知命，究竟以何得名，尚未可知。

「子畏格氣，乃果獨是哉；以爲符文，余且謂不盡，而又卑於文者哉！」

枝山爲伯虎抱不平之鳴的這幾句反問，一方面出於古往今來，對「文一、書二、畫三」的價值觀念，一方面也是對自己的久困場屋，不得展驥的內心傾訴。

環視齋中，文稿山積，有的爲友人索書，更多的是鈔寫平日詩文；或許有朝一日得以付梓。有些文稿一再修改，只有祝枝山自己和長子祝續可以辨認出勾劃得重重疊疊的字跡。

「余夢庚庚辰之歲，今丁丁未之臘，日為初六，年蓋四七矣。人生實難，天運何遽；質自俶降，無變乎空疎，貌與時移，轉淪於蒼濁，聚螢愧學，倚馬非才，傷哉貧

也！」—丁未生日序（註六）

二十八歲的生日序，至今整整二十年，除了宏治五年中舉之外，北試春官，屢戰屢北，沒有尺寸的進展。四十七歲生日序中，恐怕仍要加上一句：

「傷哉貧也！」

其中一度，當局憐其貧，奇其才，想徵召他參加編史工作，但他自覺與國家體制不合，「獵資僥榮」，非其素志，加以婉謝。

現在，他似乎把一切希望，放在在南京讀書的長子祝續身上。因此，他不但時往南京，更不知寫下多少思念兒子的詩歌。

「…往者王子安嘗夢墨，而以文章；余亦嘗夢墨，未知以何名…」

唐伯虎再轉頭審視墨跡未乾的「夢墨亭記」，知道祝枝山的心緒，與對前途和命運的茫然；眞想相互抱頭痛哭一番。

△　　△　　△　　△

依據當時各人生活的情況推測，文徵明、沈周，似乎都未能參加正德二年春天的桃花塢修禊：

徵明叔父文森，兩年前，從在河南清理軍政的工作中，因病乞假歸吳。近日聞知太監劉瑾擅權跋扈，多少顧命大臣，不是受斥逐，就是被暗中追殺，乃依例疏請致仕。

文森爲官清正，監察御史任內，所到之處，極力清除舊弊，以釋民困。由於不畏權勢，常與貴介大璫相忤，招至反擊。如今能以四十五歲之年，急流勇退，免致不測之禍；

雖非其本意，但家人卻無不暗中爲其稱慶。只是朝政日非，盜賊蜂起，生民日漸動盪不安；憂心忡忡，時生咨嗟，一種山雨欲來的低沉，瀰漫停雲館中。秋月春花，也不免爲之感染失色。

以徵明長兄徵靜平日的性格和處世方式，人人都預感其終必得禍；不意就在這年春天因故涉訟。文徵明友于情深，不眠不休，到處奔走調停。累月之後，事情方得平息。

三月廿二日，徵靜獲釋返家時，窗外細雨霏霏，夜色淒清。兄弟燈下相見，恍然如在夢中。從小一對無母孤兒，不是由親戚照拂，勉得溫飽，就是隨父親任所，到處遷徙。長大了同遊縣學，卻又同樣困頓場屋，功名不偶。

在暗淡光影下，文徵明把酒爲兄長壓驚，無邊感慨，紛紛湧上心頭：

「虛堂漠漠夜將分，黯黯深愁細語真；零落尚憐門戶在，艱難誰似弟兄親。掃床重聽燈前雨，把酒驚看夢裡人；從此水邊松下去，但求無事不妨貧。」——三月廿二日家兄解事還家夜話有感（註七）

沈周不願意在這個季節前往郡城，一則春寒料峭，天氣不穩，再者捨不得欄下牡丹。感覺中，每年此際，他都坐守殘花，彷彿唯恐風雨乍作，便會餘瓣無存似的；惜春愛花，不止是才子佳人，老年人—如沈周，更有過之而無不及。

正德元年的三月二十八日，江陰薛堯卿過訪有竹居。其時西軒玉樓牡丹已經逐漸衰落。主客二人把酒留連，惜花，更惜春天的流逝，各塡「惜餘春」一闋。

次日，再拿著酒杯向窗小酌時，軒下數瓣殘香，早已爲夜來風雨捲洗一空。沈周悵然若有所失，依韻復塡一闋，以求薛君賡和。

一年後的二月廿九日，沈周與另一位訪客，又對春草、殘花，想著自己的滿鬢飛霜，昏花兩眼，以及自幼的親友鄰里，凋零殆盡，乃賦「臨江仙」二闋：

「昨日把杯今日嬾，可堪殘酒殘枝；埋冤風當玉離披，頓無嬌態度，全有病容姿。惱得吾儕搔白髮，帶花落地垂垂；此花雖落有開期，不教人不惜，人老無少時！」（註八）

在婁城東面的荒原上，鼓角齊鳴，犬吠馬嘶。一隊隊的軍夫手持叉棍弓箭，到處搜索著獵物。錦衣烏帽的將校，指揮著一隊隊人馬東奔西突。冰雪覆蓋的枯草叢中，一隻錦毛雉雞，抖著紛紛的雪粉，衝飛出來。急切之間，錦幛紅旗下面的將軍解開銀鍊，振臂一甩，那隻目光如電的黃鶻，立刻脫韝奮翅而起。一陣追逐之後，拳起的利爪輕輕一舒，便準確無比地攫住雉雞的頭顱，擒回主人身邊。將軍下馬拔刀，親自剖取五色雉雞的肝臟，餵飼得勝而歸的寵物。四圍兵丁，發出一片采聲，震動原野，好像人人都得到了辛苦的補償，心中充滿了歡樂。

將軍隨即在帳前，炙肉行酒，以娛他所敬重的嘉賓。

這是正德二年元宵節後第二天的事，鎭海陶指揮使公武，慕沈周之名，執贄來訪，然後賓主相偕到婁城東面行圍打獵。近年來，沈周自感年事已高，有時寧願在竹莊中坐守殘花，連東禪寺著名的牡丹都懶於觀賞。另一方面，心中卻又潛藏著一股好奇好動，以及強大的創作欲望；獵雉之行，對他而言，也是一次嶄新的經驗。

陶公武靖海有功，頗爲朝廷和一方人士所矚目，所以這次勇將和相城高士之會，也算蘇州的一段佳話。行酒之間，沈周見架上黃鶻，不時轉目雄盼，毛羽可愛，和將軍的剛毅神采，可謂兩相輝映。沈周寫生，向多斑鳩、鴨子、貓、驢或螃蟹之屬，鶻則似不多見；因此，將軍見請，也就欣然命筆，以淡彩作「黃鶻圖」（註九）並繫短歌一首，以爲紀念。

此歌此圖，陶公武視爲珍寶，其後，到處請名士品題：有的和歌頌揚陶將軍英武，無論在戰場圍場，都是那樣雄姿煥發，威風凜凜。有的盛稱石田老人的文名詩譽，以不得像將軍那樣一造其門，爲生平憾事。也有人感慨時勢，因而題以長詩，藉題發揮，指黃鶻尙能受人之恩，忠人之事，寧可自己忍饑，而把獵物交給主人；相形之下，那些失邊守臣、逃兵叛將、城狐社鼠，豈不該爲之汗顏！

忙碌的春天過去，直到五月，沈周、文徵明師生，才得在蘇州相會。

停雲館中，沈周見到愛徒的兩個兒子，一個年已十一，另一個僅七歲，不但活潑，彬彬有禮，看樣子也頗留意書畫，一種憐愛之情，見於老人詞色。文徵明則順勢求老師爲二子命名。略加思索之後，沈周執筆寫下「彭」、「嘉」二字：

「彭、嘉二字俱從士。」（註十）沈周說；他知道，文氏入吳之後，棄武從文，代以文士期勉子弟，所以以「士」字邊爲之命名。而他的慈祥話語，清朗若仙的風神韻度，也在兩個男孩的心目中，留下了永不磨滅的印象。

五月十一日，沈周揚帆賦歸的前夕，徵明到他寄寓的僧舍相訪，談及知交和時事，沈周感慨無限，賦詩贈別：

「多時契闊費相思，就見江城喜可知，時事但憑心口語，老人難作歲年期。林花及地風吹糝，簷溜收聲雨散絲，明日孤蹤又南北，教雲封記壁間詩。」（註十一）

至於唐伯虎詩中，有「桃花菴與祝允明黃雲沈周同賦五首」；從第一首的詩意看，沈周的往訪桃花塢，可能在次年的春天吧：

「茅茨新卜築，山木野花中；燕婢泥銜紫，狙公果獻紅。梅稍三鼓月，柳絮一簾風；匡廬與衡岳，彷彿夢相通。」（註十二）

註一、〔吳越所見書畫錄〕卷五頁一六。

二、〔式古堂書畫彙考〕冊四頁四五一。

三、桃花庵歌見〔唐伯虎全集〕水牛版頁一九、漢聲版頁一五，均無年款。漢聲版頁首附「道光十一年重刻桃花庵歌」圖片，款「弘治乙丑三月桃花庵主人唐寅」；按乙丑爲孝宗宏治十八年。唐伯虎逝世後，桃花塢荒蕪，桃花庵歌石碑於一百二十餘年後，始爲人從水中撈起，據〔唐寅年譜〕作者楊靜盦推測：

「原碑雖在，但大半己漫漶，不甚可讀。」對於重刻碑上年款，楊氏認爲：

「再證以徐禎卿之詩，則『弘治乙丑三月』，必係好事者爲之，未詳考耳。」—〔唐寅年譜〕頁六二—六六。復按：乙丑年春徐禎卿中進士。以未得入館選，次年春伉儷相偕南下湘越，纂「外史」，遊廬山、巫山。正德元年冬返京後，十月廿日爲長詩「唐生將卜築桃花之塢謀家無貲貽書見讓寄此解嘲」。

從詩題、詩意及年款推測，桃花塢修築，不太可能是乙丑三月，應在正德元年下半年，至正德二年春稍具規模。

四、〔唐伯虎全集〕，漢聲版頁三一九。

五、〔唐伯虎全集〕，水牛版頁六二，漢聲版頁五五。

六、〔祝氏詩文集〕頁一七七。

七、〔甫田集〕頁一一七、〔文人畫粹編〕册四圖五二釋文。

八、〔石田集〕頁七八七、〔穰梨館過眼錄〕頁六五一。

九、〔吳越所見書畫錄〕卷一頁八五，文嘉題「沈石田倣唐宋元六大家」卷。

十、〔甫田集〕頁二一二、〔石田集〕頁九〇五「石田事略」；前者紀日爲「五月十一日」，後者爲「五月一日」，因前者刻於文氏家塾，後者爲清朝人所輯，故從前者。

十一、〔唐伯虎全集〕，水牛版頁三二、漢聲版頁二八。

第四十章　蓮花似六郎論

正德二年的夏秋兩季，祝枝山均客居在金陵雞鳴山下，把整個精神和心力，灌注在長子祝續的中秋鄉試上面。多年前，自己首次鄉試前夕，曾突發重病而缺考，所以對兒子生活的照顧，可以說是無微不至；患得患失的心緒，時見文字之中。

適好友沈辨之也到金陵，並較祝枝山先返蘇州；在他鄉遇故知的欣悅下，枝山以南京近作詩詞多首，書而為贈（註一），順便也使家鄉好友，得知他的心緒和近況。

幸而兒子南闈高中，使自稱「枝山老子」的祝枝山，多年為自己春官不售的鬱悶，也因兒子中舉而消散於無形。

下一個春天，他將以識途老馬的姿態，率同兒子同入北京的禮闈；倘得父子同科，固屬所願，就算自己仕途命蹇，只若兒子得中高科，也就於願已足。

蘇州親友在熱烈祝賀祝氏佳兒高中黃榜的同時，也對文徵明、陳淳師生的再一次空勞往返，寄予無限的同情。兩人文章學業的一日千里，可謂有目共睹；每試必北，看來也只好委之於命運。

去年九月廿日左右，致仕南京都察院左副都御史陳璚之喪，已使世外桃源似的陳湖，蒙上了一片愁雲慘霧。現在陳璚的長孫再次從鎖院鎩羽而歸，自然更為陳府增添幾許惆悵。

宏治十八年—也就是沈周往訪陳湖，寫「雪蕉白鶴圖」的第二年春天，陳璿以兼操江御史銜，與巡撫魏紳會師海上。他們會商的策略，是誘迫劇賊施天泰等歸降，以便兵不血刃，民不驚擾地平靖一方。

但，賊首雖降，不久餘黨卻又重聚為亂，因而，使這種功敗垂成的誘降策略，受到言官的交章彈劾。

陳璿被劾致仕後，蒔花養鶴，卻家居不到一年，就回歸道山。

一向處事明快，尊師重道的陳鑰，不知是為喪父，或兒子陳淳的名落孫山，顯得有些失魂落魄。到了菊黃蟹肥的深秋，著人下書，要以陳湖特產的螃蟹，慰勞兒子的老師文徵明。那封信使文徵明垂涎三尺，結果卻久等不見送蟹人至；這位落第秀才，只好半眞半假地賦詩自解：

「遠勞郭奈（疑索字之誤）到茆堂，只把空緘字亦香，湖上人家新起斷，霜高時節已輪茫。勸飧慚愧雙鬢雪，對酒垂涎塞殼黃；應是書生近來俗，故教風味屬鄰墻。」—陳以可餉蟹書至而蟹不達（註二）

可告慰的是，陳鑰的湖蟹雖然口惠而實不至，但以前隨父住永嘉時代的好友趙君澤，卻寄來溫州蘭花，幽香滿室，久久不散。自然，也因而勾起文徵明對父親的感傷和懷念。而自己所編（溫州遺事）一卷，竟然大意遺失。前次徐禎卿經蘇州，往遊湘越時，在「長至日夜拜文溫州畫像」中，尚提及此事：

「平生袍笏宛如存，蕭瑟登堂破淚痕，尹父共憐中洛夭，漢陌何處百年魂。江山易起

英雄恨，談笑難酬國士恩，寥落一編遺事在（公仲子徵明失溫州遺事一卷），幾回摩撫捹黃昏。」（註三）

可見父親人格，對後輩所留下的典型和感召。

吳大本的來訪，對嚴冬落寞的文徵明，也是一種心靈安慰：

宜興吳大本，這次是先寄茶，後來訪。小小的一囊陽羨茶，封題得極爲珍重，翠展旗槍，烘焙得宜，使文徵明心裡有種如沐荊溪春風的喜悅。吳大本雖然無意仕途，但他的公子吳仕，卻是今科的南京解元，明年此際，吳大本少不得也成了朝廷的封翁。

收到陽羨茶後，正巧無錫友人鄭太吉，於雪夜中寄來一甕密封的慧山泉。文徵明算了算，已整整兩年未去慧山。無錫慧山白石塢下三池，水清味醇，適於釀酒，更適於烹茶；被陸羽評爲天下第二泉，配以陽羨茶的極品；人生至此，夫復何求？

西風寒雪，陣陣吹拂到紙窗上，想著雪乳般的泉水，沁人心肺的茶香，以及那篤厚濃郁的友情，一切塵俗的牽絆，科場的煩惱，全然抛諸腦後。在輾轉不成眠中，文徵明著衣而起，掐取泉水，親自以松枝活火煎煮起來。一時詩興勃發，詠七律一首：

「醉思雪乳不能眠，活火沙缾夜自煎；白絹旋開陽羨月，竹符新調慧山泉。地罏殘雪貧陶穀，破屋清風病玉川，莫道年來塵滿腹，小窻寒夢已醒然。」——是夜夕（以？）泉試吳大本所寄陽羨茶（仝註二）

△　　△　　△　　△

經過漫長的冬季，爲了三年一次的鄉試，苦悶、沮喪，甚至纏綿病榻的落第秀才們，似乎又恢復了活力和希望。當屋角的鳥雀發出新唱，牆邊長出綠草，市河的櫓聲咿咿啞啞地響…他們也隨著春天的腳步，互相拜會，召集詩社，或相約游湖、踏青。

正月下旬，陳淳來到停雲館西齋，繼續學習舉業。文徵明起身相迎，一笑之間，所有孤獨愁緒，一掃而空。師生二人，置酒對酌，興緻高昂。感到渺茫的前途，似乎又充滿了希望。

「…客情方眷眷，我意亦綢繆；綢繆何所爲？薄言氣相投…」

眷眷，綢繆，意氣投合…對於屢屢失敗的功名，文徵明常以命運自解。及至和陳淳相對，一則痛惜時光的流逝，青春不再，再則受好友陳鑰之托，忝爲這位青年的師長；一種發自內心的責任感，使文徵明不得不說些連自己也把握不定的互勉之辭：

「顧茲一日長，屈置門生儔；淺薄晚無聞，奚以應子求！三年守殘經，一舉不能謀；豈曰屬時命，要是業未優。業至名自成，德淵心日休，勳猷貴乘時，少壯靡遲留。德荒學不講，吾與子同憂。」—春日西齋對酒示陳淳（仝註二）

△　△　△　△

自從桃花塢築成後，得祝枝山「夢墨亭記」之助，加以唐伯虎原本是衆所矚目的傳奇性人物，因此求書扇繪畫的人，絡繹於途。

暫時停止遠游，摒除雜務的唐伯虎，一時也頗能潛心於繪畫和著述。

意近盧鴻草堂十志的「終南十景」册（註四），和「山靜日長圖」，可能都是唐伯虎決心長隱林下的明志之作。

「初夏山中日正長，竹梢脫粉午窗涼，幽情只許同麋鹿，自愛詩書靜裡忙。」（註五）

伯虎題「山靜日長圖」的七絕，與其後祝枝山所書「山靜日長記」，兩相輝映，表現出宋代唐庚（子西）「山靜似太古，日長如小年」，以及蘇東坡「無事此靜坐，一日如兩日，若活七十年，便是百四十」的生活妙諦。

爲友人夢筠所作的「夢筠圖」，也同樣表現出靜的三昧：

「聞說君家新闢庭，參差滿種粉梢青，炎時靜坐不覺暑，晝日仰眠常見星……」

而下半首的靜中取鬧，則又別具一種情趣：

「一點虛心通曉夢，百年手澤與忘形，秋來四屋聲如雨，帳掩薰爐獨自聽。」（註六）

或許他眞的流浪夠了，需要自己的一片天地，一個家，想在靜中，細細品味餘下來的生命。數年來，居無定所的生活，使他感覺肺部健康，大不如前；對他而言，安居靜養，應是最好的藥劑。

而他這些靜心澄懷所繪製的山水人物，則被後人視爲「雖李龍眠復生，不能勝此」，有些山石樹木，更被評作直逼李唐。

正德二三年間的唐作中，最具李唐筆墨氣勢的，以「陽山積雪圖」（註七）軸爲著。

正德三年元宵佳節，唐伯虎前往陽山，這次不是憑弔大石聯句的往跡，而是補賀好友蠡溪去秋南京鄉試的高中。入山之後，不但俯瞰群峰起伏，一片銀白，而且春寒特甚；一場狂風暴雪，好像隨時就要降臨。因此連留數夕，兩位好友只得足不出戶，不是銅爐燃香，開窗賞雪，就是圍著熊熊的爐火，相對而飲。蘇州市街上的簫鼓喧闐，燈火輝煌，男女游人塡塞街巷的情景，只能在心中想像。

雖曾廣游山川，但這種在嚴寒中，坐困峰嶺之上，舉目所及，冰雪連天的森然氣象，對唐伯虎而言，尚不多見。王維的「江干雪霽」，范寬的「雪山蕭寺」，李成的「群峰霽雪」，李唐的「雪江圖」等古昔名畫，不斷地在他眼前浮現。畫中的蕭索寒意，那種砭人肌骨的感覺，此時此刻，體會尤深。也使他更進一步領悟，古人作畫，於天資師授之外，親身體驗所凝聚成的懾人心魄的氣勢，實難言傳。

他以墨青色烘暈天空，使原本皴擦沖淡的山峰，愈發顯出潔白與冷肅。下坡則以焦墨潤筆皴成。樹木禿枝古幹，以焦墨皴擦，用淡墨渲染；枝上不綴木葉，愈覺丰骨勁峭，寒氣襲人。林麓間，疏疏落落的幾戶人家，使人恍如置身世外桃源。

這年三月十日正覺禪院之會，不僅唐伯虎、文徵明各留名蹟於寺內，其春遊歡娛之情，也使他們畢生難忘：

蘇州東南角上，由於元末明初戰爭創痕未復，到處廢園殘廟，荒蕪得彷彿步入城郊。正覺寺則是這大片廢墟中的一抹蒼翠。寺的建築並不宏麗，因爲歷代住持，意不在向善男信女捐資興寺，像一些廟宇那樣窮奢極侈，香火鼎盛。而是廣植林木，灌園種菜，使寺僧能自給自足，不假外力。因寺中多植美竹，所以又有「竹堂寺」之稱。

吳寬、祝顥在日，常常相偕往遊，寺裡除留有二人題詩外，還有吳寬的「正覺寺記」

石碑。是以祝枝山、文徵明、唐伯虎、吳奕等每次前來探竹賞花，可以同時緬懷先輩遺澤，內心中的感覺，眞是既親切又溫馨。

然而，正德三年牡丹盛放之際，祝枝山卻和兒子相偕北上，赴試未歸，不得與會；否則，有了這位竹堂寺的常客，一定更爲熱鬧。

寺壁上面，有唐伯虎畫的羅漢和書贊，想是他剛從北京歸來，家生鉅變，在三餐不繼的孤獨貧困中，常常寄食僧寮所留下來的手蹟吧！

皈依多年的唐伯虎，與空門似乎格外地親近；對飲間，文徵明、吳奕和朱堯民等，賞花品竹，嬉笑之聲一陣陣響起。唐伯虎和古石禪師則不斷地談禪說法；聽在幾位好友耳中，有點丈八金剛，摸不著頭腦，使他們自覺既慚愧，又帶有幾分歉意。

酒後，唐伯虎看著庭前盛放的牡丹，拈筆作四尺餘長的水墨花卉一幅，富麗中別有種出塵的韻致；衆人咸認爲這也是佛緣，正如他前此所留的羅漢像，法相莊嚴，靈明圓暢，可稱神來之筆。

「居士高情點筆中，依然水墨見春風，前身應是無塵染，一味能令色相空。」（註八）文徵明在詩中，對這幅水墨牡丹，贊賞不置。

唐伯虎則於自題七絕外，加記數語，以見遊春之趣：

「三月十日，偕嗣業（吳奕）、徵明、堯民、仁渠（謝表？）同飲正覺禪院。僕與古石說法，而諸公謔浪。庭前牡丹盛開，因為圖之。」

文徵明於品竹賞花之餘，落筆所寫的，卻是幅煙雲瀰漫的春山。溪流瀑布，樹木蒼鬱，頗得高克恭的遺意。伯虎寥寥數語，足以點出徵明畫中的詩意：

「春去柴門尚自關，那知櫻筍己闌珊，憑君寫出朝來景，靄靄濃雲疊疊山。」（註九）

「雲山圖」中，文徵明也自題七絕一首，並記伯虎、古石說法事，既可見出他與伯虎信仰上的隔閡，更見出那種濃郁的感情：

「偶向空門結勝因，談無說有我何能，只應未滅原來性，雲水悠悠愧老僧。戊辰三月十日，偶與堯民、伯虎、嗣業同集竹堂。伯虎與古石師參問不已，余無所知，漫此以識余愧。」（仝前註）

此外，堯民、吳奕、謝表，也均有詩，或題牡丹圖，或題於雲山圖上。贊賞水墨牡丹之淡雅者如：

「……留向空門伴岑寂，絕無色相染袈裟。」——謝表

點出老僧定力，和畫中流動春雲間輝映之趣的：

「我愛雲閒自來往，老僧心定笑雲忙。倏焉散去山亦靜，雲意僧心俱兩忘。」——朱凱

△　　　△　　　△　　　△

音律、曆法、太玄經、子虛賦、音韻、占卜、陰陽……

依據祝枝山的說法，築園定居後的唐伯虎，於繪畫詩文之外，所涉獵的學術範圍，相當廣泛。希望能融會各種學說，形成一套完整的學術體系。可惜天不假年，尚未完成，就離開人世。

在「與文徵明書」中，唐伯虎也信誓旦旦地表示：

「亦將檃括舊聞，總疏百氏，敍述十經，翱翔蘊奧，以成一家之言。」

極力為他搜集詩文、遺事，雕版付梓，自稱「族裔」的唐仲冕，曾經在一部古老的天文、算學專著〈周髀算經〉中，看到唐伯虎所批註的數十條，對漢朝趙君卿、北周甄鸞等人「勾股法」的辯證，精核異常；因此推斷，他必有許多著述失傳。

在他所留傳下來的全集中，論史之作，只碩果僅存「蓮花似六郎論」（註十）一篇而已。

唐高宗皇后武曌（則天）晚年，愛女太平公主推薦年輕貌美、善解音律的張昌宗入宮，是為「六郎」。六郎再舉薦其兄五郎張易之共侍這位英明果斷，年事雖高而容顏不衰的女皇帝。昌宗累遷散騎常侍，五郎則官拜司衛少卿。

「古之后妃，吾聞有葛覃之儉矣，有樛木之仁矣，有桃夭之化矣，未聞有美男子侍椒房也。」

美男子侍椒房之事，古史中固然聞所未聞，然而唐伯虎卻在漢代找到了先例：呂后寵辟陽侯，趙飛燕多通侍郎、宮奴。

「沿及魏普，而婬風日以昌矣，然未如武氏之甚也。」

引經據典的結果，唐伯虎認為「白馬寺主」薛懷義以下，武則天眾多面首中，以六郎張昌宗最為得寵。

張氏兄弟經常面傅朱粉，身穿錦繡，寢食不離地環繞在女皇左右。當她侄兒武三思說昌宗像王子「晉」，則天皇帝便命昌宗穿上羽毛衣裳，騎在宮庭的木鶴上吹笙，作周靈王太子晉昇仙欲飛的樣子，供其御賞，也讓衆文士賦詩贊美。有人說六郎似蓮花；這一下子似乎提醒了衆人，他那傅粉的面頰，明亮的眼神，發自口裡的清音，輕盈如顫動於微風中的體態，愈看愈像蓮花。在衆人稱頌聲中，只有一人含著笑，以爲不然：

「乃蓮花似六郎耳。」

說者是楊再思，新拜的內史，也就是唐伯虎所要議論的人物。

唐伯虎認爲，身爲重臣的楊再思，也許忽略了蓮花出汙泥而不染，那種亭亭物外的天性；但如只以色取，這種說法似乎也很貼切：

「…若曰蓮之紅艷，后可翫之而忘憂矣。蓮之清芳，后可挹之而蠲忿矣。蓮之綽約，后可與之而合歡矣…」

「似蓮」的六郎，已然如此地「奉宸遊，娛聖意」，則勝於蓮花—蓮花只能彷彿於六郎，又該是何等美俊！

蓮出青泥；六郎似有仙種，一如天上之碧桃。

蓮依綠水而生；六郎不啻日邊之紅杏，自有仙根。

蓮花有時凋落；六郎若月中丹桂，顏色常新。……

至於描寫六郎所受到的寵遇，唐伯虎的生花妙筆，也別具一種纏綿之緻：

「是故，芙蓉之帳，僅足留六郎之寢。菡萏之杯，僅足六郎之歡。步步生蓮，僅足隨六郎之武。柳眉淺黛，藉六郎以描之。蕙帶同心，偕六郎以結之。鏡吐菱花，想六郎而延佇。戶標竹葉，望六郎而徘徊；此再思之意也。」

一個俊美少年，得到女皇這樣的寵遇，享受如此的榮華，豈非天上人間？不過，伯虎認爲，楊再思的「蓮花似六郎」說法，意不止此：

「……桃李之丕基可奪也，六郎之恩寵，必不可一日而奪。黃臺瓜之天性可傷也，六郎之情好，必不可一日而傷。使后與昌宗如蔦蘿相附，如葭莩相倚，如藕與絲之不斷；夫然後惬再思之意乎？甚矣，其諂也！」

綜觀唐伯虎這篇「論」，對六郎形貌之俊美，人和蓮花的比照，女皇與少年面首間愛寵的鋪陳描繪，文筆華麗，刻劃細緻，與其說是讀史之「論」，莫如說在性質上更接近「鋪采摛文」、「直書其事」，以及「合纂組以成文，列錦繡而爲質」的「賦」。

不過，如果以他文首所下的論斷，及文末所析理出來的唐朝歷史中，宮闈變亂頻仍，倫常喪失其來有自等觀點來看，唐伯虎這篇「論」的態度，依舊是嚴肅的：「嘗論史，唐武氏幸張昌宗；或譽之曰：『六郎面似蓮花』，內史楊再思曰：『不然，乃蓮花似六郎耳』！嗚呼！蓮花之與六郎，似耶不似耶？縱令似之，武氏可得而幸耶？縱令幸之，再思可得而諛耶？

以人臣侍女主，黷也，昌宗之罪也。以女主寵人臣，婬也；武氏之罪也。以朝紳諛嬖幸，諂也；再思之罪也！」

最後，唐伯虎由果溯因，認爲「福生有基，禍生有階」：

唐高祖私通煬帝之妃，唐太宗嬖弟之妻，唐高宗納父之妾（武則天），相沿而下，中宗的韋后私武三思，楊貴妃與安祿山之間的曖昧關係；卒使：

「蓬萊別殿，化爲鹿聚之場，花萼深宮，竟作鶉奔之所。」

這篇文章，彷佛一面鏡子：風流蘊藉的唐伯虎，在浩瀚的歷史中，僅慧眼獨具地選了這段宮闈韻事，加以鋪衍論述，斯亦可謂「仁者見仁，智者見智」。

「福生有基，禍生有階」，當是唐伯虎皈依佛氏後，對因果關係的一種信念。

「爲人能把口應心，孝弟忠信從此始；其餘小德或出入，焉能磨涅吾行止。頭插花枝手把盃，聽罷歌童看舞女；食色性也古人言，今人乃以之爲恥…」——焚香默坐歌（註十一）

飲食男女，在唐伯虎觀念中，原是人之天性，也是賞心樂事。小德容或有所出入，但大節卻不能虧損；是唐伯虎一貫的待人處世態度。

文中，所以嚴責武氏、六郎、楊再思，並非只爲飲食男女，乃是痛感君不君，臣不臣，朝綱不振，國家社會瀕於淪亡而發。因此，這篇旖旎浪漫，筆緻似詩似賦的文章，也足以反映出唐伯虎的性格和信念。

註一、〈石渠寶笈〉頁九三七。

二、〈文人畫粹編〉冊四圖五二之釋文。

三、見〈吳都文粹續集〉卷五二頁五四及〈迪功外集〉卷三頁九。後者有數字之異：

「平生袍笏宛如存，泫爾登堂破淚痕，尹父共憐中路夭，漢阡何處百年魂。江山易起英雄恨，談笑難忘國士恩；寥落一編封事在，應留精爽護黃昏。」

四、〔石渠寶笈〕頁七六五。

五、圖見漢聲版〔唐伯虎全集〕頁首，圖記見〔石渠寶笈三編〕册四頁一八五七。

六、〔大觀錄〕頁二四三三。

七、〔大觀錄〕頁二四四四。

八、〔吳越所見書畫錄〕卷一頁七五。

九、〔唐宋元明名畫大觀〕續足本下，圖一七六，畫記見〔唐伯虎詩輯逸箋註〕頁一五三。

十、〔唐伯虎全集〕，水牛版頁二〇七、漢聲版頁一七〇。

十一、〔唐伯虎全集〕，水牛版頁二二一、漢聲版頁一八；前已引用。

第四十一章　垂虹別意

文徵明的舅父祁春，和孀居三十七年之久的姨母嚴祁氏相繼逝世，使文徵明的情緒久久無法平伏。

這兩位長親都是很平凡的人，然而，對幼年失恃的徵靜與徵明，不啻爲再生的父母。有一個時期，兄弟二人寄居在外祖母家中，事實上，外祖母年老失明，連如廁都要祁春舅父揹負，根本就不能照顧他們；因此整個撫育教養他們的工作，就落在舅父與新寡的姨母身上。

文徵明清楚地記得，這個赤貧之家，儘管自己衣食都很困難，但是，總會用盡一切方法，使他們兄弟免於饑寒。一年四季，姨母隨時找出箱篋中的破舊衣服，洗濯補綴，供他們穿用；因而，文徵明雖已年近不惑，依舊常常穿著一身破舊的衣服。固然是現實環境使然，但也未嘗不是姨母所培養成的節儉美德。

外公是位性情高朗，喜歡賓客的人。每有客至，觴詠終日，美酒佳肴，不待老人吩咐，已經整治完備。晚年，外公長期臥病在床，更賴祁春舅父親自侍候。

「吾有孝子，故得不前死。」幼年時的文徵明，常聽到外公這種欣慰的贊嘆。

享壽七十八歲的祁春，處事小心謹慎，終身沒有涉足訟庭；對一個像他這樣平凡平淡的人，也算是一種很大的願望。貧寒的一生，在父慈子孝中，平平順順地度過；比起那些在功名擾攘，宦海波瀾中顛簸翻滾的人，是否也是一種幸福？常使文徵明爲之沉思。

文徵明能夠報答這兩位親長恩惠的，就是以平實的筆調，在墓誌銘中，敍述他們那平凡中自然感人的一生，爲後世留下令人懷念、省思的典型。近年來，他文名、書名與德名，傳播遠近，不僅至親好友之喪，以得到他的傳記、行狀、墓志銘爲榮，連朝士大夫病篤之際，也多殷殷囑咐家人，想藉著他的文筆、法書，傳名後世。石工章文（簡甫），則以鑿刻文徵明所書碑文名噪一時，成爲一種很特殊的搭檔。

正德三年夏，對文徵明來說，固然是一個痛苦悲傷的夏季；他的好友唐伯虎，也同樣遭逢了家庭的鉅變。十二歲的侄兒唐長民，不幸而殤。

唐氏族譜中，自唐伯虎曾祖父起，便一脈單傳，沒有支庶。伯虎有子早夭，因此，他和唐申兄弟二人的希望，就集中在這聰穎、淳篤、孝順的男孩長民身上。

長民讀書，常到深夜，凌晨起來再讀。稍有空閒，便向伯父請益，伯虎也把他視同己出。

「唐氏累世植德，耳目可指摘而言者五代矣。閭門巷塗，稱爲善士，無有間言；天必祐之，振起其宗。」（註一）

看著男孩單薄柔弱的身子，唐伯虎常用這話安慰自己，但那縷微弱的香火，竟這樣無聲地熄去。他內心的絕望，遠甚於北京的冤獄；那時自己，無論死生，總還有弟弟，有襁褓中的侄兒可以依恃，維持唐氏宗兆于不墜。

「昊天不聰，翦我唐宗，冤哉，死也斯童！兄弟二人將何從？維命之窮！」

在猶子的壙志銘中，唐伯虎呼天搶地；比之二十幾歲所寫的「祭妹文」，尤爲悲痛。那時父母妻子相繼而亡，僅有的妹妹，又以遇人不淑而自盡；生活的巨峰，頃刻間崩坍下來，但，他和弟弟都還年輕，年輕就是一種希望。

△　△　△　△

「相逢無路避青蛾，十五燕姬細馬馱；老眼年來觀道熟，妖嬈知奈石腸何！」—燕京陌上遊妓（註二）

和兒子同載進京的祝枝山，雖然不像往日那樣旅途寂寞，對著亭館的月色，便懷念起家中的妻妾，想像東園中親手栽種，含苞待放的寒梅。但，經過多日航行，捨舟登陸後，見到京中年輕妓女三三五五地盛裝出遊，放轡徐行，婀娜多姿，比起蘇州佳麗、輕歌採蓮或運河畫舫中揮弦賣唱的少女，別具一種情韻。只是在兒子面前，他不能不硬著心，寒著臉，作出一付目不斜視的樣子。

住在京館中，午夜夢迴，陣陣微風，傳來絃管笙歌和飲燕的歡笑，使他彷彿重回閶門的歌臺舞榭，在粉香細語的環繞中，揮筆書扇，或翩翩起舞：

「天風吹出掖垣聲，瀏亮緱山午夜笙；錯認閶門折楊柳，一時飛夢滿江城。」—京館聞鶯（註三）

然而，也許時運未至，功名坎坷，正德三年的禮部之試，不僅祝氏父子未能如願，連南京解元吳仕也名落孫山；這位宜興大隱吳大本的長公子，直到六年後才躍登金榜，步上仕途。

窮、愁、落寞：二月下旬禮闈放榜；約莫暮春之初，正是牡丹盛放，唐伯虎等一干好友在蘇州正覺禪院賞花談禪，賦詩作畫的時候，這位年近知命的才子書家祝枝山卻臥病於京師會館之中。少數登科之士，拜房師、拜同年、拜京中的富紳鉅宦，準備廷試。榜上無名的落魄同人，出來進去，無非垂頭喪氣，有的牢騷滿腹，有的準備束捲還鄉。言談之間，不是說當道的劉瑾、焦芳皆爲北人，給事中趙鐸秉承劉瑾旨意，增加北榜名額，減低了江南舉子錄取的機會；就是講些鬼神預示，去取前定之類的無稽之談，也越發增添祝枝山心中的煩亂。他在「臥病」詩中寫：

「同人相見總相稱，一級名階只未登；此事苦難多著力，拙夫甘道實無能。……」（註四）

這一年，沈、文、唐、祝、楊循吉、朱存理等師生友好，眞正拋開悲懷愁緒或忙碌，歡聚暢飲，可能是在戴昭（明甫）的餞別筵上。

時近中秋，從垂虹橋西望太湖山閣，一輪紅日，沉沉欲墜。陣陣秋聲，挾帶著晚潮，拍擊在江岸和長橋的石柱上。垂虹亭畔，傳杯遞盞的喧笑，和樹木枝葉的搖曳聲交織成一片。

戴昭，這位安徽富商之子，由於其父長年在外，無法兼顧他的學業，乃托人攜帶來蘇州，拜師受業。首先從唐伯虎學習詩經。詩經是唐伯虎舉業時所專攻的科目，在他的諄諄善誘之下，戴昭進步神速。爲了進一步體會論語中「詩三百，一言以蔽之曰：『思無邪』」的眞義，復從薛世奇、雷啓東學易。戴昭謙恭有禮，在蘇州交游和求學的範圍，同樣廣闊；因此，還鄉定省之日，爲之餞行的賢士名流，濟濟一堂，成爲一時盛會。輝煌燈影下，身爲師尊的唐伯虎，據案揮毫，仿李唐筆意，以垂虹橋爲背景，寫舟行送客的景象；依依之情，更見於所題五律之上：

「柳脆霜前綠，橋垂水上虹，深杯惜離別，明日路西東。歡笑辜圓月，平安附便風，歸家說經歷，挑盡短檠紅。」（註五）

這座橫跨松江的長橋，舊稱「利往橋」、「寶帶橋」，以橋畔建有「垂虹亭」，人們更以「垂虹橋」稱之。史明古家住吳江縣，吳江長橋本是沈周常來之地；只是年已八十二歲的老人，想到餞別筵後，回程遙遠，心中不免有幾分倦意。伯虎題詩之後，他也隨之搦管，邊吟邊寫：

「垂虹不是灞陵橋，送客能來路亦遙；西望太湖山閣日，東連滄海地通潮。酒波汩汩翻荷葉，別思茫茫在柳條；更欲傳杯遲判袂，月明倚柱嗅吹簫。」（註六）

由於年事已高，深隱相城的沈周，年來較少外出，去年五月在蘇州賦別詩中的一句「時事但憑心口語，老人難作歲年期」，使文徵明心中，有一種茫然之感，久久無法去懷。尤其舅父、姨母等長親相繼凋謝後，對自幼便不離口的「我家沈先生」，就益加依戀。

前年端午，沈周因堂前老栝樹枯死，感傷而作「老栝圖」；其年，將近百旬的老母，也辭別人世。聞說經過以詩、文、雞、酒，向土神求禱之後，在春氣的孕育下，枯枝上居然發出十數片綠葉來，因有「栝樹復活圖」之作。對一位孤獨的老人而言，不僅會帶來心中喜悅，也必然會產生一種對生命的信念和鼓舞吧。

筵中，有趣的是祝枝山父子；在父親的眼中，兒子似乎永遠需要呵護，並在行爲上，時時不忘作兒子的表率。因此，中了舉的祝續隨侍，放誕慣了的祝枝山，不但處處流露出舐犢情深的神情，即使在嬌嬈艷麗的歌女、酒姬面前，也顯得嚴肅拘謹，一反往日的風流倜儻。

「送君歸去上垂虹，霜落吳江幾樹楓，堂上有人真倚望，布帆休挫送潮風。」（仝註五）

一向甚少參加吟詠雅集的祝續啼聲新試，頗能博得長輩們的贊許，祝枝山臉上，禁不住浮起幾許欣慰。一方「龍虎榜中人」的閒章，鈐在詩後，讓人覺得這個書香世家繼起有人，後生可畏；紛紛舉杯轉向枝山，枝山則一飲而盡。

△　△　△　△

正德三年五月，文徵明爲宏治年間作過瑞州府訓導的崑山黃雲（應龍）作兩丈餘的長卷。以水墨「米氏雲山」冠於卷首，畫後書所作詩多首。黃雲喜出望外，跋：

「予以白卷投徵明，意得其名迹，以飫衰年之嗜，然不可必得也。荷徵明不鄙夷予之無似，乃以生平秘惜，盡爲傾寫…又規模中岳外史畫法作『雲山』；天機流動，得海岳庵遺意，其今之鄭虔三絕也。徵明所立卓爾，不爲豪動俗迫，不待委頓蛛絲煤尾敗篋中，即有餅金懸購者。因書以示子孫，勿爲餅金懸購者所得！後之覽者，其勿哄予不達哉。」（註七）

煙雲濕潤，墨色鮮活；文徵明這幅米氏雲山，佈景潑墨，追逼小米，比起元代的高克恭，毫不遜色。畫後所錄近作，如：「春日西齋對酒示陳淳」、「雪夜鄭太吉遺慧泉」、「謝宜興吳大本寄茶」、「與家兄徵靜夜話有感」等二十餘首詩，都是平時人所未見之作，所詠事蹟，也鮮爲外人所知。

其中更饒有趣味的，是涉及與陳淳父子師生間的日常瑣事，像「陳以可餉鬢書至而蟹不達」、「溫蘭爲陳淳借去不還」之類，譜出平日閒居的種種心靈揷曲，吟詠之下，使人不覺爲之莞爾。

贈黃雲書畫卷中，有「題畫贈吳次明」五古一首，更是意味深長；詩中抒寫好友吳次明冒雨來訪的趣事：

春雨連綿的午後，文徵明正在西齋小睡，突然爲屐聲驚醒。開門延入，好友吳次明，擎著一把油紙傘，冒雨而至。把臂言歡，啓窗烹茗，連日來的岑寂，隨之消散。兩人一面談天，徵明一面很自然地提筆塗抹起來。泉石、州渚、濛濛細雨中，竹、樹含煙，春水如醉，儼然一付滄洲景色。最後，他把這位著名的書畫鑑賞家吳次明和他的舊傘，也一並寫入畫中，成爲崗上冒雨獨行的高士。

次明是文氏書畫上的知音，多少年來，面對徵明作品欣賞贊嘆，卻從未開口索畫，掠人之美。使平日飽受豪門俗子需索困擾的徵明，對這種濃郁的友誼和體貼，別有一種溫馨的感覺。因此便把這幅興至揮灑之作，主動地送給次明，使他有一個意外的驚喜：

「…吾生雅事此，亦頗自珍惜，頗為識者畫，不受俗子迫。惟君鑒賞家，心嗜口不索；吾終君不靳，不索翻自獲⋯⋯」

徵明繼在畫中題：「誰云興致高，正坐能事厄」；因身懷藝能而遭受困厄，不只徵明一人，連石田師和年高望重的老畫師周臣也在所難免。類似情事，有時使徵明心灰意冷，甚至想放下膠鉛筆墨；但是，二十年來的癖好，使他欲罷不能，個中甘苦，也只有次明能夠領會。

「我癖君更甚，收此顧何益；君言有妙理：意自不能釋。我畫惜如金，君藏慎於壁，好畫與好藏，同是為物役！」──文徵明贈畫次明詩中的結語。

黃雲喜獲徵明書畫，細績長卷中「題畫贈吳次明」詩，對徵明性格有了更進一步的了解；對這意外之獲，也愈加珍惜，希望成爲永世傳家之寶。可惜，六十年後，黃氏子孫竟以生計所迫，強售他姓；文、黃二友泉下有知，也當唏噓嘆息吧

正德四年三月十一，盛桃渚五十七歲壽辰。

七年前的此日，沈周、文徵明師生曾前來祝嘏，合作「壽桃渚先生卷」。今日壽堂之中，則更爲齊全，非只沈、文、唐、仇齊集，年近耳順的畫師周臣（東邨）也前來祝賀。唐、仇二人皆受教於他；文、唐二人，則又出身沈門。壽星桃渚，好鶴、好畫；因此滿堂賀客，莫不把注意力和話題，集中在這五位藝林名士身上，認爲必定有所表現，是個難得的盛會。

花蔭竹影下，幾隻丹頂白鶴，有的躍登山石，有的梳理羽翼，昂首清唳，毫不畏人。年已八十三歲的沈周，先以微顫的筆緻，作雙鈎設色的「桃渚圖卷」，蒼勁古雅，儼如洞

仙。周臣也以仙鶴來襯托主人脫俗不群的氣度。人物的面貌衣摺，山石的皴法，花木的描繪，雖然脫胎宋人，但下筆時揮灑自如，顯然已入化境；難怪後代論者，評他的作品「有畫學，有畫膽」（註八），眞正能夠融會古代名家的精華。只是在風流蘊籍，蕭疏澹遠上，比之相城高士，略感不足。

文徵明的「扁舟載鶴」，詩情畫意，表露無遺。近年來，文徵明青綠山水雖然傳播遠近，但多少爲文名、書名，乃至德名所掩。如今在衆目環視中，從容揮毫、靈思泉湧，有些人始進一步瞭解，看來衣不鮮潔，木訥寡言的他，竟如此才思敏捷；堪稱「鄭虔三絕」。

不知有意抑或無意，唐伯虎、仇英師兄弟二人，破例合作「玩鶴圖」。仇英以細潤流暢的線條，繪畫盛桃渚玩鶴的背影，泉石花木，一應背景，則由唐伯虎圖寫（註九）。

幾年來，仇英出入停雲館，日益頻繁，實由唐伯虎所引介；在性情和畫路上，也許文、仇二人更爲接近。仇英受教於周臣之後，後者深感他在山水創作上，稍嫌格力不逮，但於古畫臨摹方面，精麗艷逸，落筆足以亂眞。文徵明覺得這位青年畫士雖然出身貧寒，較少接觸文墨，但對古代車馬、舟船、屋宇、服飾掌故，乃至某些典章制度，都能悉心考究比較。從藏者的古物古畫中，所臨稿本山積。偶然所寫幾幅變格山水，從那收放自如的筆蹤墨跡，文徵明看出他不僅保有周臣老師的深厚基礎，也流露著一種士氣。可以斷定，他不會以臨摹的畫家終其一生，他筆墨之秀潤，頗有幾分趙孟頫的意趣。

臨時懸掛在壽堂上的幾幅玩鶴圖像，益發增加了典雅和喜氣。贊聲不絕的賀客，也紛紛恭喜兩位年高德卲的宗師，有如此傑出的高足。

周臣和伯虎、仇英兩位門弟子連作圖卷，非只一次。例如宏治九年，顧春妻子爲表明心跡，在丈夫病榻前刺目的事蹟，就由仇英先繪出令人驚心動魄的刺目頃刻。繼由周臣老師描寫白髮拄杖，據椅而坐的顧母，手執桂花，招引兒子的遺孤。失去一目的青年節婦，雙手扶著行不成步的幼兒，前往取花；這種悲劇後的含飴弄孫，教子學步，也算是另一種天倫之樂吧。唐伯虎則畫節婦挑燈凭几而坐，數歲幼兒扶床站立，彷佛已稍解人事，向孤苦的母親受課的情境（註十）。

這師生三人的連作，以及沈周的「顧烈婦俞氏義事有序」（註十一）詩，一方面表彰烈婦的事跡，兼祝遺孤順利成長，延續顧氏香煙，也使俞氏終身有賴。可惜，天不從人願，孤兒不久夭折，顧家姑媳的期望，周臣師生的祝禱，均成泡影。

「愛聽流泉沁詩骨，步臨幽境解塵襟。」（註十二）

「鯉魚風急繫輕舟，兩岸寒山宿雨收，一抹斜陽歸鴈久，白蘋紅蓼野塘秋。」（註十三）

……

數年來，唐伯虎頻頻以清新的詩句，行雲流水般的字跡，爲周臣師題畫，使周臣畫中峽深嵐厚，古面奇妝的山水人物，大爲增色。然而，隨桃花塢的修築，唐伯虎名氣直線上昇，也帶給這位畫藝不下於錢塘戴文進的老畫師，許許多多無謂的困擾。

有人請周臣作畫，卻請伯虎落款，以增加作品的聲價。

偶而，伯虎臥病或過份忙碌，請老師代筆以應需索；卻惹得到處流傳：

「唐子畏畫，多周臣筆，要在巨眼別之。」（註十四）

更有些人，無禮地提出，何以伯虎與周臣之畫，竟有雅俗之異？表現在筆墨間的「厚重蒼勁」或「蕭疎遠澹」、「中規中矩」或「迭宕清放」，只能說是秉賦不同，風格各異。以之作為周臣、唐伯虎作品價值的判斷，似非持平之論。然而這位學追李唐、馬遠、夏珪，勘破世情的畫師，一面鑽研王維、米氏父子畫風，以求擴展與超越既有的成就，一面不以為意地解釋：

「祇少得唐生數卷書耳。」（仝註五）

胸中少唐伯虎數卷書，是周臣的謙虛，也是自知之明。此外，唐伯虎曾在信中勸他畫路不要太窄：

「今之以畫名者甚衆，顧不重意，又執一家之法，以為門戶，此眞大誤也。夫人之學畫，無異學書，今取鍾王虞柳，朝夕臨摹，久必彷彿。至於大人達士，不局于一家，必兼收並覽，自成一家，然後為得。」（註十五）

在另一封信中，伯虎一面讚賞周臣的山水畫卷意境俱佳，非世俗所能冥測，一方面婉轉地表示，山水卷的目的，在使仁人君子，為相君孝親所束縛，無法接近山水，退而求其次，藉山水卷臥游：

「坐窮邱壑，猿聲鳥音，依約在耳；山光水色、滉漾奪目；此豈不快人意，實獲我心哉！」（註十六）

在蘇州藝林中，不僅仇英生卒年代限於文獻，難以查考，其師周臣，也是不易解開的謎團。

有些記載，周臣與乃師陳暹同齡。然而，宏治元年，陳暹便已年高八旬；據此推論，至嘉靖十四年，完成「長江萬里圖」鉅作的周臣，豈非年逾一百二十四—五的人瑞？

另據彭年於嘉靖三十一年題仇英「諸夷職貢圖」（註十七）：

「…實父名英，吳人也。少師東邨周君臣，畫得其法，尤善臨摹。東邨既歿，獨步江南者二十年，而今不可復得矣…」也意味著周臣約卒於嘉靖十餘年間。

更有人推斷，周臣生於景泰元年，距兼具王維、李成、郭熙、二米…等風格之「長江萬里圖」的完成，有八十五年的歲月（註十八）。不過，這也僅是一種推測，仍待確實資料的佐證，始能成為定論。

註一、〔唐伯虎全集〕水牛版頁一八九，漢聲版頁一六〇。

二、〔祝氏詩文集〕冊中頁六八二。

三、〔祝氏詩文集〕冊中頁六八三。

四、〔祝氏詩文集〕冊中頁六八五。

五、〔石渠寶笈續編〕冊三頁一六二，〔式古堂書畫彙考〕冊二頁五一一。

六、註五所列二書，本詩僅見於〔彙考〕。

七、〔文人畫粹編〕冊四圖五二及頁一六七釋文。

八、〔書畫鑑影〕頁三六八，王穉登跋周臣「松石鳴泉圖」。
九、壽盛桃渚五十七歲合作長卷，見〔古緣萃錄〕卷三頁十六。
十、〔過雲樓書畫記〕頁二三四、三〇五。
十一、〔石田集〕頁五五四。
十二、〔唐伯虎全集〕水牛版頁二一八、漢聲版頁一七七。〔式古堂書畫彙考〕册三頁三三三。
十三、〔式古堂書畫彙考〕册四頁四四九。
十四、〔式古堂書畫彙考〕册四頁四四九「外錄」。
十五、〔唐伯虎尺牘〕頁十五「與周東邨（論畫）」。
十六、〔唐伯虎尺牘〕頁十六「再與周東邨（論畫）。」
十六、〔清河書畫舫〕亥頁五二。
十七、〔關於唐寅的研究〕頁三〇。

第四十二章　心靈的迴光

由於春天雨水欠缺，連東禪寺的牡丹也不像往年嬌艷。雅好牡丹的沈周，面對帶著幾分憔悴的花容，心裡有說不出的憐惜。

猶記多年前，竹莊東闌牡丹，一夜之間，爲好事者連根刨去，他曾豁達地在詩中寫：

「荒庭粗整石闌干，始買花栽得牡丹；富貴同心有人愛，繁華移于別家看。烟根已撥苔猶破，雨坎空存土未漫；笑撫老懷無所惜，固知留到子孫難。」（註一）

此後，反覺在寺中賞花，無掛無礙。然而，由於老、病，步履艱難，臥床的時間居多，算來不到東禪寺，已有三年之久，一種冷落國香的歉意，浮上心頭。

天璣禪師，似乎早已看出這位寺中常客，身體大不如前，彷彿風前之燭，瓦上之霜，亟思能留些手澤，供後人憑弔。除了以前留贈的牡丹圖、西山有虎圖和石田老人小像之外，更求題詩留念。沈周稍事吟哦後，放下手中篇杖，搦管題七律一首：

「清溪（東禪寺別稱）作別過三年，家裡籐床久病眠，今次又逢櫻筍候，舊游追憶牡丹緣。再期蹤跡何知後，大覺筋骸不及前；愛是芭蕉滿新綠，燒燈連夜寫新篇。」（註二）

「再期蹤跡何知後」，跟前年五月「贈文徵明」七律中的「老人難作歲年期」一樣，給人一抹淒涼的意味。題後，他又一再囑咐天璣禪師，何時愛徒徵明來寺，務必請其賡和；無論對花、對寺、對人，似乎都有著一種深情和留戀。數年來，沈周和陸姓好友所贈的紫竹簫杖之間，也有著一份難分難離的情意，手不離杖，杖不離手地互相扶持。

那是一柄十節中通的寒竹，作爲手杖，輕便而得力。吹奏時，聲音悠然清遠，對病中，或旅途寂寞的老人，真是一個良伴。常常，沈周在竹莊窗下，北望淡遠的山影，想著虞山致道觀中的古檜，吳寬捋鬚朗吟的神態，恍惚猶在目前。不知不覺中，嗚嗚咽咽的簫聲，像是對老友的呼喚，像是對形單影隻的幽嘆，也多少帶些老驥伏櫪，志在千里的悲涼。在往返蘇州的運河舟中，沈周的簫聲，一似追逐逝去的鴻影，或與鳴蟬、帆風等天籟兩相呼應。

東禪寺的天璣禪師，對沈周的子夜簫聲，更留下永生難忘的印象；它與蘇州特有的午夜鐘聲、禪房外的蕉風寒雨，古木上的梟鳴…互相融合，若斷若續，韻緻綿綿；把人的情思，引向神秘、恆永、無垠的境地。

「老甚出游今得力，坐吹明月廣陵橋。」沈周在「陸翁贈簫杖」七律中（註三），發出由衷的贊賞。

體康好時，沈周均在蘇州古寺中，度過端陽，以避溽暑。蒲酒、粽子，自有好友門生送來，一面剝粽命酒，一面吟詠詩詞，少卻家中的拘束和喧嘩，覺得自在若仙：

「風雨葵花小院前，老夫留此學安禪；家中盡有家中事，客裡還修客裡緣…」—端陽僧寺塡詞（註四）

正德四年的端陽節，則在家中度過。閒時取出舊作，觀賞、題跋，消磨時日。

如：「灞橋詩思圖」、不久前，雨中到太湖送沈豫軒工侍，歸後所繪的巨幅「吳山圖」（註五）、「七十四歲設色巾服小像」（註六）等，一一展閱。尤其小像和當年他與諸好友題寫在像後的詩和贊，更使他感慨無限。

對於那攤開在案上的，別人筆下的他，到底像與不像，眞或不眞，當時已將信將疑；如今時隔九載，再攬鏡對照，心下一片茫然。

武英殿千戶，也是人物畫家的劉敔，曾在畫像後面題：

「貌古心古，詩古字古；衣冠亦古；人皆識其為石田先生，我獨知其為巢由之伍也歟！」

「古」和「隱」，也許比那白鬢稀疎，瘦頤凸現的畫像，更能表現出他的氣質和志節吧。

一幅脆弱的紙上畫像，一個朦朧的影子，如果保存得當，可藏八百年之久；但受命於天的血肉之軀，卻比紙上的幻影，更爲短暫。想來也只有陶潛、李白的曠達，杯酒相對，才能沖淡浮生若夢的悲涼吧。

在無限感慨中，沈周提筆重題：

「七十四，八十三；我今在後，爾已在前。茫茫者人，悠悠者年，茫茫悠悠，壽夭偶焉。爾影於紙，我命於天，紙八百或者，天八百未然。生浮死休，聊盡其全。陶潛之孤，李白之三，杯酒相對，曠達猶仙，千載而下，我希二賢。」

「白頭儘是老便宜，六十餘生天地私。學舞固無長袖子，出游還有小車兒。綠陰如水

微吟處，紫袷含風半幾時。瘦影任君描寫去，百年草木要相思。」——六十一歲題孫艾所畫石田像（註七）

「……嗚呼老矣！歲月既移。茂松清泉，歌行嘯坐。逍遙天地，聊備一倮。」——七十四歲題像

「面目何足較，但恐有失德，苟且八十年，今與死隔壁。」——八十歲題畫像

如果把沈周歷年畫像上的自題和自贊，加以排比對照，不難發現他一貫的人生態度：生命壽夭，純屬偶然；壽固可喜，夭亦不必悲傷。歲月容顏，隨時幻變，因此形與影的眞假得失，也就無從比較。在壽夭、形影都無法把握的情況下，除了謹守大節、愼防失德之外，儘量以遊山玩水，吟嘯詩酒自娛，一如歷代的隱者。

△　△　△　△

六月一日夜晚，有竹莊中，燈火輝煌，杯觥交錯。雖然不像沈周祖父在世時，西莊雅集那樣絃管吹奏，名士大夫濟濟一堂的氣象，但也稱得上「陋室銘」中所描述的「談笑有鴻儒，往來無白丁」。

座中，一位美髯飄飄，風神俊朗的青年詩人，高視闊步，一付目無餘子的氣慨。

蘇州之遊，使這位青年詩人有著難以抑制的興奮，秀麗的山川，往來橫塘的舟船，陣陣飄來的荷香，每樣東西都充滿著詩意，引發他的靈感。連蘇州的橘酒，都使他感動得贊不絕口：

「……秪應常在句吳住，要與木奴作主人。」——嘗吳中橘酒戲成（註八）

「子知詩；欲知我『夜泛』云者乎？」（註九）

他問八三高齡的沈周。隨即掀髯朗誦；豪氣逼人，聲震林木，連溪樓下面的水聲，也為他那帶有幾分關西的口音所掩蓋。

「望望蒼茫裡，閒雲度渚田；山空偏受月，水闊不分天。酒琖初侵夜，星河半在船。白袍江上客，樗散自年年。」

這詩，淋漓豪宕，就體格而言，似出黃庭堅，在意境上，又不像黃詩那麼蟠拏倔強。座中諸人，無不斂衽，欣賞贊嘆。卻也激起了老年人的好勝心：

「請從隗始；豈有倡而無和者哉！」沈周說。

「夜遊同白日，波靜似平田；撥槳水開路，洗杯動江天。誅求思樂土，談笑有吾船。明月代秉燭，老懷追少年。」

詩中的「誅求思樂土」，不知石田老人是否有感時事而發；五月間，京中傳來訊息，由於劉瑾、焦芳擅權，李東陽一無作為，朝事日非；正人君子早已誅殺、拘囚、流放殆盡。閣老王鏊，鑑於獨木難支，亦致仕東歸；不日回返蘇州。此外，對於變亂的預感，歷經滄桑的長者，往往特別靈敏。因此，舉座人士，情緒上多少產生一些波動。

這位青年詩人，「孫一元」，字「太初」，以曾居太白山，故號「太白山人」；自稱「秦人」或「關西人」。

實則他身世如謎；「孫一元」，極可能隱含「王孫」的意思；傳說他姓「朱」，為安化王的親支，故意掩飾身份，想來有難言之隱吧。至於是否如石田詩的「誅求思樂土」，則不可得知。他曾西入華山，南遊衡山，東登岱嶽，可謂足跡遍及天下；知兵書、明吏事，宏才廣識，善於議論的他，也交遍了各地英才。蘇州的一切，使他如此流連，舟車所向，將南下浙江；衆人想像中，他可能會在吳越佳勝之地，尋求一枝之棲。

但，無論如何，沈周的倡和，引發程師魯、錢仁夫、殷雲霄、文徵明等江南詩人和名士的豪情，紛紛吟詠作和。

孫一元頭戴玄巾，身穿白袷，一隻鐵笛，常不離手，和沈周的紫竹簫杖，相映成趣。

「煙斂依依樹，鷗飛漠漠田。短簫吹夜月，高興落江天。遠火搖輕浪，跳魚驚過船。良辰不易得，吾敢卜明年。」

徵明詩中所寫，堪爲夜泛記實之作，改短笛爲「短簫」，看來愈覺妥貼。「煙斂依依樹，鷗飛漠漠田」，又有根據，又用得清新別緻；難怪石田翁的東禪寺題詩，指定要這位高足爲和。

座間，常熟畫家吳瑞卿，不但把這次盛會繪成圖畫，更彙集各詩，書寫成册。孫一元說：

「古人於一晤合頃，多記有詞章；示有以傳也。」

意在沈周作一詩序，以爲流傳。

「然傳不傳，在乎其人，又在乎其言；余鄙人也，言亦鄙矣……」沈周正想再謙遜幾句，快人快語的孫一元，卻不容他辭謝：

「徐凝一惡語尙傳；如君者幾何人哉！」

於是兩人相顧大笑；在沈周撰寫詩序的時候，孫一元看著舉座江東才智之士各有佳篇，豪情詩興，益發湧現，又自和五律一首：

「⋯豚魚不吹浪，菱葉故迎船。吠殺鴟彝子，浮家不記年。」然而，他自己不也開始了鴟彝子般萍蹤不定的生活嗎？竹莊之會，孫一元和文徵明，尤其覺得一見如故。因此相約南航之日，往訪停雲館，作半日的盤桓，甫田集中的「詩人孫太初過訪」（註十）七律一首，抒寫出兩位詩人間的另一次歡會。

△　△　△　△

一隻半大不大，尾羽尚未長成的雄雞，竚立在一株綻開的黃菊之下。仰視雙雙飛舞的蝴蝶，輕拍著羽翼未豐的翅膀，很有一種待時而動，卻又力有未逮的神態。款署「正德己巳」；對雅好對景寫生的沈周而言，該是正德四年初秋的筆墨吧。

「文禽備五色，故竚菊花前，何以舜衣上，雲龍同煥然。八十三翁寫與初齋，玩其文采。」（註十一）

七夕之日起，一改入春後的旱象，滂沱大雨，連綿不絕。畫中所寫，卻是那樣一點難得的晴意。墨色鮮活欲滴，彷彿正沐浴著轉瞬即逝的雨中晴陽，筆筆帶有生機；石田老人似乎在以一種深情的眼光，以整個的生命力，捕捉這自然的奇景。

「小築閒莊枕水潯，繞牆種竹已森森，亂紅吹盡春無幾，借看君家秋一林。」——竹莊（註十二）

這是帶著幾分狂傲的青年詩人孫一元，對有竹居的寫照。然而，在大雨滂沱的季節中，環莊的森森巨竹，好像要把整個莊園埋沒下來，昏昏暗暗，無分日夜，無天無地。

淒風苦雨中，縈繞在沈周腦海的，并不同於成化末年季冬，和愛婿史永齡溪樓夜話時的景象：當時，也是淒風苦雨，濃濃的雲意，模糊的山影，在閒適的心境中，幻化成筆下一片自然的米氏雲山……

眼前這種像被重重灰色帘幕圍裹的鬱悶，倒使他想到六十二歲那年十一月初旬景況。那時，他選定廿五日埋葬老妻，卻是從十一月八日起，大雨傾盆而降。望著低沉灰暗的雲團，想像兒子在西山築墓，束手無策的困境，使他幾乎眠食俱廢。

「怪是浮雲塞此圖，雨聲颯欲出模糊，老夫正急西山役，泥滑天陰啼鷓鴣。」（註十三）

他在「西山雨觀卷」中題；所幸次日雨止，心境也隨之豁朗。但，無如像現在這樣霪雨不止的秋天，只有種種水災的慘象，不時在他眼前翻騰。

在修築老妻坟墓同時，他也爲自己修築墓園，預置墓穴。射瀆西面、雲厓邊，聳立起虛名待題的鶴表，一株株手植的樹木，給他一種欣欣向榮的感覺；遠望嶺崗起伏，就近的廟宇，飄出香煙梵唱，正可朝夕爲鄰。

多少年來，兩首「理墳」七律，他不時玩賞吟哦：

「官竹園頭春日斜，手開新土漸成窪，覲生似寄誰非客，視死如歸此是家……」（註十四）

詩成後，曾傳誦一時。對他的豁達，夫妻相約同穴共眠的纏綿情意，文林和吳寬兩位好友在和篇中，均大爲贊嘆。文林的：

「青山同穴于飛願，白首何心造化偕。」（註十五）

吳寬的：

「倚壙高歌對斷崖，鄙人安得此襟懷，門深拱木栽培徧，山近浮雲坐臥偕。」（註十六）

沈周玩味著這些詩句，也回憶著老妻生前的種種。

體康日下之後，他已經許久許久，未去西山墓園，荒煙蔓草，是否已遍佈崖巔？

碑銘、墓志、傳記一類的身後事，他曾屬意於李應禎、文林、吳寬乃至陳璚…但這些知交好友，卻一一先他下世。多少年來，他業已把這事寄托在文徵明身上；正如同七年前，他把兒子雲鴻的後事交給他一樣。

△　　△　　△　　△

正德元年夏天，進京後的王鏊，曾往故友吳寬府邸憑弔：亭園漸蕪，炎威中，幾隻鶴也無精打彩，想到以前數位鄉友在園中杯酒唱和情形，不禁戚然。吳寬二子，吳奭、吳奐，一個恩授中書舍人，一個補國子學生，使王鏊多少感到一些安慰。

放眼朝政，則一片紊亂。

在一群中官的導引下，年輕的皇帝只知遊戲。到處設置皇莊，日以繼夜的出獵、擊毬、走馬。皇宮除了豢養鷹犬和捕捉來的狐兔，更成了駐紮軍馬，演練攻戰的兵營。皇帝以大將軍自任，領兵鎭守皇宮的內臣，各進萬金，以供正德君揮霍花用。破壞鹽政，濫賜國姓以籠絡奸商及無賴。

「君王無事日臨戎，韎韐親調白玉弓；千騎紅袍齊扈蹕，臂鷹遙出建章宮。」——擬古宮詞七首之一，徐禎卿（註十七）

位卑言輕的詩人，見到這種種荒淫的景象，痛心疾首之餘，只能以詩詞來宣洩心中的鬱憤。

顧命大臣，如大學士劉健、謝遷，兵部尙書劉大夏等，諍諫不聽，正紛紛求去。戶部尙書韓文，退朝之後，一提起廟堂間事，便不由得老淚縱橫。

「此國家大事，治亂所關；大臣，百僚師率，獨無一言以救正乎！」（註十八）

王鏊見這位宋朝名相韓琦之後，空有一腔忠直之氣，卻只能以淚洗面，想不出匡救的辦法；於是提議，配合言官陶諧、劉菃等的論疏，上章除去八個首惡的宦官。

戶部郎中，以論朝政、劾壽寧王名噪一時的詩人李夢陽，則說得更爲率直：

「公泣何爲？比諫官疏劾諸閹，執政持甚力；誠及此時率大臣固爭，去八人易易耳！」（註十九）

這位詩人，並自告奮勇地爲韓文起草疏文：

「伏睹近日，朝政益非，號令失當。中外皆言太監馬永成、谷大用、張永、羅祥、魏彬、邱聚、劉瑾、高鳳等，造作巧僞，淫蕩上心，擊毬走馬，放鷹逐犬，俳優雜劇錯陳於前，至導萬乘與外人交易，狎暱媟褻，無復禮體…今永成等，罪惡旣著，若縱不治，將來益無忌憚，必患在社稷…」（全註十九）

這封疏草，不僅王鏊、韓文、劉健、謝遷等，覺得鏗鏘有聲，紛紛連署。年已十七歲的朱厚照，見到疏中歷數八個近幸宦官的罪行，請其交付大理寺，明正典刑，竟驚嚇得哭泣不食。

奏疏的詞嚴義正，內閣會議中，一干大臣的支援聲討，王鏊、韓文、劉健、謝遷等的堅持，使浮蕩成性的少年君王，不得不有所顧慮。然而，一向引導他奢華逸樂，滿足他虛榮和物慾的宦官，則日夜環跪在他面前，抱著皇帝的腳，叩頭流血的哀求：

「微上恩，奴儕磔餧狗矣。」

天下蒼生，明朝的命運，就在幾個宦官的哭泣、哀懇聲中，決定下來。朱厚照非但沒有懲處八閹，反讓劉瑾掌監察朝臣禮儀，及內外奏章，傳達旨意的「司禮監」，馬永成、谷大用，則分據東西廠，廣設耳目，偵伺朝臣動靜，掌握著生殺大權。

元年十月，正德皇帝遣中官，把一干連署上疏整治閹黨的大臣，召至左順門宣旨詰責的時候，衆人見皇帝執意袒護太監，多默不作聲。只有韓文依舊疾言厲色地數說八人罪行；王鏊更隨之奮不顧身地抗拒：

「今日之舉，正爲八人；八人者，實蠱聖心；不去，將亂天下！」（仝註十八）

出人意外地，當劉瑾用事，劉健、謝遷相繼掛冠之後，王鏊卻受命與粗鄙無學、好謾罵、專事阿諛攀附的焦芳，同時入閣；一則他的聲譽遠過焦芳，再則朝野輿論，使焦芳和劉瑾，不能無所顧忌。因而，進之爲戶部尚書兼文淵閣大學士、國史總裁、同知經筵事。等他再官進一級，爲少傅進兼太子太傅、武英殿大學士時，表面上看聲譽日隆，榮寵已極，但，王鏊內心的痛苦，卻遠非外人所知。

在政事上，他只能偶而與焦芳爭辯，稍補缺失。餘者，就只能用言語、機智和正氣，攔阻劉瑾少殺幾個先朝元老和一些忠直之士。

「韓文清忠粹德，朝野所知；萬一死非其罪，天下後世謂何？」他在公衆場合倡言，使劉瑾雖然恨韓文入骨，卻也未敢隨意謀害。

劉大夏、謝遷，都是劉瑾羅織罪名，想藉機殺害的對象，也以王鏊的一番反駁，得免於難。

郎中張瑋等，以微罪被罰，帶上百斤的重枷，站在烈日之下，已瀕臨於死，尚無寬貸跡象。王鏊孤注一擲地表示：

「士可殺不可辱，今既辱之又殺之，極矣；吾亦何顏復立於此！」

遂與但求自保免禍的李東陽上疏論奏，張瑋等始得倖免一死。類此，不勝枚舉。然而，他覺得，這將傾的巨廈，已經不是他所能支撐的了。

在正德皇帝日益荒淫，劉瑾日益專橫的四年春天，眼見三百餘位朝臣被囚、受杖卻無能援救。王鏊不得不堅決求去；三次上疏終得如願。

七月底，當王鏊重返江南之際，經過苦旱、淫雨蹂躪過的蘇州，已是滿目瘡痍，民生凋敝，使他有說不出的難過。從訪客口中，得知八十三歲的沈周，正罹重病的時候，更使他震驚。焦灼中，趕緊寫了封信，遣人前往相城探視。所得回書，字跡慘淡，已經沒有往日那種挺拔蒼勁。書中的一首七絕，卻是那樣體貼、祥和：

「勇退歸來說宰公，此機超出萬人中；門前車馬多如許，那有心情問病翁。」（註二十）

兩天後的八月二日，沈周卒於相城竹莊。看來，不僅這詩爲其絕筆；那綻放的菊花，充滿純眞，伺機而動的斑爛文禽，翩翩飛舞的雙蝶，也不一定是表現短暫的雨中晴陽。或許，那只是他心靈之光的迴射。

註一、〔石田集〕頁六二六。
二、〔石田集〕頁九〇四。
三、〔石田集〕頁六四四。
四、〔好古堂家藏書畫記〕頁六一。
五、〔式古堂書畫彙考〕冊四頁四二六。
六、〔石渠寶笈三編〕冊四頁一七八二。
七、〔石田集〕頁六一七。
八、〔明詩紀事〕冊四頁一〇〇五。
九、〔式古堂書畫彙考〕冊二頁五六八，本節以下孫、沈、文及孫氏自和之詩，均出於此。
十、〔甫田集〕頁一三四。
十一、〔文人畫粹編〕冊四圖四五、〔吳門畫派〕圖九一。
十二、〔明詩紀事〕冊四頁一〇〇四。

十三、〔石渠寶笈續編〕册五頁二七九五「西山雨觀卷」本詩前已引用。
十四、〔吳都文粹續集〕卷五二頁一三。
十五、〔吳都文粹續集〕卷五二頁九。
十六、〔匏菴家藏集〕册一頁一一三。
十七、〔迪功集〕卷一頁八。
十八、〔甫田集〕頁六八一「太傅王文恪公傳」。
十九、〔明鑑〕頁三〇三。
二十、〔文徵明與蘇州畫壇〕頁八八、〔耕石齋書畫錄〕卷十頁九。

第四十三章　紅葉寒花

淒風苦雨，秋聲滿院，從莊園外望，不但溪水平闊，隔岸田中積水處處，幾乎和遠方湖沼，連成一片；有竹居，則形如水上的孤島。

沈周的身後事，雖然有庶子沈復秀才協助獨孫沈履料理，但，生前的圖書、文稿和堆積如山的書畫，則全靠文徵明整理、分類，珍重再四地封存起來，以待他日，刻石或付梓。

不知多少次，石田老人把後事托付給這位年已不惑的愛徒，但文徵明覺得他只能為他尊崇無比的老師撰寫行狀，保存手澤；至於墓誌銘，仍以當代的名公鉅卿手筆，才符合沈周的造詣和德望；或者說，更符合沈周的心意。太傅王鏊的致仕東歸，使文徵明時刻無法去懷的心思篤定下來。此事非王鏊師莫屬；當他這樣想著的時候，眼前彷彿看到了沈周含笑九泉的神情。

夜宿竹莊草堂之中，昏暗的燈光下面，受業於吳寬、李應禎和石田師的種種景象，反反復復地在文徵明心中浮動。除守谿王鏊外，老輩風流，至此可謂凋謝殆盡。東南文物，是否盛極而衰，也端看蔡羽、伯虎、枝山、禎卿……數子，在王鏊引導培植之下，能不能繼續光大發揚。在仲秋的涼風夜雨中，文徵明忽然感覺肩上的責任，竟是如此的沉重。他在哭沈周詩中寫：

「不堪惆悵失瞻依，手把圖書夢已非；文物盛衰知數在，老成凋謝到公稀。石田秋色迷寒雨，竹墅風流自夕暉；未遂感恩酬死志，此生知己意長違！」（註一）

彭、嘉，兩個經石田師賜名的男孩，正由蘇州府秀才，好友湯珍（子重）啓蒙。這位長於詩文的鄉友，住長洲碧鳳里，也是文徵明朝夕吟詠登眺的遊伴，竹堂寺、東禪寺、閶門樓……時有他們的足跡。以「彭嘉二字俱從士」相期許的石田師，對於這樣一位博綜群籍，譽滿士林的啓蒙師，也會感到欣慰吧。

痛失恩師之外，在竹莊夜雨聲中，另一件令文徵明憂心忡忡的，是長兄徵靜的病，像他這樣生性率直、硬朗的人，在重病的折磨下，憔悴、虛弱，竟彷彿換了另外一個人似的。自從徵靜訟解之後，兄弟間友于之情，日益深厚，病中，文徵明不僅朝夕探視，親侍湯藥，並以詩勸慰，希望他能早日康復。

△　△　△　△

「魚羹稻衲好終身，彈指流年到四旬；善亦懶為何況惡，富非所望不憂貧。僧房一局金滕著，野店三杯石凍春；自恨不才還自慶，半生無事太平人。吳趨唐寅自述不惑之齒於桃花庵畫並書。」（註二）

唐伯虎這幅畫，法李成。畫中，虬松秀竹，草庵外面，彎彎曲曲的流泉，圍繞成一片寧謐的天地。獨坐草堂上的高士，大概就是伯虎自身的寫照吧。

「魚羹稻衲好終身」，桃花塢築成後，除了蒔花種樹之外，唐伯虎也在東城經營一片菜園，貼補生計；因此覺得能夠在充滿田園情趣的生活中，度過悠閒的太平歲月，未嘗不是一種幸福。

另外，從他所畫的「江南農事圖」（註三）中，也可以見出逐漸進入中年的唐伯虎，對田園生活的嚮往和眷戀：

崗巒起伏的遠山，貫穿畫面的彎曲溪流，遙遙相對的木欄板橋。落英繽紛、花樹環繞；佈置在兩岸的，是典型的江南農村景象。「煙雨樓臺」那樣的詩趣，幾乎使人一見之下，便會衝口而出。青翠整齊的秧針，撒網、垂釣的漁舟，沿村叫賣的小販……溪流近處，一隻客船正漾過拱橋，倚坐在船艙中的高士，也彷彿一面瀏覽如畫的春景，一面高吟低哦。泊船用的水亭旁邊，三數隻鴨子，追逐嬉戲；「春江水暖鴨先知」，對這種溫馨和煦的春光，人、禽之間，也許正有著相似的感受吧。

但是，正德四年九月望後，陪同洞庭東山的王鏊，前往相城弔祭沈周的時候，唐伯虎始眞正體會到江南農村的另一面。

多年來，王鏊不知多少次，相約往訪沈周，卻直待石田老人過世後的一個多月，才得成行。對王鏊來說，是一種遺憾，也是人生的一種諷刺。

舟過陽城湖的「壺口」，河道曲屈，港汊林立，自卯至酉，足足繞行了六七個時辰，才漸近相城。在王鏊想像中，這地處楊城湖北的古鎮，百餘年來，以西莊、竹莊，和沈氏三代的風流文物照耀江左，應該是一個清幽的世外桃源。由於春旱秋潦，狂風驟雨所引發的山洪充溢江湖，州縣官吏不但不報請蠲免，反一味按籍征租；是以居民逃逋流離，已經成了十室九空的鬼域。荒蒲、衰柳、幾家破舊的茅屋之外，只有成群的鷗鷺，在灰色的水

四月江南農事興
泥麻浸穀有常

程葉言媒細全
秉耒一夜緣車

響到明 唐寅畫

山邨水部晚未歌省
楼臺绿两泉勾有盘
拓唉朱敲針神通
吳實水涉殿幅事白
四千築衣稀稱素遙
乾陸满题

子畏畫品在六沈閒卓然自成一家郡一時流筆所
能企及此預神韻溢出尤共入意者不可多得矣

識者賞之
辭陽趙

面上飛舞。

老校書宗讓，伯虎稱之爲「三舅」，見有貴客蒞臨，急忙典賣僅有的一些物件，準備酒飯。王鏊在人犬嘈雜聲中，看著斑駁四壁間一次一次漲漲落落的水痕，心中感到一片悵然。

「…所在府庫空虛，公私掃地，一有水旱，不免人民流離，盜賊攸攘，意外之變，何以支捂？此民情之可憂也。」（註四）

早在疏請致仕之前，王鏊就已見到種種可憂可慮的徵兆，在洋洋數千言的「時事疏」中，他爲青年君主條分縷析，勸諫親近賢臣、讀書修省、儲備人材…以應天變和各種內憂外患。想不到江南魚米之鄉，卻已經淒涼至此。他在贈宗讓校書詩中寫：

「…始田者為誰，餒也非自取；有司事誅求，亡者十八九。念此為徬徨，獨立延佇久，作詩當風謠，以告民父母。」—己巳九月舟次相城（註五）

唐伯虎感嘆之餘，也吟五古一首，並繪之以圖，題爲「野望憫言」。這幅畫用的是李唐筆法，不僅可以和他前此所作的江南農事圖兩相對照，即以唐伯虎繪畫造詣而言，本卷的蕭森灑落，比之「王鏊拜相圖」，也是有過之而無不及，因有「唐畫第一」之譽。

△ △ △ △

徐禎卿所著〈新倩籍〉中，對唐伯虎、文徵明、邢參、錢同愛等好友的才華人品，修養造詣，贊嘆備至；以爲將來修史立傳的參考。唯獨對張靈的才學、處境，以及眼見父母妻子在凍餓窮愁中，卻不思振作；不是以酒澆愁，便是仰臥敝廬當中，喟然長嘆，極表惋惜。特別在張靈小傳後面，以詩相嘲。

曾幾何時，金榜題名，宦途多舛的徐禎卿，卻也深陷在生活的泥沼之中，長年臥病外，連稚齡愛女，也客死異鄉，他在「亡女旅櫬南泉寺」中寫：

「月滿花宮不見人，殤魂獨宿網流塵，那因得借金輪刀，白玉光中現爾身。」（註六）

一二年來，他似乎已經換了另外一個人；過去殫力精思，卓然有成的詩文創作，以及他那被海內文學家視爲圭臬的〈談藝錄〉，也已棄置不顧，認爲是「弊精於無益」。據其京中好友，王鏊的女婿徐子容透露，他對道書，十分入迷；潛心於攝形化氣之術，自認已經得到五金八石之秘，必可長生，且能白日飛昇。至於政事、家務，自然也就更置之度外了。

當年，徐禎卿指張靈不能「感激立節」，極表惋惜，並加諷勸。如今對政治、貧窮、命運都有了更進一步體驗的徐氏，反觀簞食瓢飲、困居陋巷的張靈，不知有何觀感？

從唐伯虎題畫的語意判斷，此際張靈似乎已由皐橋一帶，遷居城外。

這位被黜的秀才，仍舊自稱「醉士」、「醉鄉路穩宜頻到」，但，由於家貧無法常到醉鄉，傳說置酒虎邱的富商巨賈，依然是他索飲、作弄的對象。

在衆商賈駭視中，衣裳襤褸的他，且食且談，詞辯雲湧。有人讓他賡詩，則筆不停揮，頃刻百絕。下舟後，或移船蘿陰下面，使暗中跟蹤他想一探究竟的人，很快地失去他的蹤影，以爲是神仙降世。有時，他會化裝成朱衣金目，到可中亭上，作天魔之舞，使人莫測高深。

當他面帶酒意，醉態可掬的時候，常會吮筆命紙，作充滿古意的山水人物；然而這也是人們僅有的，能取得他畫作的機會，他的作品似乎永遠無法用金錢買到。

……

有關這位才子，種種放任怪誕的行徑，眞可謂傳說紛紜，莫衷一是。但，也有人認爲，以他的處境，「尙嬰情酒德，不渝前操」，豈不正如老子所謂：「上德若谷，大白若辱」？

其實，不但張靈的思想、言行，人們難得其廬山眞面目，連他的生卒年代，也像周臣、仇英師生一樣，難以查考。傳說，他的壽命，像徐禎卿一般地短促；大約在武宗正德十年，唐伯虎自江西南昌返回蘇州之後，張靈經過與崔瑩一段淒艷的感情折磨，臥病嘔血而死。不過，像唐伯虎點秋香一樣，僅僅是民間傳說，彈詞故事；既不能信其所必有，也無法證實其所必無。即使穿鑿附會，至少也是千古人們一種心理的投射。

然而，從唐伯虎、張靈在仇英所畫「東林圖卷」（註七）上的題跋，卻無意間透露出這位終生落魄的詩人生平：

「抑抑威儀武肅支，鄉吾同舉學吾師，百年舊宅黃茅厚，四座諸生絳幕垂。……」

伯虎詩中首句，暗喻仇英畫中草堂待客的主人，是五代時，維持東南一片淨土的武肅王錢鏐的後裔。次句更明指此公和他爲誼屬「同年」的南京舉人。宏治十一年的南京鄉試榜中，長洲縣學生員錢貴，以易經名列第五十五名。其餘榜中錢姓，便沒有第二個蘇州秀

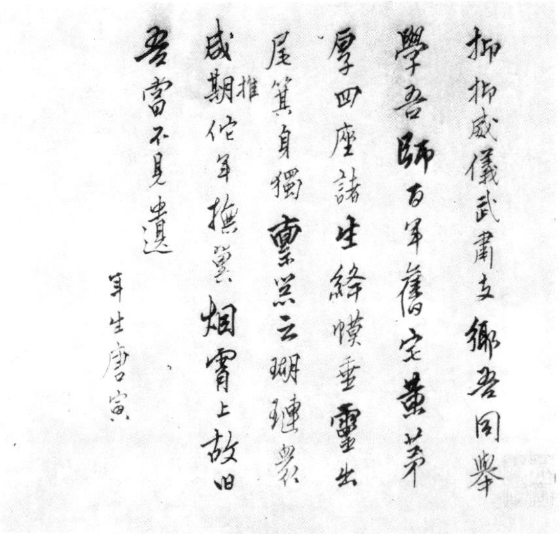

仇英　東林圖卷　唐寅跋

仇英　東林圖卷　張靈跋

才了。

「…撫膺問學羨君富，屈指庚年愧我同；行展經綸佐天子，鷦鷯何日附冥鴻？猥末張靈奉。」

張氏詩中，則明白透露，與畫中主人原本同庚。

錢貴，字元抑，東林其號，是蘇州著名的經師，也是文徵明的好友。錢貴不僅望重士林，投入他門牆下的都是一時之選，他的面貌，也確如唐伯虎所說的極具威儀，很像一位名公鉅卿；但卻像祝枝山一樣，屢試京闈不利。十餘年後，雖然以太學生試吏部入選，但終其一生，僅以鴻臚寺寺丞致仕－像徐禎卿一樣，只好歸之於「時命」。

在「明故鴻臚寺寺丞致仕錢君墓誌銘」（註八）中，文徵明指錢貴卒於嘉靖九年，享壽五十九歲；如是上推，錢貴、張靈，當生於明憲宗成化七年，只小唐伯虎、文徵明一歲。

正德四年，旱潦相繼折磨下的蘇州，早已民生凋敝，入冬後，天氣更寒冷異常；許多有經驗的老人，都認爲必將遍地餓殍。一些沈周的門生，於悲悼之餘，反倒覺得石田老人去的正是時候，否則目睹家鄉的劫難，心中不知會有多麼悲愴。

也許由於關懷，仲冬十月十日，唐伯虎冒寒出郭，往訪張靈。放眼望去嶺崗重疊，遠峰聳峙，盤盤曲曲的山路，多爲紅葉所蔽。隱隱約約，一人戴笠，乘騎而上，彷彿有所尋覓。另一邊，飛瀑倒懸，危橋橫跨，負薪樵子，口唱山歌，好像生活在太古之世，無憂無慮。山勢平闊處，疏林繞屋，虛堂洞開，彷佛見隱者高士，趺坐其中；那穿林越澗，乘騎戴笠的山行者，所尋覓的，是否就是這個所在？在城市擾攘中，在這饑饉荒亂的年歲裡，唐伯虎似乎已經忘了在出郭不遠的地方，就有這樣的世外桃源，丹林漫山，紅葉沒徑的清幽景色。忽然間，他爲眼前的一切所沉醉，感覺中，好友張靈，就是那山中的隱者，自己多年來所尋覓的，也就是這樣一種生活境界。

也許是詩人本質，也許是年歲的關係，年來詩裡畫裡，他總是不知不覺地偏愛紅葉，「垂虹別意」中的紅葉，懸在桃花庵中另一幅山水小景中的紅葉……

「青藜竹杖尋詩處，多在平橋綠樹中，紅葉沒脛人不到，野棠花落一溪風。」（註九）他在畫上題。

紅葉，莫非是生命某一個段落的象徵？何以年及不惑之後，一些充滿蒼涼意味的詩句，常會不知不覺地浮上心頭？

猶記那幅山水小景圖成之後，徐子容陪一位朋友來訪。

「詩固佳，但恐脛字押平聲，未妥。」那位新識急不及待地脫口而出。徐子容和他忙問：

「出何處？」

「黃獨無苗山雪盛，短衣數挽不掩脛。」

訪客朗吟杜子美的詩句；一時他也覺得似有未妥，一面遜謝，一面在詩稿上改「紅葉沒脛」爲「紅葉沒鞋」。

對於詩歌文字，他一向不求深究，或者說，不甚措意：

「草草見意而已。」

「後世知不在是，見我一斑已矣。」

類似的話，已經成爲自己詩、畫辯解的口頭禪；但有時檢點所治舊緒，又覺得自己所期許的「出入天人之間，將爲一家之學」，遙遠得有如天外的青峰。

「清朝攬明鏡，元首有華絲；愴然百感興，雨泣忽成悲。……」

二十六歲時，鏡中的幾絲白髮，不但引發他情思的激盪，且驚動長輩文林，以詩勸慰。如今人生近半，或者說已經步入了生命的深秋，黑白參半的雙鬢，眼角更增添出一條條的魚尾紋；但，往昔詩中的「夭壽不疑天，功名須壯時」的豪情，又到何處去尋覓！

抬眼望去，盤曲的山路上，已經失去了馬上的人影，樵歌亦已遠去，只有澗聲依舊。尋詩？訪隱？歸騎？當他沉醉於漫山紅葉的瞬間，曾把自己投射成踽踽山路間的騎者，轉眼間，又覺得一切皆空。

唐伯虎邁入草廬，對著張靈那付嘻笑怒罵的面孔時，適才胸臆間的悽愴，立刻像煙雲般地散去。也許，他才眞正稱得上達者；除了多年前，鄞人方誌視學蘇州，揚言要整治唐伯虎，使張靈有一陣子悒鬱不自遣外，無論遭遇到任何打擊和困難，他總像虎邱崖下垂懸著的藤蘿，偶然一陣擺動之外，又復靜止。垂懸，好像永遠就是如此。

在嚴冬季節，多少人正爲一歲的溫飽惶惶不可終日的時候，衣不蔽體的張靈，卻想著西山玄墓的梅花，寒香遍地，眞不愧爲香雪海；奇形怪狀的蒼松，正可以默然相對，結成千古的知己。

受到張靈感染，唐伯虎也畫興大發，搦管以兼工帶寫的筆法，畫出途中景色，題作「秋山尋隱圖」，並繫詩其上：

「紅樹中間飛白雲，黃茆檐底界斜薰，此中大有逍遙處，難說與君畫與君。」（註十）

△　△　△　△

隆冬臘月，地凍天寒，唐伯虎萍蹤漂至長江南岸的江陰。六月前後，文徵明曾經應邀來此，爲徐經的叔父徐元壽，撰寫「內翰徐公像贊」。唐伯虎與徐經在京師時的共患難，自是終生難忘，但事後二人交往情形，文獻之中，隻字皆無。不過，伯虎江陰友人頗多，因而，也是他常遊之地。

一次，他作客江陰夏氏，款洽浹旬，主客盡歡，唯主人乞畫，卻始終未見落筆。一日晨起，忽然靈思湧動，一幅嬌艷動人的「鶯鶯圖」，迅快完成。

「扶頭酒醒寶香焚，戲寫蒲東一片雲；昨夜隔牆花影動，猛聞人語喚雙文。」（註十一）詩書畫三絕，一時哄動藝林，更羡煞多少江陰豪富。

揆違三年之久的江陰，風雪大作，比起蘇州，尤爲冷冽。也許爲了這個緣故，原想偕往朱承爵（子儋）存餘堂作客的文徵明，寧願蝸居停雲館中，戴起紅毡帽，烘曬冬陽；等明春再來爲朱氏所藏「蘇軾五帖」作跋。

唐伯虎一則應邀作畫，一則爲一本無名作家所著的「嘯旨」校勘、作序。好古博雅的朱子儋，恐那曾列入館閣及多種書目的作品失傳，想付梓以遺同好，不得不借重唐伯虎聲韻學和樂理方面的長才。

「獨坐幽篁裡，彈琴復長嘯。」嘯，是古賢感情的發抒，生活情趣的表現。

「仰天長嘯」、「龍吟虎嘯」；嘯，也是一種聲勢，力量，或是正氣的表現。

「…登泰山，望蓬萊，烈然一聲，林石震越，海水起立，此亦此生之大快也！」唐伯虎在「嘯旨後序」（註十二）內，描繪一個善嘯者，登峰面海，放聲長嘯的氣勢。

遺憾地，書中所載，盡係古賢內激、外激、運氣、撮唇種種生理和物理上的交互運用，卻沒有爲「有聲無字」的嘯的藝術，「翻切」成「音」和「聲」來，使能像神秘的羽士符咒、梵門密語一般，眞正成爲後學的引導。這不但是熱心樂教的朱子儋的期望，也是唐伯虎的心願。

「春風第一枝圖」（註十三），風雪嚴寒中，作客他鄉的唐伯虎，寫夢中的寒梅，祝禱春天的來臨：

「殘冬風雪宿君家，燭影横杯隔絳紗。三載重來論契闊，窗前幾夜夢梅花。」

這種對春的期盼，美的追求，比之張靈口中的玄墓蒼松寒梅，又是怎樣一種心境？

註一、「文徵明與蘇州畫壇」頁八七，哭沈周二首之二。

二、「唐寅年譜」頁七九，楊靜盦編。畫見「唐伯虎全集」，漢聲版頁首。

三、「吳派畫九十年展」頁六二。

四、「震澤集」卷十九頁十。

五、〔式古堂書畫彙考〕册四頁四五八。

六、〔徐迪功詩集〕卷四頁八。

七、圖見〔吳派畫九十年展〕頁一七四、畫錄見〔大觀錄〕頁二四九三。〔唐伯虎詩輯逸箋注〕頁四〇；除畫錄外，並考據「東林」的姓氏名號。

八、〔甫田集〕頁七五五。

九、〔唐伯虎全集〕頁二四八「詩話」，水牛版。

十、〔書畫鑑影〕頁一一八一。

十一、〔唐伯虎全集〕頁二五一「詩話」，水牛版。

十二、〔唐伯虎全集〕頁一七〇，水牛版。

十三、〔唐伯虎詩輯逸箋注〕頁一三六、〔石渠寶笈〕頁七九九。

第四十四章　悟道

早春，當文徵明尚未動身前往江陰的時候，朱子儋卻把不啻拱璧般的「東坡五帖」，寄來蘇州。文徵明考據東坡的生平與交往，爲作長跋，祝枝山也有楷書長題。此跋，文徵明〈甫田集〉中，載爲正月二十八日，別本有作三月一日者，不知孰是？

去年十二月的一場大雪，蘇州一帶，凍餓而死者，難以數計，艱苦多難的正德四年，就在這樣嚴酷的悲劇中落幕。文徵明多少有些慶幸他的蝸居斗室，沒有冒著嚴寒北上。

幾番春雨飄過，花開鶯啼，燕子像一條條金線般在柳條間穿梭，啣泥築巢。隨著綻放的春花，人們也重新露出笑靨，著上春裝，到四郊和城內外的名園中，遊春賞花。

獨坐西齋，文徵明面對窗外細雨，和假山石上的杜鵑，似也遊興勃發，心中浮現出橫塘兩岸的杏花，和煙雨中隱隱的青山；這正是他跟蔡羽、湯珍、錢同愛等一干秀才放槳蕩舟的時候。適巧王鏊弟弟王銓（秉之），以佳紙前來索畫，文徵明就以王洽潑墨法，揮灑成江南煙雨，與他平日善寫的青綠山水大異其趣。復以黃山谷詩筆，題寫其上：

「百疊春雲百疊山，杏花三月雨斑斑，分明記得橫塘路，一葉輕舟載雨還。」─橫塘詩意圖并題卷（註一）

爲宜人春色所鼓舞著的祝枝山，在友人家中見到一幅文徵明宏治十二年所畫的水墨畫。溪林煙櫂，江天相接。斜日照射下的山雲，緩緩地移動著，慵懶的神態，直似要晚風來輕柔地扶持。蒼潤的筆緻，揉合了董源、吳鎮等遺意，充分表達出青年時代文徵明的聰明和才氣。最難得的是，畫中已有沈周、吳寬和楊循吉幾位前輩的題識。

「徵明於舉業之暇，而能好衍繪事，其託興亦脩遠矣。因覽此卷，歎羨久之。匏翁。」（註二）吳寬跋中的語氣，可以想像其生前的寬和慈靄。同時，祝枝山也為文徵明，這位二十多年好友的成就感到驕傲，認為這帙小卷，即使雜之於李成、荆浩作品中，恐怕也難分軒輊。因而為寫韋應物五古一首，使詩情畫意，兩相輝映；時為二月二十四日。

然而，暮春一過，自然的災禍，又復籠罩在吳越大地之上。

致仕歸隱的王鏊，在詩中形容正德五年春夏之交的雨勢：

「南方春夏交，正是插秧候，望望惜雨乾，事乃胡大繆。霖霪已彌旬，雨意猶未透……」—苦雨二首之一（註三）

雨中，只見山間的烏雲，像煮飯的饙餾，洶湧而出。竈硎生出鮒魚，鼬鼠在樹上號饑，洞庭東山的田疇，浩浩蕩蕩地與太湖波濤連成一片。

一整個夏天，祝枝山不僅關心著雨，憂心忡忡地注視著江南的災害，更以詩、歌謠抒寫吳越山川人民的苦難。

「天皇耄不事，地后虐不仁，盡卷天河水，淋灌九州人……」—代江南水災謠（註四）

天皇、地后、司雨龍王，被心直口快的祝枝山一一罵遍；只是傾盆大雨，依然不止。

他更以「水詩」、「沈憤」、「九愍九首」，聲討天地不仁所造成的人間慘象：

「饑亡溺亡十亡五，載降之疫亡亡數；誰生厲階令帝怒？令帝怒，半為鬼；厲階人，安富貴！」——九愍九首之五（仝註四）

在雨聲濤影中，從邸報，和四方商旅、流民、亡卒的傳言，知道饑饉、戰亂正到處流佈；帶給人們心裡的惶恐和震撼，甚於夏空中隆隆的雷電。

湖湘一帶，有沔陽賊楊邱仁等出沒。

王銓五、汪澄二及羅先權等，在江西各處，分別據寨樹幟。也有些股匪，向東南福建、廣東流竄。

四川，則有藍廷瑞等聚衆稱王，官軍屢戰不克；事實上，無論官兵和土司部卒，並沒有認眞剿匪蕩寇；由流傳的民謠，可見一斑：

「賊如梳，軍如篦，土如鬀」

不敢迎擊土匪的官兵，往往馘良民之首以邀功，而眞正有戰功者，卻被刀筆之吏隨意誣陷。

一次，某大帥求詩，伯虎在其扇上題：

「隨心燈下窗前筆，濺血模糊陣上人。」（註五）

這詩，一下子觸動了大師的心事，感泣而去，就是一個很好的例子。

至於土司之兵，討賊不力，搜刮擄掠，卻巨細無遺，人民的命運，也就不難想像。

△　　△　　△　　△

四月初，寧夏、甘肅一帶的安化王寘鐇反；以討劉瑾爲名，傳檄遠近。

正德皇帝詔起右都御史楊一清總制軍務，以太監張永爲監軍，率軍討伐。

成化八年進士出身的楊一清，曾在陝西督學八載，工作餘暇，對邊事有極深的認識。博學、寬厚而又通權達變的楊一清制軍，使人深慶得人，咸認爲他會勿枉勿縱，使西北邊民，免於誅連和塗炭。張永，劉瑾同黨，是著名的八閹之一。但，自劉瑾專權後，張永頗受排擠和構陷。張氏此行，是否爲楊氏掣肘責事，則未可預料。

安化王舉事僅十八天，討逆軍仍在路上，駐紮寧夏的遊擊將軍仇鉞，就以他的機智、勇敢，計擒寘鐇。

「藩宗亂易除，國家內亂不可測奈何？」西行途中，楊一清忽然感慨無限，老淚縱橫地對張永述說起心事。

張永一時錯愕，大爲不解；及至知道所謂「內亂」，指的是專權禍國，流毒縉紳的劉瑾時，不由得無可奈何地嘆息：

「瑾日夜在上旁，上一日不見瑾則不樂。今其羽翼已成，耳目廣矣，奈何！」

戲劇性的高潮，明朝命運的迴轉，是張永押解安化王和他的眷屬及親信，自寧夏回京獻俘的一幕：

八月中秋，京中人家，多半置酒，準備度節賞月。但，道路傳言，司禮太監劉瑾，可能在這幾天藉文武百官爲其兄劉景祥送葬的機會，挾持百官，舉兵作亂；因此，節日的歡樂，卻蒙上一層恐怖的陰影。

得到這種傳言的張永，不顧劉瑾緩期獻俘的指示，反而提前入京。滿懷喜悅的青年皇帝，策馬親迎於東華門。獻俘禮畢，隨即賜宴犒勞，劉瑾自然也在賜宴之列。

夜深了，劉瑾先行退去，一時頗有酒闌人散的冷清。監軍張永依楊一清之計，想跟皇帝奏報寧夏軍務。他從袖中，抽出安化王討劉瑾的檄文；十七大罪狀，赫然列於紙上。朱厚照閱讀檄文；張永腦中則縈繞著楊一清懇摯的話語，和爲國事而憂戚的面容。

「瑾誅，柄用公，公益矯瑾行事；呂強、張承業暨公，千載三人耳！」

楊一清不僅爲他策畫誅殺劉瑾的計謀，更以名傳千載的兩位賢宦官相激勵；隨波逐流，或冒險犧牲，挽回亂局，在張永心中激盪。終於，他在楊一清面前攘臂而誓：

「老奴何惜餘年，不以報主！」

「罷矣，且飮酒！」正德皇帝覽過檄文，又聽完張永所述劉瑾種種造反的形跡，但只輕輕地說了一句。

這位青年皇帝，也許比誰都想逃避這些棘手的問題。近年來，他貼身的幾個近倖，時起爭執，甚至當面揪打；他只能令近臣置酒，爲他們和解。劉瑾，似乎爲他築成一道安全的牆；滿足他一切的揮霍和慾望，代他批示奏章，爲他阻擋直諫的言官和大臣，使他一心安於逸樂，修成上仙……

「天下任彼取之！」朱厚照帶著幾分酒意地補充；在他含糊的意識中，覺得天下早已在劉瑾掌管之中，取或不取，豈不一樣？據傳，有相命者指劉瑾「有天子命」；這是劉瑾要取天下的原因之一。又傳說劉瑾從孫劉二漢命當大貴；這可能是劉瑾按兵不動，專等其從孫取天下的關鍵；至於天下歸劉的後果，正德皇帝似乎並未想到。

「置陛下於何地？」

張永的一句反問，對靑年皇帝似乎很有震聾啓聵的作用；朱厚照立刻怯除了酒意，下令禁衛軍逮捕劉瑾，並親自籍沒劉氏的家產。

「瑾果反！」

當正德皇帝見到司禮太監府中，抄出無可數計的金銀財寶之外，更有弓弩、袞袍，及藏在劉瑾隨身摺扇股中的兩把鋒利匕首時，不僅憤怒、感傷，更是夢幻的破滅。

「……誰生厲階令帝怒？令帝怒，半爲鬼，厲階人，安富貴！」

也許所謂「天道好還」吧，祝枝山的「九愍」、「代江南水災謠」……猶在好友間傳鈔，幽嘆之聲，依舊迴蕩之際，劉瑾被凌遲處死，部份家屬、同黨也被斬首的消息，已傳抵江南；惹起禍端，招致天帝震怒的厲階人—劉瑾，並未能安享富貴（註六）。

△　△　△　△

八月，在北京，正是政局動盪不安，劉瑾被執前後，文徵明則再一次前往南京應試。同行者，除蔡羽、錢同愛、彭昉（寅之）、湯珍等知心硯友外，更增加了王守和王寵（雅宜）兄弟二人。

王氏兄弟是王鏊的本家侄兒，但與文徵明交遊，不過是一年前的事；結識唐伯虎，可能略微早些。二王小於文唐二十三四歲，不意竟成生死之交。尤其伯虎晚年，把唯一的愛女許配王寵之子王龍岡，結爲兒女親家，恐怕也是此際夢寐所不及的吧。

王氏溪樓，在閶門外繁華之地南濠。父親王貞（淸夫）雖然是個忙碌的商人，但喜歡收藏古物，對讀書人更多加禮敬。兩個十六七歲，剛剛取中秀才的王氏昆仲，聰明儒雅，使文徵明頗有一見如故的感覺。

相識未久，王貞就命兩個兒子專程拜謁徵明，請爲命字。他們的沈明之老師，也是文氏知友；徵明再三推辭不得，只好應允—但，這已經是一年以後的事了。

「守」字，從官從寸，意指以法度處理天下浩穰的事物。而「守」之要在「約」，也就是孟子所謂：

「守約而施博者，善道也。」

「寵」之義爲尊、爲居、爲愛、爲恩，其訓則爲榮；唯有仁者能不假外寵而自榮自貴。孟子也同樣說過：

「仁則榮，不仁則辱。」

一切志節、原則，貴于實踐篤行，持之有恆。於是，文徵明推衍「守」、「寵」二字的眞諦，爲他們取字「履約」、「履仁」。並撰「王氏二子字辭」（註七），祝賀漸近成年的兩位兄弟。其後，王寵又字「履吉」。是否同出於文氏之命，不得而知。

二王當中，弟弟王寵，性情溫潤，有如美玉，讀書孜孜不倦，文辭典雅淸麗；因此，很能塡補文徵明失去劉嘉，遠離徐禎卿後的心理空虛。只是在功名路上，王寵和文徵明一樣地命途多舛，屢試不售；兩人之間，也愈發增添那種同命相憐之感。所以，二十三年後，王寵以不惑之年回歸道山時，文徵明用痛惜萬分的筆調，在其墓志銘中寫：

「維慧而明，亦藝而貞，胡不濆於成，而卒困以衡！」（註八）

正德五年和文徵明同往應試的諸多好友中，榮獲黃榜題名者只有彭昉一人而已，雖然不是全軍盡墨，也算是乘興而來，敗興而返。王寵和性情古怪的蔡羽，似乎特別投緣，決定返蘇後，前往洞庭西山，從蔡羽讀書，也算是一段佳話。

中秋前後，當他們還未悉北京所生鉅變的時候，幾位滿懷經綸和報國壯志的好友，在金陵城中步月。陣陣的涼風，散播著急驟的梆聲。緊閉的城門，高聳的宮闕，因來自四面八方的烽煙，而罩上一層緊張的氣氛。淒清的月色，照射著城外古道、鳳凰臺的廢墟殘瓦，和環繞著這虎踞龍蟠雄城的疊疊青山。痛感時勢日非的文徵明，在詩中寫下：

「**壯懷萬里同游在，滿目風煙引劍看**」的警句（註九）。

△　　　　△　　　　△　　　　△

正德五年冬天十一月，王陽明以江西廬陵縣知縣入覲。

王陽明在正德初年，因得罪劉瑾，被謫貴州，爲龍場驛的驛丞。在瘴癘、蠱毒遍地的萬山之中，王陽明竟悟得格物致知的眞諦：人性中含有至道，只若存心盡性，順乎天命，其理不需外求。他不僅以此修省，也以此教導一天比一天多的學生。

離開三年半的京師，雖然還是那樣混亂，許多施政的權柄，仍爲某些寺宦所把持，但元兇劉瑾一除，也多少有些新的氣象。不久，他被改調爲吏部驗封清吏司主事，住在京中。

大約年底或六年正月，太學博士徐禎卿來訪。

王陽明印象中的徐禎卿，是「吳中四才子」，和「中原七子」中的佼佼者，才華洋溢，古今體詩和所著〈談藝錄〉，更是洛陽紙貴，膾炙人口。但，此刻的他，不但面容清癯，也絕口不談詩文，只談西南道士所傳授他的攝形化氣之術。甚至和王陽明的客人話不投機，不歡而散。

也許因爲王陽明以前在京時，不但喜好命相占卜之術，更耽迷於道釋；徐氏卻不知超悟後的王陽明，以五經與所領悟的眞理一一印證，發現無不吻合，早已捨棄道釋，專心儒學。此後幾番相會，對徐禎卿五金八石、沖舉飛昇之論，陽明只是笑而不答．徐禎卿懷疑，他是否有不宣之祕？

一夜，徐禎卿留宿王陽明家中，再度追問沖舉之術時，王陽明態度誠懇地爲他開導：

沖天而飛，是鳶的天性。

潛游於川，是魚的天性。

盡人的聰明和天性，則可以理解天地化育萬物之理。

此外，他也爲這位病容滿面的潦倒博士，詮釋存心盡性，順乎天命，無畏無懼，不假外求的聖道。

徐禎卿聽後，突然從炕上一躍而起，充滿了王陽明當年深夜，在龍場驛坐在石槨中悟道後的興奮。

徐禎卿自覺，此刻的他有如花、樹待發的苞芽，像江河中流動卻並未消溶的冰塊；王陽明的開導，則像溫暖和煦的春陽。他感到，水到渠成，豁然貫通的時候，已經不遠。

這位蘇州才子，最後一次出現在王陽明公館，是二月初旬。形容憔悴的徐禎卿，經過思索、融會，專程前來致謝，他表示：

道果然在于自性，而不需外求。若非王氏開導，他已經背道而馳了。

雖然朝聞道，夕死無憾，而此刻的他，更覺得生不過寄寓，死亡一如歸去；只是一個病入膏肓的人，怕不足以弘揚這種絕學。

一個月後，王鏊子婿徐子容帶來徐氏的死訊。

并託請王陽明爲他撰寫墓銘，也許只有這位在困境中悟道，無畏無懼的學者，才能了解他心靈掙扎的歷程。

臨終前的徐禎卿，依舊安詳地坐著，簡單地託付一些後事，在長子徐伯虬掌上寫：「冥冥漠漠」幾個字，以後的文字，語言就已無法分辨—莫非這是他對生命的最後感受（註十）？

△　△　△　△

五月的江南，櫻桃、春筍，早已進入末季。枝上殘花，也逐漸落盡。連綿的梅雨接踵而至，整齊的麥秀，在風雨中泛出一片寒綠。

距離再次鄉試，還有兩年半的時光，不急於研討那些空乏無味的墨卷，對落第未久的秀才們而言，反而是心情最舒展閒適的時候。

剛剛分種來的竹子，在雨中展開疏疏落落的嫩葉，圍設在四周的短籬，也好像小心地護持著被移植過來的竹子。文徵明一面想像那未來綠蔭滿階的景象，一方面玩味著這種雨中的幽靜。

「……白日幽深茆屋靜，野情蕭散苧袍寬，美人何處經時別，滿耳新蟬獨倚闌。」——夏意（註十一）

文徵明詩中的「美人」，不是祝枝山和唐伯虎筆下情意纏綿，婀娜多姿的嬋娟，他所指的往往是陳淳、湯子珍、吳權，乃至遠在洞庭包山的蔡羽和王寵等人。意指才華出衆，學識淵博，道德高潔，而又和他情投意合的好友；自然，也包涵了潦倒北京的徐禎卿。然而，正當他欣賞著滿庭綠意之際，遠在數千里外的徐禎卿早已逝世多時。

除了徐氏居鄉時，兩人形影不離，有無相通，誓相友愛終身之外，上次離別前仍然殷殷致意：不久後就將辭官南返，和文徵明一起遊山玩水，詩酒唱和，以酬宿願。但是，從嗚咽的雨聲中，所傳來的，卻是他逝世的噩耗。

三十三歲的英年，留下了年輕的妻子和孤兒。徐禎卿由於遭時不遇，又得罪降職，直到逝世，老親卻依然得不到朝廷的封誥；無論生者、死者，都是一種很大的遺憾。

垂落在雨中的丹旐，像一隻隻斷了羽翼的鳥，使文徵明不由得心碎：

「嗚呼昌穀，百年悠悠，君歸何遽！豈曰無人？孰如君故……」（註十二）

徐禎卿的靈幃前面，文徵明痛失知友的悲慟，有如令人斷腸的梅雨。

右僉都御史俞諫來訪停雲館，大約也在此際。有人說俞諫是不久前才進階「文林郎」的文森同年；但，文森是成化末年進士，俞諫則屬宏治三年進士，也許二人僅係好友而已。文徵明深知這位年近六旬的父執，作秀才時，就以孝感名聞天下，而且是位文治武功雙全的幹吏。前任江西參議，平賊有功，如今則治水蘇杭二州。

停雲館的窄狹簡陋，文徵明衣服、用品的破舊，使俞諫對這位才德卓著，卻窮困潦倒的晚輩，又憐又愛，不禁垂詢：

「若不苦朝夕耶？」

文徵明心知這位慈祥的父執，有意加以濟助，但，安貧樂道的他，卻佯作不解地表示，早晚總有足夠的稀飯，可以糊口。

「敝乃至此乎？」俞諫看著他那補得重重疊疊的秀才藍衫。

「雨暫敝吾衣耳。」文徵明淡淡地說。

熟悉文徵明青年時代，往溫州奔喪，辭謝千金賻儀的俞諫，見到文徵明所表現的態度，也就不忍再提贈金相助之事。

另一次，經過停雲館前，俞諫見門外積水不洩，雜草叢生，蚊蚋群聚。他告訴文徵明，依據堪輿者的說法，若疏通這條溝渠，不僅積水可洩，而且可中高科。

文徵明卻覺得，如果疏通溝渠，勢必損害到兩旁的民舍，當即誠懇、率直地加以辭謝。

爲此，俞諫心中，始終懷有一絲遺憾：如果他想爲文徵明疏濬溝渠，或許不該先對他言明。對這樣簞食瓢飲，安居陋巷的後輩，俞諫眞不知怎樣才能一伸援手（註十三）。

註一、〔式古堂書畫彙考〕册四頁四八二。

二、〔石渠寶笈三編〕冊二頁九七一。
三、〔震澤集〕卷五頁二〇。
四、〔祝氏詩文集〕冊上頁五八六。
五、〔唐伯虎全集〕，水牛版頁二五〇「詩話」。
六、劉瑾、安化王事，綜據〔明鑑〕頁三一四。〔明史紀事本末〕卷四三頁四三七「劉瑾用事」、卷四四頁四五八「寘鐇之叛」。
七、〔甫田集〕頁四六九。
八、〔甫田集〕頁七六七。
九、〔甫田集〕頁一三六「金陵秋夜與彭寅之湯子重步月」。
十、〔王陽明全集〕頁四四八「徐昌國墓誌」，自力出版社。
十一、〔甫田集〕頁一四〇。
十二、〔甫田集〕頁五四九「祭徐昌穀文」。
十三、俞諫訪停雲館，綜據〔甫田集〕頁一「文先生傳」—王世貞撰、頁四三一「記中丞俞公孝感」。

第四十五章　劍池尋幽

正德五年隆冬，冒著嚴寒進京會試的祝枝山父子，按情按理，都不會錯過和徐禎卿見最後一面的機會。甚至，第二年春末夏初，客死異鄉的蘇州才子徐禎卿，啓靈南下之際，祝氏依然滯留京師，陪兒子殿試。但，他浩瀚的文集中，竟無一言悲悼這位亡友。也許是文字的散佚，也許，那時父子二人，正全心全意投注在北京的功名場上。

有文獻可考的，是十餘年後，當唐伯虎、張靈均已相繼逝世；祝枝山環視四周，不僅沈周、吳寬、葑門二朱等老輩凋零殆盡，連同輩好友，也寥若晨星。「吳中四才子」，已經四喪其二，一種孤獨寂寞感，更不時湧現心頭。

有時，在夢中重溫當時那種亦師亦友的情誼；醒來，則又滿懷著對他們懷才不遇，潦倒終生的痛惜：

「唐生白虹寶，荊砥夙磨礪，江河鯤不徙，魯野遂戕麟。徐子十□周，邃討務精純；遑遑訪魏漢，北學中離群。……」──夢唐寅徐禎卿　亦有張靈（註一）

經過多次北上會試，祝枝山早已習慣了北方的料峭春寒、風沙滿面，乃至年節的習俗。想到正德五年的蘇州，由春末到仲秋，竟有將近半年的時間，在陰暗、潮濕、淋漓不停的霪雨中度過，一種霉腐的感覺，就衝上鼻端。

秋後雨止，記得過了許久，心中猶有餘悸：

「…前山如笑後如怒，疎林如風密如霧，黯黯渾疑隔千里，蜿蜿忽辨緣溪路。…」北上前的祝枝山，在唐伯虎畫上題詩贊嘆他對江南山水刻畫的生動、煙雲變幻的靈妙。及至寫到畫中兩厓遙峙，江水浩淼無際，祝氏眼前彷彿再次湧現雨季的滾滾濁流，和災民饑饉呼號的景象。他以生花之筆，形容對畫中水墨淋漓，有如潑撒般的感受：

「…今年吳地幾魚鼈，看畫轉覺心熱惱。黃金壺中一斗汁，我欲濡毫暎手濕；莫教童子誤㩳翻，忽使癡龍攜雨出。」—唐寅畫山水歌（註二）

因此，對北京的乾冷，杏花、殘雪互相映襯的景緻，覺得比江南的杏花煙雨，別具一種情趣。

正德六年皇榜，在天下舉子的焦慮、期盼中張貼出來，祝枝山的兒子祝續，好友彭昉，雙雙高中；倒是奔波多年的他，又一次名落孫山。這是不是他最後一次北京之旅，還有沒有屢北屢戰的勇氣，連他自己也沒法確定。也許命中註定，他只能沾兒子的光，終其一生，作個朝廷的封翁。這時祝枝山的心境，眞可以說是又興奮、又快慰、又不甘。

驀然間，仇英所畫的「觀榜圖」（註三）長卷浮現在他的眼前。一端是皇城內巍峨的宮殿、聖駕、手執朝笏分班而立的百官，莊嚴隆重的掄才大典，在一種冷肅的氣氛中凝定著；也許，這竟是命運主宰者的象徵吧。另一端，則是喧囂、擁擠的觀榜人群。牽著馬的僕夫，站在人潮的最後層，觀望、議論，很可能他們連大字都不認識一個，但，他們卻不能不關心所侍候主人的命運。此外，他們也會以一種有趣的心情，講論些別家別姓興衰浮沉的故事。

被推擠到榜下，仰面而視的人，最為辛苦；貼近冰冷的宮牆，一面抗拒洶湧而至的人潮，一面平伸下頷，想要辨認出抖動在曉風中的，榜單上的字蹟。他們的視界，也就被限制在那樣一個狹窄的空間，頗有舉步唯艱的苦楚。

有些人，站在榜亭之前，張望著、辨認著，似乎也跟前後的群眾互相傳呼或詢問。但，他們真正關心的是自己的前程和命運，其次才是家人和好友、鄉鄰。眞正已經知道自己命運的人，有的雖沉醉在一片賀喜聲中，猶帶著幾分疑眞似幻的神情；有的沮喪、羞愧，在三二書僮服侍下，恨不得立刻擺脫這迴盪不已的漩渦。一些臨去還再三回首的舉子和貢生，大概不相信幸運之神，就這樣棄他而去，甚至希望這不過是場惡夢。

隔在宮內、宮外兩個不同世界之間的，是那連著琉璃瓦高牆，禁制森嚴的宮門、耀眼的刀槍斧鉞、和威武雄壯的禁衛將士。

仇英這位後進鄉友，眼目所及，可能只是南京禁城，和鄉試觀榜的景象；但是，加上他對古代廷殿名作的揣摹、考究，規度細緻的筆墨，竟能寫出這樣栩栩如生，變化萬千的動態和心態，不能不教人驚嘆。

會試放榜後，接踵而至的是三月初一的廷試，以及廷試傳臚後的館選；一重重的考試，祝枝山都在京中抱著病，隔著那層森嚴的禁城陪伴著兒子。「兒子續入對大廷感激因賦」、「兒子召試館職」、「兒子召試後忝竊收錄，遂蒙欽改庶吉士留學翰林」⋯（註四）每一次期待的熱切，和收獲後的喜悅，他都譜寫成詩。直到兒子取得朝廷公費，在培養台輔之地的翰林苑安頓下來，他才放心地回航江南。放舟濤聲帆影中，祝枝山再度寫下功名不偶的愧怍心情，和對兒子的殷望：

「功名爾已誇雛鳳，情愛吾猶愧老牛，悵望燕山雲海隔，曉風吹夢過滄州。」——舟中憶續（註五）

△　△　△　△

天災、人禍，動盪不安的正德中葉，作爲畫師的唐伯虎，倒一直安心繪畫，作品異常豐富；其中更有一些組作。例如：正德五年四月，江南進入雨季後所繪「摹古畫冊」（註六）；當年秋天，祝枝山爲歌贊嘆的潑墨山水畫屏；翌年，以水墨摹寫的「唐人鶯鶯像」（註七）、仿宋人鬥茶圖（註八）等，在在顯示出他一面廣泛地沉潛於唐宋古人的殿堂，一面寫景創新。

六、七連續兩年，唐伯虎均在無錫華雲（從龍、補菴）的劍光閣中，度過漫漫長夏。品泉、吟詠唱酬之外，華氏所珍藏的法書名畫，就成了唐伯虎賞心悅目的饗宴。花蔭蟬鳴中，他們一同研討白居易的詩册，玩味那恬淡而自然的詩意。唐伯虎更在心中，醞釀成一幅幅圖畫。兩年，一百四十多個炎炎夏日，唐伯虎爲東道主畫「白居易詩意册」，共四十幅之多。

七年五月望日，日本使臣重直彥九郎經蘇州返國，唐伯虎書詩爲餞：

「萍蹤兩度到中華，歸國憑將涉歷誇，劍佩丁年朝帝扆，星辰午夜拂仙槎。驪歌送別三年客，鯨海遄征萬里家，此行倘有重來便，煩折琅玕一朶花。」（註九）

從詩序和詩意推測，這位異國訪客，不僅把唐氏餞別筵上即席的法書攜往日本，可能也有伯虎的畫作，藉以流傳彼邦。

正德七年初冬，在他結束無錫之旅返蘇不久，太傅王鏊乘舟來訪桃花塢：穿過彎彎曲曲的溪流、拱橋，幾間低矮明淨的草屋，映現在眼前。房角一株含苞待放的梅花，迎著溫暖的冬陽，大約已經成爲桃花菴主和客人一再吟詠、描繪的對象。他也知道伯虎在城東所經營的三畝賴以維生的菜田；灌園種菜，抱膝長吟，是農夫的本色，也是賢者隱者的本色。

「十月心齋戒未開，偷閑先訪戴逵來。清溪詰曲頻迴棹，矮屋虛明淺送杯。生計城東三畝菜，吟懷墻角一株梅。棟梁榱桷俱收盡，此地何緣有逸材！」（註十）

這位閱盡天下英雄的致仕宰相，贈詩中首先把伯虎比作晉代博學多藝的大師戴逵（安道），然後，在描寫他那簡陋的居室，淡泊清苦的生活之外，不禁喟嘆：

「棟梁榱桷俱收盡，此地何緣有逸材！」

在這求才若渴的時候，對這樣一位被冤屈、埋沒的後進，王鏊心中的痛惜與憐愛，躍然紙上。

回憶那年，王鏊歸鄉後的第十八天（八月十七日），是他六十歲生日，門生、親友、遠近鄉鄰，齊集於洞庭東山的「眞適園」裡。上壽的詩、文中，有的頌揚他的學問和勳業，有的贊佩他立朝的風骨和節操；但他獨覺伯虎那首七言絕句，最堪玩味：

「綠簑煙雨江南客，白髮文章閣下臣；同在太平天子世，一雙空手掌絲綸。」（註十

一）

透過文字表面的肆慢、不恭，卻更顯示出心靈間的率眞與懇摯。

是夜，陰雨忽霽，暑退涼生，一輪圓月，看來和中秋並無兩樣。往年中秋，在北京有衆僚百官設饌賞月，只有醉夢之中，才得見故鄉的園林。挂冠後的第一個生日，卻在碧水丹山的洞庭別業度過；環繞四周的濟濟多士，盡是家鄉子弟，酣歌妙舞的，則是吳中佳麗。一時之間，王鏊心中無限感觸與欣慰；連賦「浪淘沙」、「玩郎歸」、「漁家傲」和「踏莎行」四闋新詞；最後一闋，尤爲灑脫：

「紫閣黃扉、蟒衣玉帶，功名至此人人愛。挂冠一日賦歸來，閒情又在功名外。明月逍遙，白雲自在，別是人間閒世界；起來把酒酹青山，與汝常相會。」（註十二）

劉瑾伏誅後，蘇州曾有過種種的傳說和猜測：

王鏊將再度出山，收拾亂局。事實上，當時不僅海內人士翹首以待，希望淸廉剛正的他，能夠復出，中外臣僚也紛紛上疏論薦。但一切皆如石沉大海；也許依然是中官作梗吧。或者，朱厚照根本不願有位師輔之臣，再對他時加規範和勸諫。

有人說，王鏊早已以詩明志；並引用他的題眞適園詩：

「萬株香雪立東風，背倚斜陽暈酒紅；把酒花間花莫笑，春光還屬白頭翁。」（註十三）

此外，爲了表示長老家山，不再背井離鄉的心意，王鏊的公子王延喆，計畫爲他在蘇州西城橋附近，臨湖築園。據說新別墅中的一切，悉仿洞庭東山景色；將署爲「怡老園」。使他便於和文友、門生雅集，也便於繼續修〔姑蘇誌〕的工作；又不失家中山水的幽清。

看來，他極可能長與愛徒唐伯虎爲鄰了。然而，他贈伯虎詩中的「此地何緣有逸材」，究竟僅指伯虎，或另有弦外之音，就非外人所知了。

△　△　△　△

正德六年六月的最後一天，致仕南京太常寺卿呂㦂，逝世於浙江嘉興縣故居。

文林爲南京太僕寺丞時，這位出身世家的詩人，任太僕寺少卿。當時年僅十七歲的文徵明，不僅執父執之禮，給事左右，並從呂氏學詩。其後，沈周、呂㦂「落花詩」的遙相唱和，則由文徵明作爲媒介。

呂㦂立朝甚早，劉瑾擅權之際，他已爲官四十餘年。爲了避禍，乃毅然上疏乞歸，韜光養晦；不意家居四載，便回歸道山。文徵明以通家之好，受託撰寫呂太常行狀，以備史官參考。

當他所敬重的親長，一一作古，並紛紛以墓銘、傳記或行狀相付託，文徵明心中就愈發增添了那種老成凋謝的孤寂感。因此，對王鏊、朱凱、朱存理、黃雲等幾位碩果僅存的老輩所託，幾乎有求必應。

他對黃雲搜求法書名畫，及四出訪友尋道的熱誠極爲感佩，黃氏每有所得，則與他一同鑑賞。例如「倪元鎮二帖」（註十四）、「巨然廬山圖」等，均由文徵明考據精詳，著爲長跋。尤其後者，紙張破敝，墨色陳舊，但老筆嶙峋，神采隱約可鑑。畫上無題，文徵明只從茂密的樹木，盤盤曲曲的山路，佈置在浦溆紆帶間的橋樑村落，和峰嶺盡處的穹宮，判斷畫中所寫，很可能是匡廬勝境；黃雲聽了大笑，答稱果然是廬山。

披著白雪，五峰聳峙的五老峰。恍如玉虹萬丈，寒氣逼人的三疊泉…致仕文學黃雲，興奮地指點著畫中那些舊游之地，使文徵明異常羨慕。多少年來，他始終爲一紙功名所困，只往來於蘇州和南京之間；甚至再像青少年時代那樣隨父親任所漂泊於大江南北，都不可能。

最後他所聽到的，卻是黃雲一聲悠長的嘆息：

「…展卷晴窓眼猶熟；秪今老倦到無由，對此時時作臥遊。」—題黃應龍所藏巨然廬山圖（註十五）

這種老年人的嘆息，愈發激起文徵明壯志消磨，青春不再的感慨。及至黃雲從行囊中取出另外一個山水小卷，使他看了竟爲之一怔。那是他十六年前爲黃氏所畫的一幅小景；那年他才二十七歲，父親文林尚未出守溫州。當時習畫未久，但他力主復古。記得曾與伯虎論畫：

「畫須六朝為師，然古畫不可見，古法亦不存；漫浪為之，設色行墨，必以簡淡為貴。」（註十六）

文徵明覺得，當時說法，未免狂妄可笑。但，時光流逝，轉眼已兩鬢飛霜，眼前一切，多已物換星移，人事全非；看着黃雲所攤開的十六年前舊作，筆墨清新，一種自然詩趣，充溢紙上，那種心情和境界，使他不免昇起今昔之嘆。

從黃雲的珍重裝璜和畫上的題詩來看，眞可以稱得上是忘年知交；文徵明帶著幾分激動地在畫上題：

「尺楮回看十六年，殘丹剩粉故依然；得君品裁知增重，顧我聰明不及前。小艇沿流吟落日，碧山浮玉漲晴煙；詩中真境何容贅，聊續當年未了緣。」（註十七）

△　　△　　△　　△

對文徵明而言，正德六年冬天，是一個愉快而閒暇的季節。

時常徜徉於城西山水之間，同蔡羽、王氏兄弟到橫塘泛舟。遇到晚歸，城門已閉，就留宿在永濟橋南的王氏溪樓之中。一向擾攘的運河，到了深夜竟亦寂靜無譁，只有溪邊的樹木，在冷風中搖曳，發出陣陣輕吟。簷下青燈，偶而閃過幾絲寒雨，彷彿隨風飄落的碎花。想到離家不過咫尺之遙，卻只能夢裡得見，也有種很奇怪的感覺。

如是往年，一到了寒風怒號的季節，年久失修的停雲館，總會使他擔驚受怕。但本年初夏便已重葺一新；錢同愛、陳淳均有所助。許多好友，爲此詩酒唱和，文徵明欣悅之餘，賦詩八首（註十八）誌感。因此，儘管王氏溪樓下面流水淙淙，偶然一陣風捲寒浪，拍擊著樓板，而客寓中的他，卻想到家中的安全和溫暖。

十一月前後，文徵明和朱存理、朱堯民、祝枝山、邢麗文、陳淳等師生好友，在楊循吉家中，有一次愉快的讌集。雪後的朝陽，把一排排簷溜照射得晶瑩閃亮，使人從心裡感到一種喜悅和開朗。放眼堂前，大多是交往了二十餘年的高雅之士，在絲竹彈奏聲中，分韻賦詩，舉杯祝飲。那種從容歡樂的氣象，眞與古代的君子高讌無異。文徵明分得「酒」

字韻，祝枝山分得「濁」字韻，都在他們的詩文集中，留下難以忘懷的一頁（註十九）。

臘月，也是一個快雪時晴的日子，閒居西齋中的文徵明，一面讀謝皐羽「窮冬疑有雨，一雪卻成晴」的詩句，一面看著窗外含苞欲放的寒梅。幾個稚子，在院中掃雪，簷下傳出一陣陣鳥雀的喧鳴。對照眼前的情境，他覺得謝氏那首詩，眞是精妙、貼切。一時之間，文徵明不僅靈思泉湧，想依韻賦詩，並且構想出一幅「寒原宿莽圖」（註二〇），以表現對雪，對謝皐羽詩意的深刻感受。

然而，幾聲叩門聲，卻打破了文徵明的思緒。當他從訪客口中聽到虎邱劍池，那千古不竭的泉源，竟忽然乾涸，露出黑沉沉的洞穴，簡直無法相信。

閶門外，沿山塘七里之遙的虎邱，是文徵明每年必遊之地。山高不過一百三十餘尺，周圍也只有兩百多丈。但那平地湧起的山石，卻總給人一種高聳入雲的感覺。竹林葱鬱，景物幽深，讓人覺得它蘊含無盡。

虎邱也是吳王闔閭葬身之處；傳說，吳王葬後三日，墓中金精上揚，幻爲白虎，「虎邱」因而得名。

更令人感到神奇的，就是山前的「劍池」，被列爲「虎邱三絕」之一。「劍池泓渟，澈海浸雲，不盈不虛，終古湛湛，三絕也。」（註二一）文徵明從記憶中搜尋歷代詩文，那些贊賞劍池的辭句，都把它比作無窮無盡，四時不虧的君子，從來沒有聽說它會枯竭；莫非是君子途窮道消的預兆？忽然，他感到一絲悲哀。

依古老的記載，闔閭葬時，把「偏諸」、「魚腸」等三千名劍，殉葬於墓中。東巡的秦始皇，曾欲鑿山求劍；斯時，一隻猛虎，雄踞墓前。憤怒驚怖的秦皇，拔劍擊虎。但頃刻間，不僅失去了虎的蹤影，也失去了劍的蹤影；據說劍落之處，突然石裂成池，也就是「劍池」。

也有傳說：三國時代紫鬚碧眼，鼎立於東南的孫權，也曾經來此求劍。開鑿的結果，一無所得，空留下清泉洶湧的劍池。

劍池石壁，上面有唐代書家顏眞卿楷書「虎邱劍池」四個刻石大字，雄渾的筆力，看來比任何劍器，更爲勁健。下面則刻有北宋書畫大家米芾「風壑雲泉」四字。而篆書「劍池」二字，乃是元朝參知政事，爲招諭吳王張士誠，卻被士誠留在蘇州十餘載的周伯琦手蹟。

一代霸主的墓穴，三千殉葬的名劍，金精成虎的神話，一代代覬覦著寶劍的梟雄…爲虎邱增添了重重神秘和惆悵。宋朝翰林學士王禹偁（元之），矧「儒者流不可語怪」的古訓，認爲劍池不過是大自然演變下的產物；作「劍池銘」（註二二）以爲辨，指秦始皇失劍之說無稽。雅好尋幽探勝的文徵明，似乎頗以王氏「劍池銘」說法爲然，但，好奇的他，依舊約了三二好友，衝寒趕往虎邱，一窺究竟。

生公臺、千人坐以及劍池四周，早已擠滿了嘖嘖稱奇的人群。

在火把微光的導引下，文徵明一行攀下呈鐵紫色的池底，進入從旁穿進的黑暗洞穴。風聲、水聲、隱約可見的石闕，以及各種神秘的古老傳說在耳邊和心中縈繞，分不清何者爲眞，何者是幻。即使吳王和他那些心愛的寶劍，眞正藏於此中，文徵明覺得那幽微的洞穴，實在是一個既空虛又寂寞的世界。

由於岩穴的無窮無盡，加上泉水復湧的潛在危機，文徵明只得隨手拾起一塊墓磚，在火把將盡之前步返歸途。

「吳王埋玉幾千年，水落池空得墓磚；地下誰曾求寶劍，眼中我已見桑田。金鳧寂寞隨塵劫，石闕分明有洞天，安得元之論往事，滿山紅日散蒼煙。」（註二三）

文徵明發抒觀感，贈與同遊者的「劍池」七律，除了收入〔甫田集〕外，更爲後人收入〔虎邱志〕中，供作千古憑弔。那塊得自穴中的墓磚，文徵明則倩工斲成硯臺，命名爲「金精研」，並銘文硯側，成爲他永生的伴侶。

註一、〔祝氏詩文集〕册上頁六一四。
二、〔祝氏詩文集〕册中頁六五七。
三、見〔故宮文物月刊〕第五期頁六七之後。
四、〔祝氏詩文集〕册中頁六八六—七。
五、〔祝氏詩文集〕册中頁六八七。
六、〔故宮書畫錄〕卷八頁一三九。
七、〔大觀錄〕頁二四四七。
八、〔古緣萃錄〕卷四頁七。
九、〔唐伯虎詩輯逸箋注〕頁四九。

十、〔吳越所見書畫錄〕卷二頁九一。
十一、〔唐伯虎全集〕頁二四五「詩話」，水牛版。
十二、〔震澤集〕卷九頁七。
十三、〔蘇州府志〕頁一二八二。
十四、〔甫田集〕頁五〇四。
十五、〔甫田集〕頁一三六。
十六、〔過雲樓書畫記〕頁二九八。
十七、〔甫田集〕頁一四二。
十八、〔文徵明書畫簡表〕頁十七。
十九、〔甫田集〕頁一四五、〔祝氏詩文集〕册上頁五九〇。
二十、「歲暮雪晴山齋肆目偶閱謝皐羽詩窮冬疑有雨一雪卻成晴喜其精妙因衍爲韻賦小詩十章」；詩見〔甫田集〕頁一四六，「寒原宿莽圖」藏蘇州博物館。
二一、〔蘇州府志〕頁二〇九。
二二、〔蘇州府志〕頁二〇九。
二三、〔甫田集〕頁一四八、〔虎邱山志〕頁四七三。

第四十六章　寧王聘賢

正德七年的下半年，憂時憂國的文徵明，在時好時病中度過；然而，總也算完成了不少心願。

由於劉瑾擅權，朝政不修，所激起的盜賊，像燎原野火似地，到處亂竄。四川、江西、福建、廣東、河南、淮河兩岸……

身爲一介書生，倘若功名不偶，也就報國無門，因此病中的他，只能以詩寄幽懷：

「臥病經旬一榻空，起來高閣見秋風，蒼茫野色浮天外，狼籍霜痕落鏡中。滿地江湖愁託足，何時淮蔡卻收功？浮雲奄忽行銷滅，雙目依然送斷鴻。」—病起秋懷二首之一（註一）

對旅行災區的一些好友，也經常寄以無限的關懷，探聽他們的行蹤和訊息。

徵明詩中所關懷的淮蔡剿寇情形，雖然當時他無法確知，但文林好友，巡撫林俊（見素、待用），奉旨輕騎萬里，從莆田故居前往西川平盜，倒極有建樹。

林俊，是成化十四年進士，以侃直敢言，不畏權貴著稱。他像文林一樣，所到之處，破迷信、毀淫祠、興辦學校。尤其對各地王府往往工役浩繁，建築動輒採用琉璃瓦、白石雕欄，使人民不勝負擔，一再疏請省儉。宏治末年，在江西任內，因見寧王宸濠貪暴，不但歲祿倍取於民，更要大興土木，準備以兩萬鉅資爲江西王府換裝琉璃瓦；林俊不但屢加裁抑，更勸宸濠不要像春秋時代的「叔段京鄙之求」、「吳王几杖之賜」那樣貪得無厭，以安份守己爲宜。觸怒寧王的結果，林俊被劾受到停俸三月的處分。

此後，經過兩次丁憂，起復四川巡撫後，林俊以其超人的膽識和窮追不捨的策略，逐漸掃平藍廷瑞等據寨稱王的賊寇，卻因與總督洪鍾不合，披御史俞緇委罪進讒。憂憤交加的林俊，乃於正德六年冬，堅請致仕。

離川之時，不僅言官紛紛上章請留，西川士民，也沿路號哭追送，場面動人，實爲少見。

史料所限，無法確知「西川歸棹圖」，是否出於徵明之手，只知他以一首鏗鏘有聲的七古，寫林俊的風骨和忠義，也反映出文徵明心中的義憤：

「⋯⋯卷甲宵馳萬里輕，竟翦窮凶報明主；捷音朝入劍門關，高情暮在壺公山。豺狼滿道不可往，錦城雖樂何如還。功成身退古所難，角巾東第疇能攀？蜀江溶溶日千里，歸心更比江流駛；玉壘浮雲千萬重，不如先生歸興濃。」──題西川歸棹圖奉寄見素中丞林公（註二）

重陽登高，約蔡羽不至，文徵明便獨自和湯珍往遊東禪寺。這是他三年中的第二度來遊；除了賞菊花，賦九日詩，他也再次憑弔沈周留在寺中的遺像和種種手澤。天璣禪師忽然想到沈周最後一次來寺中的遺詩，促徵明作和，以了前緣。緬懷師生流連寺中，賞玩牡丹的往事，文徵明一時不禁悲從中來，也驚覺到時光的流逝；沈周逝世已經三年。但和詩之約尚未實踐，遂帶著無限懷思和愧疚地吟詠：

「杖履空然記昔年，高情無復看雲眠；溪堂白髮留遺照（堂中有先生遺像），竹榻清風感斷緣。奄忽流光驚夢裡，蹉跎殘諾負生前，只應舊事僧知得，酒淚同看獨夜篇。」（註三）

病中的文徵明，聽著市河中泊船上的野笛、遠近人家此起彼落的砧聲：陣陣涼風，吹動著院中的蒼松，紙窗上，不時搖曳著寒竹的姿影，他的思緒也隨之飄浮。在洞庭西山隨蔡羽學習易經的王寵、客逝京師的徐禎卿、這年春天調陞南京太僕寺少卿的叔父文森：滁州城的女牆、滁水的嗚咽，一時之間，佔據了他的腦海。南京太僕寺，與他的家族，似乎有著某些特別的淵源。除了父親、叔父先後任寺丞、少卿之外，教他書法的李應禎，逝世未久，教他作詩的呂㦂，及隱居滁州不遠，一見就把他引爲忘年之交的定山莊昶：都與滁州、太僕寺有關聯，並影響著他生命與人格的發展。隨之，又想到吳寬、沈周、陸容等那些相繼棄他而逝的父執：在這些無眠的冬夜裡，他一共譜出「先友詩」八首，敍述亦師亦友的先輩們，學行造詣，獨特的風骨，以及對世道人心的影響。文徵明在詩序中闡明：

「某晚且賤，弗獲承事海內先達；然以先君之故，竊嘗接識一二，比來相次淪謝，追思興慨，各賦一詩，命曰先友；不敢自托於諸公也。」（註四）

逝世已三年四個多月的沈周，於是年十二月廿日落葬，文徵明先完成了「沈先生行狀」（註五），然後，再以之請銘於王鏊：

「石田之名，世莫不知。知之深者誰乎．宜莫如吳文定公及公；闡其潛而掩諸幽，則唯公在！」

接著，王鏊就參照徵明所撰的行狀，及平日對沈周的瞭解，寫成「石田先生墓誌銘」（註六）。

沈周生前付托，到七年底已逐次完成。除夕寒夜，文徵明獨坐品茗，黯黯的燭光，伴著不時傳入耳中瀟瀟雨聲，他開始整理一年來的重要詩稿，檢點這一時段的生命軌跡。

「少日馮陵都遣卻，只將雙鬓待明朝。」—除夜（註七）

明日的他，可能更謙卑，更成熟，只不知能否爲這亂世，聊盡綿薄？

△　△　△　△

正德八年七月，正當文徵明、陳淳、王氏兄弟一干秀才，緊鑼密鼓地準備往南京鄉試時，蔚門朱存理病篤。朱堯民則於前一年先行離開人世；蔚門二隱，從此凋零。存理墓銘，也早已托付徵明，但只好等待赴試後再行著手。

在金陵客樓之中，隔着散亂的筆墨書卷，文徵明和陳淳師生相對而坐，天已二更，窗外響著淅瀝的雨聲。病體未復，帶著幾分酒意的文徵明，望著斜倚案邊的這位通家子弟，想著兩人一次次所遭受的挫折，一份愧怍和蒼涼的感覺浮上心頭：

「…高樓酒醒燈前雨，孤榻秋深病裡情；最是世心忘不得，滿頭塵土說功名。」—金陵客樓與陳淳夜話（註八）

此際，僅在愛徒的伴陪下，共度客窗雨夜的淒清，數年之後，當有兒子隨行，進出令人感傷的鎖院；那種心理的衝激，祖父文洪可能感受最深。面對著墨瀋未乾的詩草，零亂的墨卷，文徵明竟不知不覺地神馳於祖父那意味深長的詩集中。

試後，文徵明一如當年奉父命匹馬渡江往訪莊昶那樣，從江浦渡江，向東葛、滁州進發，前往太僕寺探望叔父文森。在時間上，兩次旅行均在深秋，只是那一次是連夜趕路，沒有心情觀看山色；這次由於心情不同，所以，帶著破曉殘月，策馬走出東葛城之後，便放轡徐行。過了烏衣鎮，在潺潺流水聲中，遙望三家市西，環著滁州的百里青山，就有種說不出的親切感。忽然他領悟到滁州這樣一個荒蕪的山城，太僕寺這樣一個雅不爲人重視的官衙，何以父親、呂𢡟和李應禎老師乃至叔父，均能安之若素。他眞希望能忘記功名和世事，永遠徜徉在西南勝境之中。

從邸報中得知，去年十二月，王陽明也陞爲南京太僕寺少卿，但他便道回浙江省親；文徵明不知此時名聞遐邇的陽明先生，是否已到滁州赴任。

宏治十二年，王陽明與唐伯虎同時會試南宮，王氏以第二名賜二甲進士出身；文徵明已微聞其名。其後，以忤劉瑾被放，其父王華也因而由禮部左侍郎，遷爲南京吏部尚書；一時更轟傳兩京。

在年齡上，王陽明小文、唐兩歲，他除文才武略之外；更在儒學上卓然有成。他悟道的歷程，漫長而艱辛；先在老、釋方面，下了二十年的鑽研工夫。於生死關頭中頓悟之後，再以周程學說，加以印證，逐漸形成他的哲學體系。他對陸象山學說爲人曲解之處的發揚，以及朱晦菴學說中，未能被人瞭解地方的析辨，都能使學者耳目一新。因此，無論在苗疆、廬陵、京師、以及故鄉餘姚的陽明洞中，從學者總是接踵而至。

在文徵明周遭，無錫華雲，崑山黃雲父子，都是王氏的學生。好友徐子容，也常述及王陽明的思想言行。「徐昌國墓誌銘」中，不僅敍述徐王兩人的交往，更使文徵明直接見出王陽明的人生理念。倘能在滁州相遇，在文徵明想像中，這眞是一種機緣。

不過，這次他們並未在滁州相遇，恐怕再一個月後，王陽明才能到任。非僅如此，這位試畢餘暇，省親、散心的文徵明，大概爲發榜日期所限，想重游醉翁亭，尋舊日題詩，一品瑯琊山泉都不可得。他只好向滁州舊友表示遺憾，他說：

「寄謝故人休見誚，百年雙足會須閒。」—游醉翁亭不果寄滁州故人（註九）

到底這樣盲目地奔波，何時可以停歇，他自己也不知道。他，蔡羽、陳淳…空有才智、抱負，卻與功名無緣的人，似乎都不知道如何安身立命，只能這樣三年一度地塵馳於書房和鎖院之間。

倒是在太僕官舍，文森、徵明叔侄二人，把酒夜話，談到兄弟踵繼在此爲官的巧合，以及蘇州的一些近事，感到無限的親情和依戀：

「宦轍滁陽弟踵兄，我緣諸父得重經；只應故榻曾聽雨，敢儗虛堂是聚星。兩世相看親叔姪，百年好在舊門庭，夜闌無限分違意，月滿空階酒正醒。」—滁州官舍侍少卿家叔夜話（註十）

失解東歸，時間已是佳節重陽，文徵明閒居賞菊，但心中的失落與茫然，實在難以排遣。和王寵、蔡羽等，只能相濡以沫，依韻和詩，互相慰藉。由於年事日長，白髮日增，詩中也別有一種感傷：

「…疲馬尚憐銜橛在，冥鴻翻困稻粱謀；倦游更憶相如遠，落日蒼茫立渡頭。」—失

解無聊用履仁韻寫懷兼簡蔡九逵（註十一）

失解固然沮喪；但扶搖直上，位列三公之後又能如何？以過來人的立場，王鏊一面寬慰這些鄉曲後進，並依韻賦出親身感受：

「野渡空橫盡日舟，蒹葭生滿白蘋洲，毛嬙自倚能傾國，稊稗寧知賸有秋。學就屠龍誰與試，技同操瑟不相謀；人間得失無窮事，笑折黃花插滿頭。」──次韻徵明失解兼柬九逵（註十二）

困於生計，功名一再受挫，滿懷壯志卻又報效無門的文徵明，雖然豁達、淡泊，但也並未因王鏊的點化而大徹大悟。也許還要經過幾番煎熬和體驗；倘如把他十餘年後，許多京中思歸的詩篇，與此日的「失解」詩相較，恐怕文徵明自己也會啞然失笑。

「人間得失無窮事，笑折黃花插滿頭。」斯時的文徵明，如重新咀嚼王鏊的詩句，也會愈加有味吧。

事實上，這年鄉試，鎖院考官對文徵明的文卷，頗有爭議。仁和教諭南寧李君璧，對徵明朱卷大爲賞識；只是由於李君璧批閱的經科不同，雖極力薦卷，卻未被主考官接受。試卷拆封後，素未謀面的李君璧，知道他所賞識的，竟是落第五六次，名氣卻愈來愈大的蘇州文璧考卷，既惋惜，又欣慰自己的知人之明。兩人從此也成爲知己。次年冬，李氏赴劍閣刺使任，道經蘇州，兩人在舟中邂逅。提及往事時，又是一番感嘆，文徵明於贈詩中寫：

「使君策士南畿日，曾把文章謁後賢，今古成名真有命，江湖知己負斯人。…」（註

十三）

△　△　△　△

江西寧王宸濠遣使蘇州，以重金禮聘賢才，是轟動一時的盛事。唐伯虎、文徵明、謝時臣、章文…都在禮聘之列。

宸濠，是寧王朱覲錫同父異母的兄弟，原封爲「上高王」；他的領地，就在江西瑞州府的上高縣。

宏治十二年冬天，朱覲錫逝世，這位頗具野心，個性殘暴的親王，趕到省城南昌，繼承王位。江西幷非邊疆之地，少有強敵爭戰，身爲貴冑的寧王，正可以安享榮華，但宸濠並不滿意；他希望能恢復護衛，擁有軍權。

大約一百二十年前，宸濠先祖領地，在長城喜峰口外的大寧，擁有驍勇善戰的朶顏三衛騎兵；可以防邊或爭討外寇，不僅爲朝廷所倚重，也是其他藩王畏服羨慕的對象。但，建文元年和天順初年，寧王府由於不應朝廷之召和不法行徑，曾先後兩度被削去護衛。並於明成祖取代惠帝之後，由大寧改封南昌，使這支驍勇的皇族，只能韜光養晦，以書畫鼓瑟自娛。

宸濠處心積慮地，對劉瑾、皇帝寵伶臧賢，和兵部尙書陸完，一再重金賄賂之後，終得如願恢復護衛。

到了遣使江南，禮聘四方名士以壯聲勢的時候，宸濠已把護衛稱作「侍衛」，將自己的旨令稱爲「聖旨」，把「陽春書院」僭署成「離宮」了。

他相信「命」；依術士之言，他不但有天子之命，更有天子之氣；南昌城的東南隅，更有天子之氣。因而建陽春書院，以「當」天子之氣。

想不到的是，潦倒鎖院二十餘年，衣食難以爲繼的文徵明，不僅不開千金重禮的封誌，不接「聖旨」，竟連「天使」之面，也堅拒不見。

有人勸他，寧王乃天下長者，虛左以待；何不像枚乘、司馬相如那樣安享曳裾王門之樂？

文徵明笑而不答，勸的人則莫測高深，自覺無趣。

寧王素行，從林俊、俞諫，和叔父口中，他早已耳熟能詳。宸濠耳目遍佈天下，甚至敢於明目張膽地追殺朝廷命官，文徵明也頗有所聞。

「彼凶焰方熾，子不往，得無貽門戶之禍，爲後人之怨乎？」有人從另一個角度著眼，勸文徵明識時務者爲俊傑，免惹殺身之禍，並累及門庭。但他認爲，一旦陷身漩渦，豈止身敗名裂，更將辱及先人，使子孫永遠蒙羞：

「以此為累，子孫不得而怨；若往而獲累，則其怨為益甚矣。」（註十四）並賦「病起感懷」七律二首（註十五）以明志：

「經時臥病斷經過，自撥閒愁對酒歌；意外紛紜如命在，古來賢達患名多。千金逸驥空求骨，萬里冥鴻肯受羅！心事悠悠那復識，白頭辛苦服儒科。」七律（二首之二）

二律傳誦一時，有人評爲：

「詞婉而峻，足以拒之於千里之外。」

也有人指責文徵明「食古不化」，或「執迷不悟」。文徵明並不多加辯白，唯對一時爲虛榮所迷，重利所惑的鄉友，苦心孤詣地加以勸諫：

「豈有所爲如是，而能久安藩服者耶！」（註十六）

可惜，他對寧王早晚必叛的預測，並未爲鄉友所接受。從唐伯虎南昌歸來後，寫給文徵明的信中顯示，這兩位將近三十年的好友，必定經過幾番激烈的爭執。唐伯虎的想法，也許抱著此行可藉以遊山玩水，登嚮往已久的廬山；到南昌後，再見機行事。而文徵明的詩和心懷，卻顯得更岑寂，也更蒼涼：

「短榻無聊擁敗綈，開門深雪壓簷低，蒼松白石寒相照，曲巷斜橋去欲迷。舞態不禁風脈脈，羇懷都似鳥淒淒。小山詩思清如許，不見高人出剡溪。」──對雪（註十七）

大約正德九年春夏之交，文徵明眼見唐伯虎，及多年爲他書法文章刻石的夥伴章文，青年畫家謝時臣等，啓碇航向可預見的狂瀾和漩渦。眼中不禁閃現出孤獨、惆悵而又痛惜的淚光。

註一、〈甫田集〉頁一五六。
二、〈甫田集〉頁一六一。
三、〈石田集〉頁九〇四。

四、〔甫田集〕頁一六三。
五、〔石田集〕頁二二。
六、〔石田集〕頁一七。
七、〔甫田集〕頁一六八。
八、〔甫田集〕頁一〇七。
九、〔甫田集〕頁一七五。
十、〔甫田集〕頁一七四。
十一、〔甫田集〕頁一七六。
十二、〔震澤集〕卷六頁一四。
十三、〔甫田集〕頁一九五。
十四、〔蘇州府志〕頁三四六八「雜記」四。
十五、見〔甫田集〕頁一六〇、〔蘇州府志〕頁三四六八及另一本自中央圖書館善本書中影印者（惜漏記書名）。詩題，前者爲「病中遣懷」，府志未錄詩題亦未引全詩，後者題爲「病起遣懷」。就文徵明拒聘時間而言，〔莆田集〕中，該詩排列於正德七年秋冬之交的詩作中；故學者斷定爲七年之事。又因唐伯虎在江西活動時間爲正德九年秋天到次年春天；故亦有學者主張拒聘時間爲九年春夏之交。
十六、〔甫田集〕頁八九三，附錄「先君行略」。
十七、〔甫田集〕頁一六二。

第四十七章　虎口

船過無錫縣西門附近的梁溪，唐伯虎正在鑑賞鄉友袁養正珍藏的「趙雍竹西草堂圖」。

趙雍是元朝書畫大師趙孟頫的兒子，官至集賢待制同知，湖州路總管府事。書畫得自乃父眞傳；雖不能青出於藍，但也足以亂眞。趙孟頫曾爲幻住菴寫金剛經，寫到近半的時候，由其哲嗣趙雍接手書寫，鑑賞家竟無從分辨誰是誰的手蹟；其造詣可想而知。

「籬外涓涓澗水流，竹西花草弄春柔，茅簷相對坐終日，一鳥不鳴山更幽。」（註一）玩味趙雍引首的數葉墨竹和所題七絕，唐伯虎就已經體會到他那蕭疏淡遠的畫境。

圖卷縱約八寸五分，唐伯虎觸手便知是上好的宋紙。畫中一人獨坐松間草堂之中，當是「竹西先生」楊瑀楊元誠的寫照。茂密的竹叢，與草堂一溪之隔；竹外觀竹，比起獨坐幽篁裡，也許更能領略竹的清韻吧。

卷中另一可貴的，是元末鐵崖道人楊維禎的「竹西志」；可見二楊相知之深。楊瑀官至江浙行省椽屬，維禎於元泰定四年中進士，一度署天台尹，陞江西儒學提舉。元末群雄競起之際，兩位好友均歸隱林泉，楊瑀在浦東張溪，植竹結亭；維禎避地富春山和錢塘等地。吳王張士誠在蘇州，曾屢次招請，堅辭不往。

唐伯虎忽然想到自己目前的處境，和勝國二楊，豈不正是反道而行？

多日來，縈繞唐伯虎眼前的不是桃花塢景象，就是好友的雅集和戲謔。

今年花開得眞盛，臨行時，滿園桃杏均已結實纍纍，閶門大街上，楊家果且已上市。

「桃花塢裏桃花菴，桃花菴裏桃花僊。桃花僊人種桃樹，又折花枝當酒錢。酒醒只在花前坐，酒醉還須花下眠。花前花後日復日，酒醉酒醒年復年。不願鞠躬車馬前，但願老死花酒間……」

桃花菴歌中，他曾信誓旦旦，將永世隱於花酒之間。

「豈有所爲如是，而能久安藩服者耶！」接到寧王聘禮後，好友文徵明就不斷地犯顏勸阻。

「棟梁榱桷俱收盡，此地何緣有逸材！」前年十月王鏊來訪桃花塢時的嗟嘆。種種矛盾而零亂的思緒，一直縈繞在唐伯虎的心中，即使置身北上的船上，他仍舊想不透此去江西，到底是「胡爲乎來哉」？

對於寧王宸濠，也許他只想作禮貌性的拜訪；至多，由於王爺的知賞，多留些畫蹟。然後他就可以像閒雲野鶴一般泝江西上，遊三湘，探赤壁，登岳陽樓，甚至一窺長江三峽的天險。

但，趙雍的竹西草堂圖，楊維禎的竹西志和其人生平事蹟，卻使他想到此行的得失和智與不智。

他與寧王之間，相知到底多少，唐伯虎自己似乎也意識不清。

寧王朱宸濠的母親馮針兒，是娼家之女。傳說宸濠誕生時，其父寧靖王朱奠培夢見巨蟒吞噬他的居室，到了黎明，庭中梟鴟悲鳴，因此，他成爲父親厭惡的對象。

長大之後，他不但缺乏王室應有的威儀，而且行爲輕佻；想不到寧靖王的嫡子寧康王朱覲錫即位十年便行薨逝，宸濠則以庶長子身份嗣位。

南昌致仕都御史李士實，詩翰聲望重於一時。認爲在中官、嬖人環繞中的青年皇帝朱厚照，好遊獵、宿娼妓、佔民女，沒有子嗣，加以經常微服冒險巡幸北方邊境⋯天下未來之事，似乎難以定論。只要以重金結交太后和中官權貴，取大位不過一個宦官之力也就夠了。

「公，吾子房也！」（註二）寧王對李士實表示由衷的感激和贊賞，再加以術士之言，就形成宸濠進一步的野心。

爲了順應那些術士所謂有天子之命，和撥亂反正，奪取大位的心願，宸濠對於在江西，有才望的撫按三司，頗爲禮遇。現爲兵部尙書的長洲陸完，任江西按察時，寧王便時時召請參加酒筵，在醇酒美人，賓主交歡之際，賜贈金壺玉罍，並指著自己身上所繫玉帶說：

「子自愛，他日當繫之無疑也。」（仝前註）

遠自寧獻王朱權時代起，爲了避免永樂帝的疑忌，遭致不測之禍，便盡量隱藏驍勇善戰的本色；有時故意托身羽門，習翀舉之術，或著書立說，親近文學之士，示無他志。

不知出於本性，抑受父祖輩之影響，宸濠對文學、音樂、書畫也頗爲愛好，並禮敬四方文人雅士。蘇州前輩陸完，除了心附寧王，爲寧王達成恢復護衛之外，是否也把蘇州才彥文徵明、唐伯虎、謝時臣等推薦給這位雄心勃勃的藩王？看來不無可能。

思慮及此，唐伯虎對他此行能否如願；對王府作一番禮貌性的回拜之後，便抽身繼續西上，壯遊海內勝景感到懷疑。果如徵明所說的自行投入虎口，捲入萬劫不復的漩渦，豈不愧對所生？

行前不久的四月，剛逾而立的陳淳畫了一幅扇面；七孔玲瓏的太湖石，殷紅點點的春花，簡淡筆墨，寫出江南暮春的溫馨與明燦。邢（？）愿首唱，枝山、伯虎、陳淳…紛紛和詩其上。伯虎題：

「階下花枝扇上同，花枝吹落扇中風；惜花拋扇臨階坐，扇上階前一樣紅。」（註三）

衆人皆以七絕一首，詠點點紅花，在春風輕拂下，彷彿駐顏永壽的九轉神丹；字裡行間，充滿了春日的歡愉。只有徵明後至，單題五絕：

「病起春風過，名園有物華，衰容漸蕭索，愁對深丹花。」

突然間，唐伯虎覺得這位相交近三十年的知友，不僅憔悴衰老，神情更是落寞而孤獨。去年秋天的鄉試落榜，接著照例是一冬一春的纏綿病榻。此外，拒絕寧王召聘的困擾，以及苦勸好友勿往應聘無效，對朝政紊亂，海內沸騰的憂慮…似乎都在他瘦削的面容上，留下一條條刻痕；難怪他的詠花詩，竟如此地陰鬱與深沉。

可是，經過一陣熱鬧地祝賀、祖餞，以至於啓行上路，再面對自元明以來諸多題跋的「趙雍竹西草堂圖」卷，漸漸使伯虎感到，孤獨、落寞，衰老蕭索的不只是徵明，還有航向那紛擾漩渦中的他。此去江西，如何全身而退，也許是他一路上應該嚴肅考慮的課題。

看看圖卷末端的兩跋，一爲楊儀部循吉，一爲黃郡博雲。循吉論及楊瑀之所以名留千古，固是人品使然，但圖後的歷代品題，應是主要原因；循吉的結語是：

「…文固天地間最壽之物，孰謂儒生終日弄筆，爲不急事哉！」（仝註一）

黃雲則闡明，此卷楊氏後人原已失去，後爲鄉友袁養正獲得，使得繼續流傳，實屬藝壇佳話。這兩則前輩好友題跋，也愈發增加唐伯虎旅途的孤寂和惆悵。因此袁養正敦促其題跋的時候，唐伯虎屢欲下筆，又復停下，最後僅以：

「正德九年，吳趨唐寅觀於梁溪道中。」簡單數字，掩飾過他那紛亂而複雜的心緒。

△　△　△　△

座落在浩淼江流中的焦山、北固與金山，是唐伯虎舊遊之地，雖然每次登臨都不免有人事變化和千古興亡之嘆；但這次路經勝境，對於自己前途，卻是一片茫然，心中感慨也就特別深刻。前此所賦「游焦山」五絕，結尾雖然有：「千古基王業，來游有所思。」（註四）的低沉曲調，而通篇究竟是以描繪景物爲主。今日所賦「焦山」七律，憑弔古代隱者的遺蹟外，兼寫景物的幽奇及形勢的雄壯險峻，更浩嘆身世的悲涼：

「鹿裘高士帝王師，井竈猶存舊隱基；日轉露臺明野溆，潮隨齋磬韻江湄。天從西北開天塹，地到東南缺地維；翹首三山何處所，卻看身世使人悲！」（註五）

由此一例，不難看出伯虎內心的矛盾與憂煩。

經九江到廬山之後，唐伯虎眞正體會到蘇軾所描寫的：「橫看成嶺側成峰，遠近高低各不同；不見廬山真面目，只緣身在此山中。」煙雲縹緲，頃刻萬變的景象，才使心中的煩悶，隨之一掃而空。

廬山勝景中，雄渾奇偉，懾人心魄，莫如山南東方寺下面的九疊屏（屏風疊）：鐵壁石骨，綴以蒼松翠柏，層層相疊，有如天然屏風。勢如萬馬奔騰的三疊泉，就從九疊屏上注入下面的九疊谷中。然而，這發自大月山，由五老峰後東注入谷的山泉，並非直瀉而下，乃是裊裊如垂練一般跌落在一塊巨石之上；摧碎散落，如雨如霧，迷迷濛濛地噴灑到第二級大磐石上；同時也在磐石上重新匯集。再次傾注的時候，才一落千丈，直奔谷底；連站在兩里以外的人仍然可以感受到逼人的寒氣。

詩仙李白，一見九疊屏的磅礡氣象，就想隱居其中：

「大盜割鴻溝，如風掃秋葉；吾非濟代人，且隱屏風疊。」

不過令人不解的，李白詩中，並未描寫更震撼人心弦的三疊泉；根據記載，直至宋代，始爲樵者在偶然中發現。

在唐伯虎的感覺中，和九疊屏、三疊泉大異其趣的，是當他登上東林寺南，高峻細秀的香爐峰時，俯瞰山下，江流如織，座落潯陽江邊的湓口古城，看來比一方石硯還小；一切都凝定著，彷佛是一個無聲的世界。

這一動一靜的兩種景觀，是否可以意味著兩種不同的人生態度；前者是參與的，象徵帶動和被動，後者是超然而靜觀，冷冷地看著一切的運轉？然而不管怎樣，他總算償了多年來一游廬山的心願。

「匡廬山高高幾重，山雨山煙濃復濃，移家未住屏風疊，騎驢來看香爐峰。江上烏帽誰渡水？巖際白衣人採松，古句摩崖留歲月，讀之漫滅為修容。」—他在「廬山」（註六）詩中抒寫心靈的脈動。

當他沿鄱陽湖南下，再溯江前往南昌時，愈接近這洪都古城，心情就愈發低落；寧府強佔民田、掠奪民間女子、勾結湖盜攔江搶劫行旅商販等不法行徑，時有傳聞。不過到了南昌之後，這位被傳說成一世梟雄的藩王，加之於唐伯虎的禮遇倒也相當隆重。在賓客面前，對這位南京解元，名著兩京的蘇州才子廣爲稱道。衣食日用、供應豐盛，住在幽雅瑰麗的別館之中，派專人服侍。此外，寧王更不時地遣使賞賜饋贈。

正德九年的夏秋之間，出入王府中的人物，愈來愈複雜，不少類似江湖中的豪客，在府中教授槍棒火器，號稱「把勢」。八月間，正德皇帝對寧府有所賞賜，寧王則命撫按三司各官，穿朝服向他祝賀。巡撫俞諫不但堅持不可，並拿辦幾個爲惡的王府執事，使宸濠大爲震怒。遣鄱陽湖盜四出劫掠情事，也愈來愈公開化了。

大約於此前後，王府中的賓客、執事人等，發現遠自蘇州、千金禮聘待爲上賓的唐伯虎，神情行止都大有改變。不但平日服裝不整，邊幅不修，盛宴之上，也時常酗酒，嘔吐狼籍。

「信口吟成四韻詩，自家計較說和誰？白頭也好簪花朵，明月難將照酒卮。得一日閒無量福，做千年調笑人癡；是非滿目紛紛事，問我如何總不知？」（註七）

「上寧王詩」，也是這位才子的自鳴得意之作。「白頭也好簪花朵，明月難將照酒卮」；身爲寧府貴賓，莫非覺得受到了虧待？下半首，更是似禪非禪，俗言俚語併湊而成，對一代俊傑貴胄的藩王，可謂肆慢不恭到了極點。

不久，類此似通非通的打油詩，又題寫在壁上：

「碧桃花樹下，大腳黑婆娘；未說銅錢起，先鋪蘆蓆床。三杯渾白酒，幾句話衷腸；何時歸故里？和它笑一場。」（註八）

自然，這種不堪入目的詩作，也只能傳爲笑談。

此後唐伯虎則在南昌四出游蕩，恢復他那賣文鬻畫的生涯：

「許旌陽鐵柱記」（註九），爲寧王陽春書院附近的鐵柱宮所撰，敍述道合黃軒，功配神禹的許眞君，誅龍蛇以安江流，馘魅魑以定民生，鑄鐵柱以鎖地脈的故事。陽好生，陰好殺，陽爲德，陰爲刑，凝德爲神，淫刑爲怪；唐伯虎借題發揮，以爲陽陰的相生相尅，相輔相成，才能演變成天地間的生生不息：

「…故有至怪之變生，有至神之聖出以御之；設使特生蚩尤、無支祈與蛟精，而無黃帝、神禹、許眞君，則天地之間，陰陽偏滯，而人類幾息矣。」

「荷蓮橋記」（註十），寫南昌城南集賢縣民衆，往往爲饒信二水秋潦所苦，車膠輪，騎躓蹄，使人大有寸步難行之嘆。內相喻公，爲了便民，自動修築石梁，解除民患，也補救了縣令施政上的漏失；人們不僅稱喻公之賢，同時也稱道令尹之賢德愛民。

唐伯虎的推論是：

「…天子于民，上下遼絕，日月不照覆缶，蟻蚊不能叫閽，民之所憂者多矣。朝有賢士大夫爲之輔翼補綴，則天下之民，安得不聖其天子乎；則知朝多賢士大夫，則多聖君矣，豈獨一邑之政爲然哉！。」

這兩篇文字層次井然，說理透徹，和同時在王府中的詩作，眞有天壤之別。兩篇文字，表面上不相關聯；如果把當時寧王的所作所爲，倒行逆施，和這二記的推論比照來看，就可以體會出其中隱含著的深意：

斯時寧王，一面暗令所勾結的山賊湖盜，四出劫掠。命護衛、府丁，積極習練「把勢」，以備起事。一面以重賂交結北京權要，刺探朝廷動靜，指斥正德皇帝各種荒唐行徑；造成軍民對北京的離心力。

歸納唐伯虎兩篇文章主旨，對於寧王反意已露所形成的漫天陰霾、人心的惶恐，他以歷史和傳說來推衍：只若「有至怪之變生」，就必定會「有至神之聖出以御之」來撫慰人心，暗示寧王的惡勢力無足爲懼。事實上，後來王陽明之迅速敉亂，何嘗不是這預言的應驗？

對於受制於群小的青年皇帝的荒謬舉措，他認爲如果人人以賢士大夫爲己任，默默地「輔翼補綴」，不僅地方令尹不會招致民怨，施於朝廷，也會彌補朝廷漏失，杜塞人民對君主的怨尤；意在鼓舞人心向善求治，勿爲宸濠的煽動所離間。

此外，他又以詼諧、反諷的筆緻，表示多承知己好友的「厚愛」，致使生活一天比一天陷於困厄：

冬天，鄉友南昌司訓陶大癡承好友之薦，官陞一級，調爲崇仁縣教諭。領檄啓行之際，景況頗爲淒涼。隨身只有一些陳舊的書籍。廚子揹著菜板和炊具，僕人牽狗挾被上船；像是無家貧漢賃屋遷居，卻很難使人想到是陞官赴任的仕宦。

看到此情此景，唐伯虎突然有了幽默感，在「送陶大癡分教撫州序」中，放言高論：首先，唐伯虎認爲，讀書人全靠故人知己提拔推薦，才能飛黃騰達。以這位離鄉背井，不乏故人知己的陶大癡而言，何以愈薦舉愈窮困呢？實在因爲那些故人知己對他過於「厚愛」，覺得他志節太高，不能勞頓於案牘之間，或從事於種種官場應酬；不如讓他當個教書匠，職司禮樂，雍雍雅雅，在揖讓祥和的氣氛下，頤養天年。而陶大癡所以報答故人知己的方式，則是使自己愈來愈窮；蓋「君子固窮」，如此不僅可以證實其素志確實高人一等，且得免於「苞苴之譏」，才不辱於知己之愛。

行文至此，唐伯虎筆鋒一轉，指稱以自己文章之奇瑰、學識之疏達、循規蹈矩、言出必行，結果竟「流落江海，以藝自資」，多少故人知己，居然沒有推薦他一官半職；顯然是過度地「厚愛」於他，重視他的志節所致。

他與陶大癡，眞可謂又是知己，又是同病相憐，唐伯虎的結論是：

「…以知己而別知己于貧困道塗流落之間，能不悉以彼此故人知己之所厚薄者相爲道哉！故序。」

△　△　△　△

冬末，也許是正德十年的早春，地處江南的南昌依舊冷得使人瑟縮不已。

寧王宸濠，對唐伯虎常在大庭廣衆的宴會中出醜，深覺困惱。有時，他不僅語無倫次，所爲詩文不是肆慢不恭，就是庸俗難耐，無異乞兒所唱之蓮花落一般；「江南第一才子」之名，眞不知因何而起。

幾度他想遣發伯虎回去，然而唐寅名氣太大，既怕引起其他賓客猜疑，讓天下士笑他沒有容人的雅量，也怕府中那些「不足爲外人道也」的事，爲其宣揚開去。

不過，像今天這樣囂張狂悖，恐怕他再怎麼愛惜這位南京解元的才名，有再大的顧慮，也無法繼續容忍下去：

賓主之間，雖然早已日漸疏遠，他照例遣使饋贈禮物給那徒具虛名的蘇州才子。那知伯虎非但不領受他的情誼，反而出言譏諷，呵斥使者。最使宸濠難堪的，是他當著奴僕和使者之面裸形箕踞，似在自瀆，又彷彿向爐取暖；那種了無羞恥之情，若非失去理性，就是恢復衆所周知的，當年與豎子張靈在泮池「水戰」的狂態。

「孰謂唐生賢，直一狂生耳！」（註十二）震怒、懊惱，宸濠突然感到被誰愚弄了一般。

「果風邪？」（註十三）宸濠反反復復地思忖着；既然已經瘋狂，也就不會再引起賓客和世人的猜疑。而且，「斯亦不足畏矣」；即使唐伯虎將府中之事宣揚開去，也不會有人相信。

他決心把他遣送回蘇州，以擺脫這個使他困擾的心理負擔。

註一、〔石渠寶笈〕續編，册二頁九九一。

二、〔明史竊〕頁五六四「寧王傳」，尹守衡撰，華世出版社。
三、陳淳扇面藏故宮博物院，並刊於〔陳淳研究〕頁四〇之後，陳葆眞著，國立故宮博物院印行。
四、〔唐伯虎全集〕漢聲版頁二七、水牛版頁三二。
五、〔唐伯虎全集〕漢聲版頁三〇、水牛版頁三七；後者首句「…帝王型」，「型」疑係「師」字之誤。
六、〔唐伯虎全集〕漢聲版頁三一、水牛版頁三七。
七、〔唐伯虎全集〕漢聲版頁四八、水牛版頁五五。
八、〔唐伯虎全集〕水牛版頁二五二「詩話」。
九、〔唐伯虎全集〕漢聲版頁一四六、水牛版頁一七五。
十、〔唐伯虎全集〕漢聲版頁一四八、水牛版頁一七六。
十一、〔唐伯虎全集〕漢聲版頁一四〇、水牛版頁一六八。
十二、〔唐伯虎全集〕水牛版頁二三五「遺事」。
十三、〔唐伯虎全集〕水牛版頁二四〇「遺事」。

第四十八章　倦遊

從嚴州往北的桐江之中，不僅江流急湍，奇形怪狀的巨石，聳峙岸邊或兀立江心，江道更是曲曲折折。進入唐伯虎眼簾中的，忽而水天相接，江霞照映下，波光粼粼，使人心胸開闊，忽而懸崖峭壁，橫亙目前，大有山窮水盡疑無路的悽愴。跟他所經歷的世事人生，似乎頗有相近之處。

船進七里瀨（富春渚）不遠，就是後漢隱士嚴光（子陵）著羊皮裘棲隱耕釣的「嚴灘」。突起於江岸的雙峰，人稱東西二臺；前者爲漢嚴子陵先生釣臺，後者爲宋亡後，謝皐羽慟哭文天祥之處；其時，這位南宋諮議參軍，歌「朱鳥魂歸曲」，以竹如意擊石，如意與石俱碎，其孤憤之情，可以想見。

然而，把揷天的山峰稱爲「臺」，尤其前者的「釣臺」之稱，實在令人不易理解。「雲山蒼蒼，江水泱泱，先生之風，山高水長！」驀然，唐伯虎想到峰下嚴子陵祠中，范仲淹「嚴先生祠堂記」的句子；釣臺之稱，也許是對其清風亮節仰之彌高的意思吧。

嚴光少時，與劉秀同窗，一夜天寒，輾轉無法成眠，相約：

「後日豪貴，憶此勿相忘！」這情境，與陳勝吳廣的「苟富貴，毋相忘！」頗相類似。

及至光武稱帝，劉秀雖然常念舊好，嚴光卻更名改姓，棲息林下。經過多年的查訪，光武皇帝終於得到了故友的訊息；遂遣使備車，往返三次，才把隱居江畔的嚴子陵接到京師北軍，起居飲食，均命人朝夕服侍。劉秀駕幸北軍賓館之際，嚴光高臥不起，光武帝顧不得帝王之尊，直到床前，撫摸嚴光的腹部說：

「咄咄子陵，不可相助爲理邪？」在光武帝的靜默等待中，嚴光又睡了半晌，才欠伸張目地說：

「昔唐堯著聽，巢父洗耳；士故有志，何至相迫乎？」結果，萬乘之尊的光武帝，只好嘆息升輿而去。

其後，雖然引入內廷，道故人情誼，累日不倦。甚至共眠時，嚴光把腳壓在光武帝腹上，使瞻星象的太史有「客星犯御座甚急」之奏；但終究無法以同窗之情，動搖嚴光的隱志。

與嚴光相較，唐伯虎對自己的江西之行，不免覺得孟浪，也深悔未聽文徵明的勸阻。霞光鶩影中，依稀可以聽到樵夫採松的聲音，落日餘暉，照射著晾曬在船艙外面的客衣，反映出一抹奇異的光彩，也給人一種茫無所歸的漂泊感。遙望桐江左岸的鸕鶿廟，隱約可見放牧著的牛羊。從初夏到深秋，清澈見底的江流中，盛產風味鮮美的鮒魚，可惜此際爲時尚早。仲春料峭的晚風，吹動著他單薄的衣裳，唐伯虎不禁打了個寒顫。然而，再度徜徉於山光水影中，也使他感到一種欣慰；幸虧自己見機得早，佯作顛狂，才得全身而退。只愧不如好友文徵明那樣心有定見，行止有節；想著，想著，繞道贛東、浙南的唐伯虎，竟有些近鄉情怯了。在蒼茫暮色中，唐伯虎仰望釣臺，緬懷古昔隱士的高風，吟出心中的感歎：

「漢皇故人釣魚磯，魚磯猶昔世人非。青松滿山響樵斧，白舸落日曬客衣。眠牛立馬誰家牧？鸂鶒鸕鷀無數飛。嗟余漂泊隨饘粥，渺渺江湖何所歸。」—嚴灘（註一）

回到蘇州，已經是三月中旬，青梅纍纍，殘花處處。江西之行，對唐伯虎而言，也許既不足爲外人道，也不便爲外人道；但人們對唐伯虎的再一次落魄而歸，議論、指點，則可想而知。一些有關這位江南才子的穢行醜聞，片片斷斷地從王府人役或應聘的賢士口中，透露傳播，渲染誇張，繪影繪聲，使人感覺他是愈發不堪了。

爲了尋求寧靜，唐伯虎除了在臨街小樓上賣畫，便在桃花塢中深居寡出。雖然像從北京鎩羽而歸那樣，雅不欲爲自己辯白，但他卻不能不對自己作一番反省和檢討，對好友有一個交待。

鏡中的霜髮、皺紋，想是在南昌爲尋求脫身之計，於苦思焦慮中，悄悄展佈出來的。從北京南旋後，那些三餐不繼，衣不保暖的歲月裡，使他的身體彷彿一根從心裡面蛀蝕、腐朽了的樑柱。尤其肺部的惡化，更使他不自禁地感到生命的短促與幻滅：

「白髮日較短，吾生行衰暮。囊無神仙藥，此世安得度？滅沒光景促，人生草頭露。」—他在「白髮」詩中寫。

值得慶幸的是，所行所爲雖然不拘細節，但尚能俯仰無愧，大節無虧。最後的願望，也許就是自我愼戒，無辱所生了：

「年少輕前途，老大戒末路。踵下掃陳跡，結屨學新步。奔波敢自恕，五十舜猶慕。大孝立終身，匪猶官資故。黽勉達巷旨，庶不添吾父。」—白髮（註二）

姜龍（夢賓），太倉人，正德三年進士，現任禮部郎中；在給這位友人的信中，唐伯虎坦白表示江西之行是乘興而往，敗興而歸；但字裡行間，依然不減其豁達的本色：

「……僕自去歲遊廬山，欲沂江西上，悉覽諸名勝，不意留頓豫章，三月中旬得回吳矣；所謂敗興而返也。丈夫潦倒於江山花竹之間，亦自有風韻；此但可與先生道，難與俗人言也。……」—給姜夢賓儀部書札（註三）

只是，對於行前幾度犯顏直諫的諍友文徵明，唐伯虎經過一再思考之後，才又謹慎又鄭重的寫了封短柬：

自少至壯，相交已近三十年；唐伯虎首先以感恩的心情，略述文氏父子對他的了解、培植與呵護。

談到兩人的情誼，這位回頭的浪子作了一番鮮明而強烈的對比：

「……寅每以口過忤貴介，每以好飲遭鳩罰，每以聲色花鳥觸罪戾；徵仲遇貴介也，飲酒也，聲色也，花鳥也，泊乎其無心，而有斷在其中，雖萬變于前，而有不可動者。……」—又與徵仲書（註四）

而今以後，他決定要以徵明爲師；只求能一隅共坐，在徵明人格的薰陶下，把心裡的渣滓，消鎔於無形之中；唐伯虎唯恐其改過向善的決心、求師的誠意無法見信於相交一紀的好友，並舉出實例，表示以長師幼古已有之，實非標奇立異：

「……昔項橐七歲而為孔子師，顏路長孔子十歲，寅長徵仲十閱月，顧例孔子，以徵仲為師，非詞伏也，蓋心伏也。……」

這封短札，雖是剖肝瀝膽，言詞懇摯，究竟能否爲南昌行所形成的友情隔閡，彌補平復，恐怕有待於異日的表現了。

△　　△　　△　　△

張靈和江西才女崔瑩的故事，大約始於正德九年；時維唐伯虎啓碇航向南昌前不久的暮春。推測落幕時刻，可能在新天子嘉靖改元前後。

「天生劉伶，以酒爲名，一飲一石，五斗解酲；婦兒之言，愼不可聽。」

……

獨坐在那簡陋茅舍中讀「劉伶傳」的張靈，對這位一千二百多年前，經常乘鹿車、攜酒、荷鍤，與侍者相約死了便埋的飲者，如逢知己，如見故人。他讀著、飲著，更爲劉伶的特立獨行、豁達的心胸拍案叫絕。

當書僮告訴他酒已飲罄，他多少有些掃興；但當他知道好友唐伯虎、老師祝枝山等正群集虎邱，飲酒遊春的時候，不禁又興起往日行乞求飲的雅懷。

可中亭內，幾位高吟低哦、飲酒賦詩的好友，見到一個頭攏雙髻、赤著腳、鶉衣百結、手持竹杖的乞丐走上前來，大家相約，佯作不識。

張靈拿著「劉伶傳」，一面索飲，一面逞詩才，濡墨揮毫，洋洋灑灑。直到飲罷，才起身一揖，口稱：

「劉伶謝酒！」不辭而去。

及至張靈去遠，幾個朋友忍不住大笑。「今日我輩此會，不減晉人風流，宜爲張靈寫『行乞圖』；吾任繪事，而公題跋之，亦千秋佳話也。」伯虎向祝枝山提議，隨即揮灑起來。傳神之外，兼及寫景。祝枝山興會淋漓地題識數語，座客爭著傳觀贊嘆。

不知何時，一個縞衣素冠，風度儒雅的老者，也在欣賞墨瀋未乾的行乞圖。當他知道作圖、題跋的是心儀已久的蘇州才子唐伯虎和祝枝山，急忙趨前見禮，並自我介紹：崔文博，從海虞告歸的教諭；護著新喪妻子的靈櫬，正航向南昌故居。

對圖中的乞者，崔文博似乎特別有興趣，回憶適才下坡而去的乞者，更仔細玩味圖中的筆墨和神貌。

「敝里才子張靈也。」唐伯虎向他解釋。不知是愛圖還是愛人，在崔文博懇摯地求索之下，唐伯虎慨然相贈。

虎邱山下，遊船輳集，人潮洶湧的碼頭上，忽然起了一陣喧囂。一個在船上守靈的少女急忙出艙察看。碼頭上並沒有甚麼異狀，倒是一個乞丐模樣的男子向她直視。他容貌不俗，手持古卷，看來更有一種不凡的氣度。然而使她感到慌亂的，卻是他的行徑。

「張靈求見！」

他竟然跨過船舷，長跪在她的面前，灼灼的目光，向她逼視。她曾經遐想過，有朝一日，得遇不拘禮俗，不可一世的奇男子以托終身，方不負此生。無如眼前事情來得太倉促，那男子的表現，也過份唐突。她眞希望老父現在船上，自然知道如何發付。但若父親此刻回船，見到這種光景，又不知有何看法？因此，她內心又有些慶幸老父幷未趕回。而岸上攏集來的一些圍觀者，卻愈發增加她的困窘。她簡直以近乎懇求的口吻，叫他離去。

他依舊跪在那裡，口齒清晰，聲音宏亮，一派讀書人的從容，看不出他是不羈的狂生，還是宿醉未醒；她也不知該不該召喚左近的船家。

幸好，人叢中擠出一個書僮模樣的後生，爲那自稱「張靈」的乞者拾取身邊的竹杖，勉勉強強地拉他上岸，在人群中消逝。

帶著幾分尷尬、一種莫名的慌亂，那身著素服，姿容絕世的少女，趕緊叫喚船家解纜，把船撐離岸邊，尋求一個隱蔽的所在；也許爲了避免再次受窘吧。

手捧行乞圖，縞衣素冠的崔文博，懷著異樣的心情來到碼頭，卻失去了女兒和船的蹤影。幾經呼喚，才看到那解纜而去的船隻，重新靠近擁擠的岸邊。

女兒解釋適才的遭遇，崔文博展開唐伯虎畫的「張靈行乞圖」，始知父女先後所見，竟同爲一人。

那少女名叫「素瓊」，又名「瑩」，是崔文博的獨女，才貌素著，遠近聞名。

當她細看行乞圖中張靈的風趣和氣貌，祝枝山題跋中，對那灑脫不羈的才子的贊賞，崔瑩心裡浮起又興奮又失落的感覺。張靈那熱切、含著深情的目光，那宏亮充滿自信的聲音，還有那彷彿突然從荒蕪、岑寂中，發現到尋求已久的，心靈中那種依歸的欣慰……重又充溢在她四周。她把圖看了又看：

「此眞才子風流也！」崔瑩不自禁地輕嘆，並把圖珍重地藏入笥中。

這時，作父親的也暗暗打定了主意，明日船泊吳門，他要親訪金閶門裡兩位名滿海內的才子，然後再把女兒的終身大事，託付給這兩位新識。

然而，人算不如天算；也許正如日後崔瑩所悲傷嘆息的：

「命也已矣，夫復何言！」意欲往訪唐祝的崔文博，忽然抱疴，一連數日，臥艙不起，又在船家的催促下，只好啓碇，遽返豫章。

驚鴻一瞥之下，張靈直覺到船上的絕代佳人，正是他舉世難求的佳偶。

記得一次，唐伯虎試探他有無足堪匹配的佳人，以符他這才子之望？

「才子」「佳人」，張靈以爲數千年間，當之無愧的，只有李白和崔鶯鶯；可惜崔鶯鶯下嫁了平庸的鄭恆，是否眞與張君瑞有過那樣一段悱惻纏綿的戀情，尙屬疑問。

「吾雖不才，然自謫仙而外，未敢多讓。」面對好友關愛，張靈侃侃而論。

唐伯虎聽了，立刻承諾，從此之後，當處處留意，爲他訪求一位崔鶯鶯，使成爲千古佳話。說完，兩人相視大笑而別。

不意在行乞遊戲間，意外的得遇這樣容貌才情出衆的女子；惟恐失之交臂，其後他曾一再駕舟穿梭於虎邱四周的碧波帆影之間，但卻蹤跡杳然，只隱約地探聽到是前往南昌的船隻，且早已啓碇。

久蓄異志的寧王宸濠，除了慕唐伯虎的才名，千金禮聘以博好賢養士的聲名外，更要藉重他的畫藝，結交權責，甚至逢迎九重，使正德皇帝疏於對他的戒備。

朱厚照荒淫無嗣，天下各地則爭獻美女以求固寵，朱宸濠也不例外。因此唐伯虎在南昌那段時間內，宸濠一面物色佳麗，一面請他準備繪製「十美圖」進貢。

王府中待獻的美女，善歌、善舞、善琴、善書，各有所長。正德皇帝好武，因此，寧王竟然連善射者也羅織在內。而且從姑蘇、揚州、荊溪到洛陽，各地佳人俱備。只是十美僅得其九，不能不請唐伯虎先行繪製，再行物色以求足數。

「九美圖」題詠一一完成之後，宸濠設宴，大饗賓客，以為唐伯虎不世之功。在舉座稱賞之餘，一位殿僚季生向寧王進言：「十美欠一，殊屬缺陷；某願舉一人以充數，詰朝請持圖來獻。」季生所薦，竟是返鄉未久的豫章才女崔瑩崔素瓊。

原來季生因久慕崔瑩才貌，喪偶之後，曾遣女畫師暗自畫下崔瑩圖像，以求一窺廬山面貌。及至向崔府求婚遭拒，則懷恨在心，藉獻圖寧府以洩私忿。

見圖之後，這位權傾一時的藩王果然滿意，遂問明姓氏，強行徵召入邸；仍請南京解元為之圖像，以便進獻。

然而這最後一美，雖是國色天香，卻滿面戚容，頗有一種令人唏噓憐惜之感。圖像將近完成之際，唐伯虎忽然接到崔瑩秘密送來的一函：

函中，崔瑩自述家世，及虎邱偶遇張靈，繼而拜賞伯虎的張靈行乞圖的往事。其時雖欲托喬木於張生，怎奈天緣不巧，老父染疴，遽歸南昌。

除被迫入邸的經由外，崔瑩懇祈伯虎相機營救，並求他務將此情，轉致張靈，以示終生不渝。

這時，唐伯虎忽然想到江西行前，好友張靈的殷殷囑托：虎邱邂逅，日夜縈懷的佳人，正在豫章，此去務請代爲查訪。

到南昌後，好友之托並未去懷，卻是分身乏術。加以茫茫人海，唐伯虎亦有無從訪查之苦。

崔瑩的一紙密函，帶給唐伯虎震驚、惋惜，尤其經他親自爲圖題詠，也引發他對吳門同窗好友的愧怍。

圖像日近完成，十美即將就道，徬徨、困惱的唐伯虎暗自從季生所獻崔瑩圖，摹寫一紙，攜著往訪崔文博；商討是否有挽回的良策。

虎邱別後，崔文博顯得格外的衰老與淒涼，見到女兒的畫像，更使他老淚縱橫，無限地感傷。

「才子風流第一人，願隨行乞樂清貧；入宮衹恐無紅葉，臨別題詩當會真。」從崔文博顫動的雙手，接過珍藏的張靈行乞圖；一首字跡秀潤的七絕，乃崔瑩被迫進入王府前所增題。她心中的絕望與悲愴，唐伯虎不難體會。然而，他又能爲張靈，爲這對失去相互依靠的父女，帶來幾許希望？

崔文博口中轉述的女兒臨別之言，尤其令人酸鼻：

「願持此復張郎，俾知世間有情痴女子如崔瑩者。」

唐伯虎眼中，展現出崔瑩心摧腸斷地，把行乞圖捧交老父後，慟哭離家的情景。

註一、詩見﹁唐伯虎全集﹂水牛版頁四〇。漢光武、嚴光事蹟見﹁後漢書﹂卷八三頁五「嚴光傳」，藝文版。

二、〔關於唐寅的研究〕頁六七。
三、〔大成〕月刊期八六頁五〇。
四、〔唐伯虎全集〕水牛版頁一六四、漢聲版頁一三八。

第四十九章　月夜古墳

故事中，宸濠所獻十美裝束就道前後，也就是唐伯虎佯狂求歸的日子。路途的勞頓，心情的懊喪，杜門謝客一個多月，唐伯虎才走出桃花塢，往訪張靈。

闊別經年的張靈，彷彿換了一個人似的，毫無生意，只有聽到伯虎到訪，才從床上躍起，急切地叩問豫章佳人的訊息。唐伯虎也只能神色黯然地以崔瑩圖摹本，和題寫在行乞圖上的崔瑩詩相示。

「願持此復張郎，俾知世間有情痴女子如崔瑩者。」

崔瑩的話，十美裝束進京的訊息，恍如雷電般擊打著張靈虛弱而絕望的生命。

張靈仆倒在地，鮮紅的血液，一口口地吐出。屋上的茅草，昏暗斑駁的四壁，更助長了生命衰竭的氣氛。唐伯虎再也無法想像出行乞圖中，當日手持劉伶傳，灑脫、豁達的張靈，耳邊倒好像響起了崔瑩離家前的慟哭聲。

三日後，張靈遣人邀伯虎往見，斷斷續續的語句，已經是永訣的口吻：

「已矣，吾死矣，乞此圖殉葬。」他指著伯虎摹寫的崔瑩圖。

隨之，他好像凝聚了所有的一點生命力，要來紙筆，寫：

「張靈字夢晉，風流放誕人也；以情死。」

像是對崔瑩的「俾知世間有情痴女子如崔瑩者」的一種回應，也像是給自己困頓潦倒而放誕的一生，下了個定評。生命之火和手中垂落的毛筆，同時沉寂下來。

慟哭、愧怍之餘，唐伯虎葬好友於玄墓之麓。

依﹝存餘堂詩話﹞（註一）所載，張靈臨終前三日，口吟七絕一首：

「一枚蟬蛻榻當中，命也難辭付大空，垂死尚思玄墓麓，滿山寒雪一林松。」

玄墓，遙望無際的太湖，寒梅白雪，渾然不分，松濤雲影，相互輝映；伯虎是否因此而爲他選定埋玉之所，亦未可知。

不過，從張靈辭世前二日的遺詩中，又可以體會出，儘管窮困潦倒，卻也無憾於此生：

「彷彿飛魂亂哭聲，多情於此轉多情，欲將衆淚澆心火，何日張家再托生！」

大約六年後的夏秋之交，身著素服，芳容憔悴的崔瑩，泊舟吳門，遣老僕崔恩，邀唐伯虎會於舟次。

十美獻抵都城之際，正德皇帝在中官、邊將的慫恿下，正耽迷於身背弓矢，跨著戰馬，不斷地巡狩邊境，以軍國大事，作爲嬉戲。因此，也使四方進獻的佳麗，冷落於宮廷之中。

正德十四年寧王的背叛，雖然轉瞬間便爲都察院右副都御史王陽明敉平；但，爲了要飽嘗御駕親征的樂趣，並藉以遊幸江南美景，逋從北邊回鑾的正德皇帝，便自封爲「總督軍務威武大將軍鎭國公」，率軍南征。

十五年秋，正德皇帝在南京接受王陽明獻俘後，班師還朝。北上途中，一面遊幸大臣和太監的園林宅第，接受他們的款待和奉獻，一面親自射獵捕魚，享受田野的情趣。樂極生悲的是，深秋九月，嚴霜遍地的時候，在淸江浦的積水池中，皇帝操著小舟捕魚，不愼翻覆落水。左右急忙救援之下，雖然倖脫滅頂之險，龍體卻因此不豫。至正德十六年春；班師回京未久，就駕崩於豹房。

正德大行後，大學士楊廷和，請太后傳遺詔，放還四方進獻的美女返鄉；以此推測，崔瑩回到江西，應在當年六七月間。經過宸濠變亂，以及皇帝隨征諸佞倖藉口勦捕宸濠餘黨，請旨前往江西，廣事殺戮劫掠；崔瑩眼中的故鄉，早已滿目瘡痍。老父也已捐館，停殯未葬。因此，雖得放還歸里，卻是孑然一身，孤苦無依。

爲父親舉行葬禮之後，幸有老僕崔恩相從，遂想到蘇州會晤朝思暮想的才子張靈，希望能重續未了的前緣。

「辱君鍾情遠顧，奈夢晉福薄；已物故矣。」舟中，見到隨崔恩前來相晤的伯虎滿面淚痕，聽到他親口說出的噩耗，崔瑩好像驟然被推進無底的深淵。

「命也已矣，夫復何言！」再一次想到被迫離家，赴寧王府邸之前，面對父親和張靈行乞圖的悲嘆；其時她日夜尋求自盡，一次一次被老父勸阻。

嗚咽失聲的崔瑩，與唐伯虎相約，翌晨啓碇，同往玄墓之麓，祭奠一代才子的亡靈。

張靈生平文章，先已自行焚毀。崔瑩所能見到的，只有唐伯虎代爲收拾的詩草，和他所繪製的行乞圖。她把行乞圖懸在墓前，焚香祭拜。伏地痛哭之後，獨自坐在石臺上，取出張靈的詩，一面吟誦，一面舉杯痛飲，淒然地叫喚張靈的名號。唐伯虎和崔恩佇立一旁，心中也爲之感到無比的悲酸。

由於不忍見那至極悽愴的情景，唐伯虎、崔恩，一個先行下船，一個到丘壠間徘徊。及至崔恩回到墓前，想繼續加以勸慰的時候，發現崔瑩早已自經墓側，四周一片死寂，只有裊裊香煙，和隨風翻動的詩草。

「大難！大難！唐寅今日見奇人奇事矣！」唐伯虎驚聞這不幸的訊息，趕回墓前跪拜嘆息。

他把張靈行乞圖、詩草，放進崔瑩棺中以爲殉葬。幷開啓張靈墓壙，使這一對飽受命運摧殘的有情人，同眠穴中。

出身貧窶，縱酒放誕的張靈，生平甚少交遊，但，文士大夫，卻爲張靈、崔瑩至情所感，爭至弔誄，同聲哀悼。這段感人肺腑的情緣，也爲之不脛而走。

△　△　△　△

前述張靈與崔瑩的故事，所據爲崇禎進士黃九煙的「補張靈崔瑩合傳」（註二），有關正德南征，則稍參明史。至於九煙何所依據則不得而知。

黃文所描述的張靈出身、性格放誕、無意功名，伯虎的江西之行，以及正德末年，四方進獻美女獲得放還各節，參照張靈、唐寅的傳記，頗多吻合。張靈所留詩及書畫甚少，生平文章，更未見留傳；合傳中指張氏死前，曾自焚文稿，似亦可信。

至於文中稱枝山爲「祝京兆」，寫崔瑩死後，將易服棺殮之前，發現「瑩通體衫襦，皆細綴嚴密，無少隙，知其死志已久。」

按，其時枝山尚未步入仕途；任應天（南京）通判，更在多年以後。崔瑩自盡之前一日，與伯虎相晤舟次，始得張靈噩耗，約翌晨往祭，又何謂「死志已久」？大約昔賢爲文，往往忽略其中的時間性。關於崔瑩的密縫衫襦，至無法易服事，可能是受到傳統節婦烈女故事的影響，而爲畫蛇添足之筆。

張靈生卒年代，一向不詳，唯近據仇英所畫「東林圖」上的題跋，和文徵明所撰「鴻臚寺寺丞致仕錢君墓誌銘」，兩相參證，推測可能生於成化七年，小唐伯虎一歲。

記載中，他有一幅嘉靖十年所作的「松下安坐圖」（註三）；倘資料正確，則張靈卒年當在嘉靖十年之後，享壽較伯虎爲高。

張靈生平事蹟，散見於徐禎卿（新倩藉）、閻秀卿（吳郡二科志）、陳田（明詩紀事）、錢謙益（列朝詩集小傳）、朱承爵（存餘堂詩話），乃至（蘇州府志）等。其中，徐禎卿生於同時，與祝、唐、文、張均爲好友，故其記述應最爲翔實。可惜禎卿後遊京師，加以英年早逝，未能見到張靈後來的生命軌跡。

（存餘堂詩話），錄張靈臨終前三、二日所吟七絕各一首。其餘各家記述大同小異，多以張靈早年放誕生涯爲主；均有神龍見首不見尾之憾。

「……內無僮僕，躬操力作，饔飧不繼，父母妻子，愁思無聊……」

「……杵臼不聞舂，稚子前告饑；寧逢猛虎鬥，安忍兒女啼……」

從徐禎卿（新倩藉），張靈小傳中的描寫，不但可以體會出張靈家計的艱難，更可以看出夫妻牛衣對泣，子女牽衣號饑的淒涼景況。

在﹁唐伯虎尺牘﹂中，有多封寫給張靈的短簡，不外乎招飲佳酒，或相約到某僧寮裡，分享和尙的新釀解饞。

描述如何扮乞兒，向遊山玩水的富賈炫耀詩才，賺取酒食，使人疑爲神仙。暢談他與祝枝山化裝道士，在揚州向鹽運使化緣修觀，所得銀兩全入酒腸的趣事，使張靈恨未能躬逢其會。連在南京受名妓冷落，他賦詩譏誚，致使秦淮脂粉羞慚滿面的事，他也不忘在信中繪影繪聲，以博因酒罄心情不爽的張靈一粲。

和張靈同遊羅浮勝景，流連忘返，是二人經常津津樂道之事，但也一直惋惜祝枝山和周臣未能偕往。這一切點點滴滴，即可以了解唐伯虎和張靈的情誼，也可以略窺張靈瀟脫不羈的性情。

「吾雖不才，然自謫仙而外，未敢多讓。」壯歲的張靈，固然可以像黃九煙筆下那樣恃才傲物，豪情不減。但使君有婦的他，是否仍然目空四海佳麗，一意等待心目中的雙文，始結連理，則大有疑問。甚至死後與崔瑩同穴而葬之舉，恐怕也不是唐伯虎所能作主的。

精神分析學派中，有主張神話故事爲民族集體潛意識的說法。如果加以推衍，才子佳人故事，何嘗不可視爲衝破禮教、禁忌的民族集體潛意識！

在沒有進一步具體證據下，張靈與崔瑩的奇情故事，可信與不可信，倒是一個意味深長的話題。

△　△　△　△

文徵明鄉試失解，雖經王寵、王鏊等爲詩勸慰，仍免不了落寞無聊，纏綿病榻。不久，趕赴明年春闈的好友，錢貴、王守、祝枝山……在寒風雪雨中，陸續起程北上之後，在文徵明感覺中，整個蘇州像是空了下來。對他而言，正德八年的冬天，眞是又孤獨，又寒冷，又漫長。尤其入夜之後，輾轉無眠，對著熒熒燭光，冷凝的空氣中，隱約傳來槌衣的砧聲。展卷在手時，不僅心緒零亂，兩眼的視力，更覺模糊一片：

「茆屋寒初重，無眠對燭光。疎砧何處月，殘葉滿庭霜。攬物驚時改，供愁有夜長。空餘強學志，撫卷視茫茫。」—寒夜（註四）

無論邢麗文到訪，王寵前來探病，或是宜興杭道卿封寄陽羨茶，都會引發他歲月流逝，兩鬢斑白的感嘆。

他與邢麗文相交最久，但卻同樣功名不偶；相見時，依然舊習不改地取出八股文近作，互相研討。一頂秀才冠，也同樣戴得破爛陳舊，只不知何日才能像祝枝山那樣，高吟「別襴衫」。但，別了秀才襴衫，是否就能一帆風順，前程似錦？祝枝山本身就是一個例子；多少年來，或獨自，或與兒子，僕僕於京國道上。前次廷試，兒子入選翰林，此次，則又形單影隻地步上北京之路。文徵明只有爲這位亦師亦友，年逾半百的老孝廉，衷心祝禱。

感嘆之外，近些年來，孤獨岑寂中的文徵明，對這些多年的好友，總是戀戀不捨：

「……為說流光堪戀惜，故盟從此莫教寒。」—邢麗文顧訪小齋話舊（註五）

「……無計留君得，依然日暮回。」—病中辱履仁過訪之一（註六）

「古洞花深謝豹啼，春來頻夢到荊溪，坐消歲月渾無跡，老惜交游苦不齊。……」──寄宜興杭道卿（註七）

事實上，寂寞的他，何止「春來頻夢到荊溪」，居住南濠溪樓的王氏昆仲、洞庭西山的蔡羽、蘇州東城的湯珍、爲官南京的顧璘和王書，都時刻在他想念之中。

常常獨坐西齋，彷彿聞聽外面有馬車之聲，以爲王寵來訪，急忙開門探視；所見的竟是空庭鳥雀，和在微風中款擺著的楡柳。當悠然飄浮的白雲，爲午後的虛窗憑添了許多變幻的景色時，卻沒有人與他把酒清話；於是他的一顆心，早又神馳於王氏小樓之中。

他想像著臨近清江口的雨後江流，在暖風中搖曳生姿的荷花，突然驚起的翠鳥，與隨之而起的吳娃蕩槳的歌聲……

「……相望不可即，長吟一搔首。」（註八）

在他寫給王寵的詩箋尾句，往往流露出類此無可奈何的感傷。秋闈不第的王寵，也成了他往返鎖院的難兄難弟。

大約正德九年二月前後，正爲拒寧王之聘事惹來紛紛議論的文徵明，受沈汝融家人之託，題沈周摹「米敷文大姚村圖」卷。沈周此圖，追摹於宏治五年重九；那時，他二十三歲，跟石田師學畫的第三年。

成化末年，鄉前輩沈汝融醫師失去「米敷文大姚村圖」的故事曾盛傳一時。他剛投入沈周門下，就不時見到沈汝融因絕望而憔悴的容顏；失去世傳的名畫，不僅使他了無生意，更認爲罪孽深重，死後也將無顏見地下的先祖。

沈汝融雖然以濟人濟世的醫術馳譽鄉里，但他心理的痛苦和罪咎，似乎只有沈周才能著手回春。因爲當代名家中，以前只有沈周借臨過大姚村圖，也只有他，臨摹一過的名作，便能憑著記憶追摹，逼近原作。

當沈周不負所託，終於爲沈汝融完成追摹本時，眞是哄傳一時的盛事，面對這幅頗富米氏雲山神韻的長卷，蘇州士大夫奔走相告，紛紛稱賀。吳寬、楊循吉、都穆、祝枝山等，先後題跋。

然而轉眼間，沈周摹作已流傳二十餘載，老人下世也已六個年頭；文徵明則由青年子弟變得滿頭飛霜，披覽圖、跋，其內心感慨，不難想像。

「……憶昔憸人賄爲囮，黷財更假狂閹手；千里珍奇歸撿括，故家舊物那容守。沈氏藏茲二百年，一相（疑「朝」字誤）掣去心茫然……」（註九）文徵明感慨繫之地，從自古尤物媒禍，蕭翼賺蘭亭故事，寫到王臵仗勢攫取沈汝融大姚村圖的往事。然後，筆鋒轉向石田老人的手澤、人品造詣和獨特的風骨：

「……豈余鈍眼錯顏標，抵掌真成孫叔敖。區區不獨形模似，更存風骨驪黃外。一時點筆迥通神，得微小米是前身；從來藝事關人品，敢謂今人非古人。」（仝前註）

由此，也愈發增強他對中官、貴冑的警惕；他以「法之所禁」，直接了當地拒絕與藩邸、中貴人往來。

△　△　△　△

正德十年，九月望日前後，文徵明、湯珍、王寵，同遊城西葛氏墓。

從金閶門樓昇起的圓月，照射在野草衰歇的山徑上。陣陣涼風吹過，青松林裡，響起一片呼嘯。幾個携帶美酒佳肴的好友，踏著枯草和霜露，向松林的深處行去。究竟想尋求一份幽靜，或者想在其中獲得一些人生的啓示，連他們自己也意識不清。

仰望一對高聳的石闕，和古老幽宮前面斷裂的巨碑，使人不難想像墓中人生前的顯赫。但滿目蔓草荒蒿，卻又分明與一般的牛羊牧場並無二致；大概早已斷了香火和春秋的祭掃。

對塵土蘚苔所封蔽著的石碑，文徵明也不覺得陌生，他曾三次來到這座荒墳，剔蘚讀碑；只知上段所題爲葛氏生前的爵祿，下面所表，則是他的不世之功。然而究竟是甚麼爵祿？何等豐功偉業？由於年代久遠，龍蛇漫滅，根本無法卒讀。

片片浮雲飄過，月影乍隱乍現。想著多少長輩、好友的凋零，又多少人把身後的碑銘、墓誌託付給他；文徵明不禁悲從中來：

人生脆弱，一如瓦上之霜，草頭之露。其中更有的壯志未酬，身先隕滅，有的含冤受誣，有的身負絕學，只能藏之名山，有的功勳蓋世卻橫遭刼奪埋沒……唯一的希望寄託於百年之後的公評。可是，眼前所見，即使鑄鼎雋石，尚且如此，還有甚麼可以不朽，可足仗恃？也許只有繞墓的青松，可以爲古往今來，作一番見證。

他在長詩中，宣洩他那悲愴的情懷：

「……見樹不見人，青松仍堅固；乃知人易彫，獨以嬰情故。鑒此念前人，云胡不悲慕！驚風西北來，肅然動情愫。揚杯謝諸公，願言保遲暮。」——月夜葛氏墓飲酒與

子重履仁同賦（註十）

前年十一月，朱存理落葬，文徵明在所撰墓志銘中，痛感存理一生，蒐書，著書，終日挾册，吟哦不輟；到了年老體衰，精力不繼時，則藏書及著作大半散失。他描寫這位勤於耕耘的學者晚景：

「……又坐貧無以自資，而其書旋亦散去，每撫之嘆息；其意殊未已也，而豈意其遽死耶！」（註十一）

存理生平，不業仕進，文徵明則孜孜於舉業却功名不偶；其餘兩人性格、嗜好，幾乎沒有多大差別，存理的遭際，也許就是他的一面鏡子。

無法確知，究竟是年齒增長，時勢的擾攘，或者存理老境、月夜中古墓斷碑的啓示，文徵明在邁向半百之年的人生路途上，無論思想、著作，隱隱約約地都產生一種蛻化，像一穗逐漸飽滿堅實的麥子，又像日益芳醇的佳釀。

註一、〔存餘堂詩話〕朱承爵著，影印自國立中央圖書館藏本。
二、〔唐寅年譜〕頁八七。
三、〔中國美術人名大辭典〕頁八八九「張靈」條。
四、〔甫田集〕頁一八一。
五、〔甫田集〕頁一八〇。
六、〔甫田集〕頁一八一。

七、〔甫田集〕頁一九七。

八、〔甫田集〕頁一九七。

九、〔式古堂書畫彙考〕册四頁三九五、〔甫田集〕頁一八九及本文第十四、十七兩章〔故宮文物月刊〕第三四、三七期。

十、〔甫田集〕頁二〇〇。

十一、〔甫田集〕頁七一六。

第五十章　溪山漁隱

年逾半百的祝枝山，雖有妻、妾、掌珠相聚一堂，但對北京翰林苑的長子祝續，卻無時不在思念：

「苦憶京華更不禁，百壺那解一生心，爭誇膝下簪纓好，豈識癡翁別有襟。」——苦憶（註一）

人過五十，心中感慨似乎特別多，尤其纏綿病榻，事業無成的時候，更覺得前途一片茫然。一向倜儻風流的祝枝山，幾年來竟連酒和歌舞一並遠離。在失眠的夜裡，不是獨自在枕邊流淚，就是一遍一遍地到月下徘徊。曉鏡之中，對着如霜的鬢絲，更引起歲月虛度的悽愴，眼淚則隨之滴落在兒子的來信上。

斷酒兩年後的六月十七日，偶然一醉，心中卻更加愁悵：

「醉來中歲裏，那復有童心，秪覺忘人我，何為更古今。山河秋兀兀，星露袒愔愔；惆悵惟陶阮，懸知磊魄襟。」——斷酒二年偶復一醉爲此壬申季夏十七日也（全註一）

等到正德八年冬天趕往北京，準備翌年的春闈，才遂了探子的心願；但是卻又爲功名能否得售而彷徨。

自古有「五十服官政，六十方熟仕，七十乃致政」的說法；人過七十，雖是到了隨心所欲而不逾矩的境地，但究竟是血氣已衰，精力不濟，在仕途上不得不致政歸林，以啓賢路；而他卻年已五十五歲了。時常，他想像後漢劉梁（曼山）那樣，但求爲一縣之長，大造講舍，延聚生徒，時時親往講學，敎化群衆，移風易俗，便於願已足。

這位潦倒半世，困頓功名的蘇州才子，常以百鍊青鋒的隨身寶劍自喻，數十年未得開封：

「藜牀且作書生枕，只恐中宵躍臥龍。」——詠牀頭劍（註二）

「劍匣只依書裹住，酒杯全亞藥爐親。」——萬安道中（註三）

所幸祝枝山此行，雖然依舊金榜無名，卻被選爲地處嶺南的廣東興寧知縣。

這個地近潮州的小縣，地方偏僻，民風尙譁好訟。婚姻喪祭不但違禮，遇有疾病，更不延醫診治，只知祈禱求神。山谷之中，強梁四處流竄，不時出沒焚燒民房，劫掠商販……

「知汝遠來應有意，好收吾骨瘴江邊！」文起八代之衰的韓愈的悲戚。

「日啖荔枝三百顆，此生長作嶺南人。」蘇東坡的豁達。

千古以來，這些瘴癘之地往往是得罪朝廷、當政者的流放之所，卻成爲祝枝山初試鋒芒的地方。

正德九年冬天，當他的好友唐伯虎正在南昌寧王府苦思脫身之計時，他則假道江西，沿贛江南下，前往廣東赴任，他在詩中描寫其時的心境：

「夙懷同劉君（後漢劉梁），今此幸諧志，所憂腳本短，時彫虞易躓；秖應盡素衷，

玄鑒不可悖⋯」－五十服官政效白公（註四）

到任後，頗具外祖父果斷之風的祝枝山，先把幾個專門帶頭喧譁鼓噪的訟棍，加以懲處，一時姦黠之徒爲之歛迹。

四處流竄的山谷之盜，他牛刀小試地設計誘捕，一次竟捕獲三十餘人，地方盜警，也就隨之平靜下來。

巫醫惑衆，和土俗違禮之處，祝枝山經過詳查之後，一一明文規定，加以禁止。然後，像他所心儀的賣書苦讀出身的後漢劉梁那樣，不時親蒞學官，爲諸生講解、課試，從根本上移風易俗。公餘之暇，枝山復詩文不輟；並着手編修〈興寧志〉。

十一年冬天，他因事晉省，沿途巡視一下他那彈丸之地的荒僻小縣。清渠兩側，三尺黃土牆圍着一戶戶的人家。村裡村外，到處都是茂密高聳的竹林，比起蘇州的青瓦白牆，運河的喧囂，熙來攘往的石磚街道⋯別有一種幽僻寧謐之感。他順口吟出這年夏天所賦的一首⋯「夏日城南郊行」：

「古縣周遭景物環，政雖多暇倦躋攀；偶因送客乘時出，卻得浮生半日閒。頻過水邊仍有竹，忽當林斷遠逢山；但教到處情如此，瘴海無妨緩緩還。」（註五）

他細細咀嚼最後一句的「但教到處情如此，瘴海無妨緩緩還」，他訝異這境界竟與蘇東坡的「此生長作嶺南人」同樣的豁達而多情。一次，他到潮州謁韓文公廟，想着爲諫阻迎請佛骨而得罪的韓愈一生事業與文章，想着他那亦莊亦諧，卻又透着勇毅果敢的「祭鱷魚文」，而爲他所諫迎的佛靈，也並未爲害於他⋯一個儒者的凜然正氣，使祝枝山深深感動，也更想有所奮發。因而當南海令出缺，讓他兼攝時，他也就勇於承擔下來，像對興寧縣般的愛護和治理。

及至到了省城，祝枝山才發現，仕宦之路遠比他想像的要崎嶇得多：上司認爲他著作文章，延誤公事，以致秋稅過了期。由於他的拙於催科，停給俸米的懲處，已經行文興寧縣；只是他身在廣州，尙未接到。

一向疎懶慣了的他，到了興寧這個邊疆瘴癘之地，往往曉雞未鳴，便已披衣而起。雖然自古以來，氣節學問之士爲官，多半是傲吏違俗，但他卻任勞任怨，未敢自寧。

原本是六口美滿之家，如今翰林散館，祝續外放爲官，兒、媳已兩處分居。爲了作個州縣小吏，妻、妾不得不留在蘇州獨守空幃。女兒又遠嫁潮州府王穀禎經歷；算來六口一家，分作五處：

「爭教不作斷腸詞」（註六）——戀念夫妻情愛和子女承歡的他，早已爲之悲傷腸斷。眼見一個荒僻小縣，日益欣欣向榮，彷彿世外桃源，卻以拙於催科，秋稅過期受到無情的懲罰；忽然，他有一種萬念俱灰，不如歸去的感覺。

上司指責他文章誤事，但他卻深感半生盡爲科名和八股文章所誤。好友之中，伯虎曾因此飽受摧殘，一旦徹悟之後，便棄八股如敝屣。門生張靈，甚至比伯虎看得更開，一襲生員衣冠，棄得更早。文徵明、錢貴、蔡羽、湯珍…依舊在場屋的泥沼中，苦苦掙扎。而他，竟未能從外祖徐有禎、岳父李應禎和王鏊的仕宦下場得到啓悟。「歸與」，就在這種悔恨中流洩於筆下：

「炎洲閉戶賦歸與，縣尹何妨委巷居；奪祿浪言耕有代，旅行誰信出無車？空慚河上深藏賈，卻笑關門強著書；莫道文章誤公事，文章今誤復何如？」（註七）

類似的詩，類似的感慨，他也題寫在廣州客邸的粉壁上（註八）。

△　△　△　△

唐伯虎有兩幅仕女圖，題材既屬風流韻事，畫法更是生動細膩。從畫樹及題識的筆法來看，近於正德十一年，四十七歲爲吳令李經所寫的「山路松聲圖」，所以有的學者，把這兩幅未落年款的精心作，斷爲伯虎晚年之筆。也有的學者，以其人物畫法、神態近於丹徒畫師杜堇。宏治十二年伯虎參加會試，唐杜二人曾邂逅於北京；故又疑爲伯虎北京歸來後的壯歲風格；畫中頗受杜氏的影響，不像「知命」之年前後那樣融鑄古今，一無依傍，別開畦徑。

然而，除了與伯虎其他作品相互排比鑒別之外，一時尚無其他線索可以佐證其創作年代，因此也只好列爲懸案，把目光投注在畫中的情趣和高超的筆墨之上。

「善和坊裏李端端，信是能行白牡丹；花月揚州金滿市，佳人價反屬窮酸。」——唐寅倣唐仕女（註九）

山水屏風圍繞着的涼床上，一函函圖書之外，別無長物。屏後一角，屈曲的古幹上面，春花正放，點點嫩綠，相映成趣。持卷品茗的中年文士和身側紅衣小環的目光，雙雙凝視着手拈白牡丹的盛裝美人，想來就是揚州名花，善和坊中的李端端了。幅下一隅，筆墨蒼勁的湖石後面，露出紅白相襯的盆栽牡丹；應爲名士和麗人的最佳象徵。

李端端與唐才子崔涯、張祜的故事，見于唐僖宗時代范攄所著〔雲溪友議〕。崔涯、張祜與杜牧、白居易等詩人相互爲友。涯、祜由於不得志於時，遂往來於江淮吳楚之間，時人目爲狂士。

「太行嶺上三尺雪，崔涯袖中三尺鐵，一朝若遇有心人，出門便與妻兒別。」──崔涯所作「俠士詩」，更是傳誦人口。

張祜每好苦吟，當其耽迷於字斟句酌之際，妻子累呼不應，他的理由是：

「吾方口吻生花，豈恤汝輩乎？」一時也成爲士林佳話。詩人杜牧則推崇他：「何人得似張公子，千首詩輕萬戶侯。」

這兩位詩壇狂士，也往往題詩於勾欄，月旦坊中群花；一言褒貶，可使其身價倍增，或門前冷落，車馬稀疎。張祜贈李端端詩中的名句：「揚州近日渾相詑，一朶能行白牡丹。」李端端也因而聲名大噪。

伯虎半生處境，和崔涯張祜頗爲相近，因此，此圖似乎不應視作單純的仿古之作，或許這位落拓才子，正以崔張自擬吧？

「陶穀贈詞圖」中景象，比「仿唐仕女軸」尤爲旖旎浪漫，故事情節也愈爲離奇、詭譎。

畫中紅燭高燒，涼榻、古木、畫屏；屏後疎竹與欄杆的一角，把園中景物點綴得幽深而曲折。近景中的湖石芭蕉，也一如「仿唐仕女圖」的湖石牡丹，既有襯托之妙，復有象徵意味；只是石邊多了一個吹火烹茗的小童。

據載，陶穀仕後周世宗，官拜翰林承旨，奉命出使南唐。其時後周國勢正強，在南唐中主李璟的國宴上，陶穀道貌岸然，正襟危坐，儼然一付上國大夫，使人不可輕犯的踞傲神態。突然管絃聲響，一位美麗的少女，應召歌舞侑酒。陶穀一見，腦中驀然浮起前一天夜晚的景象：

燭光下的館驛，顯得異常清幽、寧謐。畫屏前面，身着繡襦羅巾的少女，姣俏的面容，和手中揮動出的琵琶樂曲，同樣令他沉醉。踞坐榻畔的他，一面心悅神馳在膝上敲擊拍節，一面猜測那少女的身份。在陶穀的臆想中，這出落得空谷幽蘭般的江南碧玉，多半是驛吏的掌珠。當他詩思靈動之際，他的感情，也因江南神祕的月色，和四野蟲聲的觸發而熾烈起來。就着榻上的紙筆，陶穀即席賦詞爲贈。那少女似乎也因這位上國使節的眷顧，以及纏綿動人的詞意，含情脈脈地成就了這一宿的因緣。

他無法測知，昨夜館驛間的邂逅，究竟出於偶然，或是一種刻意的安排；無論如何，總是輕忽了古人的「愼獨」之戒。然而，他更想不到的是，被視爲驛吏掌珠，跟他有一宿之緣的少女，竟是江南名妓秦蒻蘭。當那少女逐漸舞向陶學士身畔時，陶穀心中一陣慌亂，在衆人的錯愕目光中，起身羞慚而退。

「一宿因緣逆旅中，短詞聊以識泥鴻；當時我作陶承旨，何必尊前面發紅。」（註十）伯虎在他所精心構思成的「陶穀贈詞圖」上題。

據史書所載，陶穀歷仕五代晉、漢、周及北宋諸朝，爲人聰敏，博學強記，對禮儀尤能深究詳考。唯獨予人學行不符之感：他詆譭、排斥朝廷中俊彥之士；陷害提拔他不遺餘力的宰相李崧；爲他所仕的後周，預草禪文—連受禪的趙匡胤，也對他加以鄙薄。餘如取忠武軍節度使党進愛妾等不謹之行，更難盡述。逆旅因緣所造成掩面愧走的窘境，則出其聰明識見之外；比起他在禮與佛老之學的造詣，也是一大諷刺。

這幅圖中的詩思畫意，一方面出自歷史掌故，另一方面也是伯虎的幽默，甚而是他的「夫子自況」吧；倘若與他翌年十一月的「望夕夜宿廣福寺前作」，兩相比照，就更有一種先後輝映之感：

「曲港疏籬野寺邊，藍橋重敘舊因緣，一宵折盡平生福，醉抱仙花月下眠。」（註十一）

吳縣尹李經調昇戶部主事，像祝枝山前往廣東作令一樣，爲唐伯虎留下一片寂寞。雅好游山玩水的李經，不但自己到處題詩，對邑中文學之士，也非常愛重，伯虎在餞別詩中，形容幾年來在李經治理下的吳縣：

「花滿邑中無犬吠，塵凝梁上有魚縣。」（註十二）

南昌歸來後，伯虎曾以李陽冰體書寫近作：「遊廬山」、「過嚴灘」、「元夕」、「登天王閣」等七八首詩相贈（註十三）。至於爲李經所作絹本「山路松聲圖」（註十四），更是經意之作。

六尺五寸長的巨軸，山勢重疊峻峭，巨松橫空，飛瀑轉折，一種逼人的寒氣，能使人暑氣全消。危橋上面，一位策杖的高士，佇立觀瀑，神態悠然。身後一童，攜琴相隨。置身畫前，彷彿如入仙境。

唐寅　陶穀贈詞圖

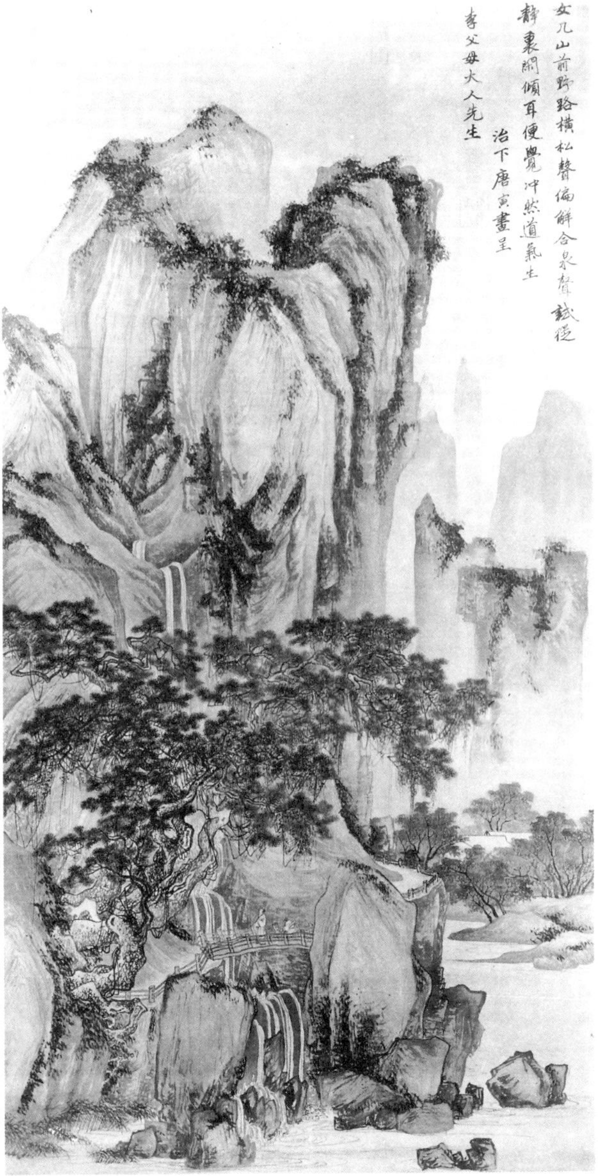
女几山前野路横松聲偏解合泉聲試從
靜裏閒傾耳便覺沖然道氣生
治下唐寅畫呈
李父母大人先生

唐寅　山路松聲圖

唐寅　函關雪霽

「女几山前野路橫，松聲偏解合泉聲；試從靜裡閒傾耳，便覺沖然道氣生。」

從伯虎題詩看來，位於河南洛河沿岸的女几山，極可能是籍隸河南眞陽縣的李經舊游之地，也可能是李經所嚮往的異日退隱之所吧？

北宋山水大師郭熙（河陽）的兒子郭思，在所編〔林泉高致集〕「畫意」篇中，錄其尊翁郭熙曾經吟誦過的古詩名句，認爲是無形之畫，有助於繪畫的靈思妙想。其中便有唐羊士諤「望女几山」一首：

「女几山頭春雪消，路傍仙杏發柔條，心期欲去知何日，惆悵回車下野橋。」

郭氏故居河南溫縣，去女几山所在地宜陽不遠，晉朝涼州刺史張軌青年時代隱居的女几山，很可能是郭熙筆下一再揮灑過的景物。

除「山路松聲」外，伯虎另有「春遊女几山」一幅（註十六），題詩與羊士諤「望女几山」相近：

「女几山前春雪消，路傍仙杏發柔條，心期此日來遊賞，載酒攜琴過野橋。」（註十七）似可看出其中衍化的痕跡。

書畫錄中，有「春山偕隱圖」一幅，謂畫風近於董源、關仝，詩寫女几山春景：

「仙杏花開女几山，道旁流水碧潺潺，卬藜欲把心期寫，況是憐逌剩有閒。」跋稱係伯虎被寧王羅致後，明志之作。該書畫錄中，頗多不確，故此段所載，亦令人未敢深信（註十八）。

從僅見過的一些文獻資料中，伯虎遊蹤，未見於秦、豫一帶，其畫中冰封雪凍，崇山峻嶺的「函關雪霽圖」（註十九），與春花乍放的女几山景物，如果不是藉着古詩揣摩畫意，亦可能從郭熙、李成等北宋巨匠的作品中，融會貫通後的產物。此外，假定雅嗜詩畫的李經，祕藏着描寫故土風物的郭、李鉅作，轉化成伯虎筆下的靈泉，再用以慰藉李經的鄉愁，也該是頗近情理的推測。

△　△　△　△

以女几山，作爲北方隱者心目中的桃源，則唐伯虎在同一時期的精心偉構「溪山漁隱圖」長卷（註二十），應該是南方隱者的寫照。在唐伯虎的藝術生命中，「山路松聲」和「溪山漁隱」，都被視爲成熟期的傑作。

丹楓釣艇、水榭茅亭、盪漾的溪流、林木掩映中，白屋淸話的幽人雅士，和松風瀑布互相應和的悠揚笛韻……也許這就是好友王寵，近年養病讀書之地的石湖秋色。意味深長的，是伯虎自題的七絕：

「茶竈魚竿養野心，水田漠漠樹陰陰，太平時節英雄懶，湖海無邊草澤深。」──看來，應是他南昌歸後，再無用世之想的「明志」之作吧？

長卷拖尾，有王寵嘉靖二年書於石湖精舍的跋：

「六如此卷，蒼潤蒙密，淋漓暢快，時一展翫，則心與理契，情與興會。……」

「時一展翫」，從跋中語氣推測，大概是畫贈在石湖讀書養病的王寵，供其於孤獨岑寂中臥遊，並有如對知交的溫馨。

在王寵溫柔而敏感的心靈中，對文徵明和唐伯虎這兩位忘年知友，似乎有着不同的看法和感情：

文徵明高潔的德行、淵博的學養、典雅的風度，使他無時不為之景仰。在不可計數的唱酬詩中，王寵把文徵明喻為經常有人停車問字的揚雄，被稱頌為「千金難買相如賦」的司馬相如，勤學篤行，通曉陰陽五行，著作等身的劉向…他稱徵明為「文二丈」，深信文氏一旦置身於廟堂之中，將成為生民的仰賴，朝廷的棟梁。

而徵明對王寵的殷殷情誼，也使王寵無時或忘，如王寵臥病，徵明則一次次前往石湖治平寺去探望。隆冬寒夜，想起王寵孤獨寄住在古寺中，便寄詩慰藉。有時文徵明會蕩舟涉水為王寵送來一盆蘭花，使書房中滿室生香…他們之間的友誼，絲毫不受年齡的隔閡。

而王寵心目中，半生失意潦倒的唐伯虎，則永遠是不可一世的落魄英雄；王寵詩裡的伯虎，被喻為竹林七賢中的嵇康和阮籍、失水的鯨鯢、不自珍惜的神龍、「貫穿窮百氏，驅馳鼇千秋」的碩學耆宿…無論伯虎的風流倜儻，袒裼於王公貴人前的玩世不恭，披草灌園地高臥深隱，乃至酒酣耳熱時呼盧喝雉的狂態，他都以一種欽敬、欣賞和愛憐的口吻，加以贊嘆：

「舉世皆羅網，憐君獨羽毛；百年渾醉舞，萬象總風騷。長袖嬌紅燭，飛花灑白袍；英雄未可料，腰下呂虔刀。」——贈唐伯虎（註二一）

對含蓄、內向、溫柔敦厚的文徵明和王寵而言，唐伯虎的瀟脫不羈，正是他們性格中所羨慕、缺少的一面，如果能相輔相成，也許才是最完美與理想的人生。或許這就是他們間的友誼，日益堅固而濃厚的原因。

唐寅　溪山漁隱（局部）

不過，在唐伯虎的感受中，文徵明和他可謂年久交深，徵明不僅是他的知友、益友，也是「諍友」和「畏友」；不若在王寵面前，他可以備受禮敬與欣賞，心靈也能得到完全的鬆弛和解放。「席上答王履吉」七古，最能表現伯虎對這位未來親翁的深情厚誼：

「…區區已作老邨莊，英雄才彥不敢當。…感君稱我為奇士，又言天下無相似；庸庸碌碌我何奇？有酒與君斟酌之！」（註二二）

從此不難印證，「溪山漁隱圖」不僅是酬知己的精心之作，「太平時節英雄懶，湖海無邊草澤深」，也正是唐伯虎明志的警句。

註一、〔祝氏詩文集〕頁六九一。
二、〔祝氏詩文集〕頁六九一。
三、〔祝氏詩文集〕頁七一一。
四、〔祝氏詩文集〕頁五九六。
五、〔祝氏詩文集〕頁七一三。
六、〔祝氏詩文集〕頁六九五，「戲為口號（四月三日苦竹道中）」。
七、〔祝氏詩文集〕頁六九三。
八、〔祝氏詩文集〕頁六九四—五。
九、圖見〔吳派畫九十年展〕圖六及頁二九三解說，詩又見〔唐伯虎全集〕水牛版頁八一「題畫張祐」。
十、〔故宮藏畫精選〕頁二〇六

十一、〔式古堂書畫彙考〕册二頁四〇三、〔唐寅年譜〕頁九四。
十二、〔唐伯虎全集〕水牛版頁四七。
十三、〔吳越所見書畫錄〕卷三頁九八。
十四、〔吳派畫九十年展〕圖八九。
十五、〔郭熙早春圖〕專刊頁十。
十六、〔唐伯虎畫集〕圖六七。
十七、〔關於唐寅的研究〕頁八一。
十八、〔壯陶閣書畫錄〕册三頁六四七。
十九、〔故宮藏畫精選〕頁二〇五、〔吳派畫九十年展〕圖六五。
二十、〔吳門畫派〕頁一八〇～三、〔吳派畫九十年展〕圖八八、頁二四四～七。圖記見〔石渠寶笈〕頁五九九。
二一、〔雅宜山人集〕頁一八二。
二二、〔唐伯虎全集〕水牛版頁一一六。

第五十一章　上書

正德十一年，是唐伯虎繪畫上成熟和豐收的一年；「山路松聲圖」、「仿唐仕女圖」（按，伯虎全集中爲『題畫張祐』）、「陶穀贈詞圖」、「溪山漁隱圖」：這些震撼藝壇，流傳千載的作品，多在此際問世。文徵明則照例三年一度的僕僕風塵，往返金陵，參加鄉試。這是他第七次失解，前後二十餘年的青春歲月，就此在空虛失望中耗費過去。重九日，當他手持蟹螯和美酒，置身桃花菴中，分享唐伯虎那種野蔓疏籬、黃菊莎徑的隱居情趣時，比較奔走科名和恬淡林園生活的得失，心中感慨無限。

幾天前初歸停雲館，檢理琴書筆墨，準備從新開始還鄉後的平靜生活，他在詩中爲自己未能忘情於功名辯解：

「…已過壯歲悲華髮，敢負明時問碧山；百事不營惟美睡，黃花時節雨斑斑。」─初歸檢理停雲館有感（註一）

然而，在中官、群小與邊將包圍下遊幸無度的君主，紊亂失序的朝政，此起彼伏的盜賊，驕橫跋扈，勾結湖寇，爲患江西的藩王…連在宦途中寄跡三十年，一向有爲有守，執法不撓的叔父文森，也不得不托病家居，上疏致仕。因此，他詩中的「敢負明時問碧山」，也只能算是自欺之談了。事實上，他對科舉早已從心裡感到厭倦；在他和蔡羽失解後相濡以沫的慰藉詩中，不難看出那種懷才不遇的絕望：

「…樸學難為用，微名費屢求。千金懷敝帚，半夜失藏舟。伏櫪餘初志，投繻愧本謀。網羅空自密，零落不堪收。」——次韻答九逵見寄（註二）

他把蔡羽學術上的成就，一向看得比自己還重，他讓弱冠之年的長子文彭，跟從蔡羽求學。

除鄉試外，三學秀才的另一個出路，是資深學優，爲地方大吏選貢進京，參加部試任職，或進入太學。

歲貢之法，原出明太祖親定，例如洪武二十五年重定的歲貢名額：郡學歲貢二人，州學再歲三人，縣學歲貢一人。不過當時儒學中人材較少，廩生、增廣生，往往額數不足；所以除掉鄉試中舉的，餘者不過作五六年秀才，便以三十左右的壯歲，膺選升貢。而且，以歲貢進入仕途和以舉人、進士進入仕途者，在未來的功名政業上，也並無太大的差別。

然而，到了開國一百五十年後的今日，人材衆多，科舉、歲貢人數卻未增反減。不僅學校中廩、增、附生員升級的管道壅滯，更有食廩三十幾年的秀才，不得升貢。相形之下，倒是入馬、入粟的富賈、紈袴子弟，可以比照充貢之例，循資授職，多所倖進。

前一年，文徵明有鑒於制度的未能適時調整，造成人材埋沒和仕路的不公，曾以鄉里後進的身份，上書由兵部轉調吏部尚書的陸完。書中，文徵明形容郡縣秀才的窘況：

「…故有食廩三十年不得充貢，增附二十年不得升補者；其人豈皆庸劣駑下，不堪教養者哉。顧使白首青衫，羈窮潦倒，退無營業，進靡階梯，老死牖下，志業兩負，豈不誠可痛念哉！」（註三）

文徵明也列舉歷代爲拔擢人材所作的變通方法，和所受後世的推崇。他認爲以陸完出身科舉的親身體驗，以及所處的崇高地位，只需舉手之勞，應可改變天下士子的困境，增加其服務社會和人群的機會。

以前，由於學校壅滯，有些生員垂白不得入仕，當時禮部尚書曾創行「四十強仕」的先例，來提振士氣。

「…若四十之例，事大體重，不敢覬覦；而歲貢二人，則是洪武舊制，又經近歲舉行，伏望留意檢察，或因人建言舉行，或乘大霈條下，使士子得沾涸轍之恩，而仕路無復鮎竿之嘆，則豈特區區鄉里與有榮澤，實天下斯文之幸也。」（仝註三）

這封意圖造福天下士子的陳情書，似乎並未得到甚麼反應，倒是他自己，由於葛氏古墓夜飲的啓示，日益擾攘的世事，以及年齒的增長，比以前看開了些；「百事不營惟美睡，黃花時節雨斑斑。」──從詩句的灑脫，可以看出今日的文徵明，已不像前幾度失解後那般沮喪和惆悵。

陳情書中，在談入正題之前，文徵明對這位鄉前輩陸完，頗爲景仰與推崇：

「…恭惟明公，累朝舊德，盛世珪璋，特達光明，大雅愷悌，出入將相，聲望偉然；天下之人，所望霖雨於明公者，非一日矣！」（仝註三）

這種景仰和冀望，很可能是文徵明只見到陸完勳業的隆盛，對安定社稷的貢獻；至於陸完性格中的另一面，以及和寧王宸濠交往的密切，可能不盡瞭解。否則，以他峻拒寧府禮聘的剛烈，上書陸完之舉，可能就不會發生。

憲宗成化十九年，遣太監王敬，一般人稱爲之「王瘸」，到江南採辦藥材和書籍。所到之處，地方官吏無不百般迎合，任其收括民間的珍藏和財物。蘇州名醫沈汝融世藏的小米大姚村圖，也是被王瘸所鷹攫去的傳家之寶。

沈周爲了安慰沈汝融的沮喪絕望，特爲他追摹米敷文大姚村圖一幅，並賦「採藥使」一首，以表現心中的憤慨：

「傳聞採藥使，志在括金銀；自厭豺狼慾，深違天地仁。怨咨無曠口，竄匿有驚民；果益吾皇壽，吾當不愛身。」（註四）

在這民怨沸騰，稍有積蓄和收藏者，莫不惴惴不安的淫威下，連三學中的秀才，也在所難免。

以採集圖書爲藉口，王瘸命各地秀才鈔錄古書；在杭州，就以一大部一大部的〔梵經〕，來耗費生員們的光陰和筆墨，直到奉上金銀賄賂，才停止了這種乖謬的措施。有了杭州的先例，王瘸則以〔子平遺集〕千餘卷，作爲對蘇州秀才的考驗。

時近秋闈，秀才們正紛紛準備前往南京赴試；王瘸初到時，便已應命鈔錄數百帖之多，再要面對〔子平遺集〕這樣皇皇巨著，實在不堪其擾。王瘸監則使人督楚學官，率領數百名拒不鈔書的秀才，到姑蘇館驛受譴。

在王瘸責罵，諸生出言聲辯下，王瘸及其黨羽竟遷怒領導一方斯文的學官，下令笞撻。爲了衛護學官尊嚴而演成秀才和家僮，追打軍校與太監的黨羽；這就是喧騰大江南北的「三學罵王敬」事件。

事後，王瑀逼使蘇州知府劉瑀，懲戒帶頭喧鬧的諸生。

當時在場的長洲秀才陸完，不知道是世故、怕事，或有「無故加之而不怒」的涵養，單獨置身於喧鬧之外；因此爲同儕所不齒，並暗中向王瑀告密，誣指陸完爲首鼓噪。

南都巡撫王恕，爲官清正，愛惜人才，更痛恨中官的驕橫。在他和巡按張淮的擔當維護下，雖然王瑀返京奏請嚴懲諸生，地方大吏不過敷衍了事；被察舉出來的二十幾位秀才，不僅沒有遭到苦楚，反而受到鄉里的敬重。尤其被誣指「帶頭」鬧事的陸完，獨得王恕的賞識，眞是告密者始料所不及的事。

成化二十三年，陸完春闈中試之時，王恕已調昇爲吏部尙書。素以嚴峻剛方著稱的王恕，一見陸完之名，立刻喜出望外地說：

「是嘗擊奄人者，當爲御史！」（註五）

進入御史臺的陸完，果然不負王恕的拔擢，很快地，便建立了政治聲望。不過他的聲望不僅建立于糾彈不法，以正官箴上面，他也善於交結權勢，急于功名。在江西按察使任內，經常是宸濠的上賓，宸濠贈以金罍，又不時暗示他未來的高爵厚祿。

正德六七年間，北方盜賊蠭起，劉六、劉七、楊虎…到處竄擾，鋒火遍及河北、河南、山東、江蘇等地，最後，非僅南京震動，北京也屢屢爲之戒嚴。然而，一介書生出身的陸完，以兵部侍郎兼右僉都御史，督兵進剿，竟能節節勝利，所向必克；究竟是才智，或時運使然，實在令人費解。他終以平賊之功，晉升爲掌握天下兵馬大權的兵部尙書。

由於他與江西寧王的一段淵源和默契，十分矛盾的是，他於安定社稷之餘，也盡力協助宸濠恢復屯田和護衛，使寧王得以擴張勢力，把國家推向內亂的邊緣。

前此，寧王的禮聘文徵明、唐伯虎等蘇州才智之士，很可能出自陸完的推薦。陸完的性格和其政治生涯，似乎有太多神祕令人費解的色彩。

陸完與優伶臧賢等相互以不正當手段，爲寧府恢復一再因案被奪的護衛與屯田，曾在朝廷引起軒然大波。

一向謹言愼行的文徵明，對此究竟是一時忽略，或缺乏瞭解？但，無論如何，其向陸完上書陳情之舉，終不免予人唐突之感。

往年重陽佳節，文徵明有時和三五好友到吳城西山登高，與湯珍、蔡羽、邢麗文等到竹堂寺或東禪寺賞菊。而今卻在霏霏細雨中，領略桃花塢裡深秋的蕭疏。水灣殘留的荷梗上，時而飛落一二隻翠禽，幾聲鶴唳和鹿鳴，使溪柳的垂條，愈發顯得迷離。葉落後的桃林，把圃中綻放的黃菊，襯托得倍覺清新。

一陣吟哦聲，從菴側竹木環繞著的夢墨亭中傳來，唐伯虎和幾位好友正搦管欲書。文徵明也舉杯一仰而盡，提起他那破敝的衣襟，向著雨中的茅亭朗吟：

「野蔓藤梢竹束籬，城闉曲處有茆茨；主人蕭散同元亮，勝日登臨繼牧之。踏雨不嫌莎徑滑，撫時終恨菊花遲，欲酬良會須沉醉，況有霜螯送酒卮。」——九日子畏北莊小集（註六）

文徵明轉頭看看多年前由自己所題寫的「桃花菴」額，感覺筆畫之間所流露出來的精神氣力，雅非現在可及。也許由於視力的模糊，近來無論看到自己從前的書、畫，他總有一種聰明衰退，力不從心的感喟。

不知何時，主人和賓客已沒入亭後的幽徑，亭內隱約可見祝枝山的夢墨亭碑；如果自己也像都穆、唐伯虎那樣求夢於九鯉仙祠，文徵明不知會得到怎樣的朕兆？看樣子，他也只能像伯虎一般，把自己的後半生，交付於筆墨生涯了。

△　　△　　△　　△

行年三十三歲的陳淳，衣著鮮潔，出落得有如玉樹臨風；跟衣服破舊，儀容不修的乃師文徵明，成為強烈的對比。在鎖院中，他們則成了多次患難的難友；雖然他們都有幾分相信，場屋之中得失有命，成敗在天，但，文徵明心內，仍有幾分愧對老友付托的歉疚。所以經常是以世交情誼，和陳淳杖履相接，唱和吟嘯。

每當談到文徵明和陳淳的師徒名分，一般人也往往以為必然是書畫方面的傳授。不過，談到這點，文徵明就趕緊加以更正：

「我，道復舉業師耳；渠書畫自有門徑。」（註七）

文徵明所以作這樣的表白，可能是覺得陳淳在繪畫風格上，跟他的差別愈來愈大；主要應是師生二人在個性上的差異，加以書畫淵源也不盡相同。

在性格的表現上，文徵明給人的感覺是中正、優雅、平和，書畫作品也不以奇肆、放縱取勝。自青年時代，在雙峨僧舍由沈周啓蒙畫學之後，他像沈周所行走過來的足跡一樣，先從王蒙、吳鎮等元四家的畫法上著力，然後再上溯到荊關董巨李范等五代、北宋巨匠的遺意，連盛唐的王維、大小李將軍的畫風，也一併涉獵。此外，如趙伯駒、米氏父子、南宋的劉松年、李唐、夏珪、馬遠，元初的趙子昂、錢舜舉等，莫不在他私淑之列。事實上，文徵明學習的範圍，幾乎是沈周、唐伯虎和仇英三個人的總和。

例如，正德九年十月前後所完成的仿古册（註八），十二幅畫，臨仿了王維、鄭虔、董源、趙子昂等十二位大師的不同風貌，足以見出文徵明在繪畫方面步履的廣闊。但就灑脫奔放而言，他不若沈周和唐伯虎，人物、舟車、服飾的考據、刻畫，他沒有仇英那般專精與細膩：

「見仇實父方是眞畫，使吾曹皆有愧色。」（註九）——仇英，這位畫壇後進的敬業精神，曾使文徵明深深地感動。

「兒幸晚成，無害也。」

「吾兒他日遠到，非所及也。」

在繪畫上，文徵明的步伐，似乎是漸進、緩慢，一如文林在世時所堅信的——大器晚成。

陳淳的聰明才華類似伯虎，居住環境的寧謐幽美，則勝過沈周。加以家境富裕，生活優渥，不像乃師那樣，備嘗人間的疾苦。因此，氣性上，可以「高」、「奇」兩字加以形容；然而，他高中帶雅，奇中寓正，華美中，別有一種天眞爛漫、純樸恬淡的風韻。他的花鳥作品，以寫生爲主，簡淡、生動，私淑太老師沈周，而祖述於南唐的徐熙和徐崇嗣祖孫。山水畫方面，這位家居陳湖大姚村的青年公子，不僅擁有多幅世藏的米氏雲山，而大姚村的山水林木，更是當年米氏父子點染的對象；學習米氏父子、高克恭、方從義一派的水墨雲煙，對他而言，眞可謂得天獨厚。

儘管在科舉路上，師生二人形同難兄難弟，在繪畫方面卻各有秉賦，進入停雲館西齋的陳淳，瀏覽其中的藏書藏畫的時間，多於對乃師筆墨的觀賞摹寫。

每當陳淳爽約不至，置酒烹茶的文徵明，總是孤獨地等待。望着窗外的流雲，細聽階前落葉的聲響，不時覺得他那特有的腳步聲，正逐漸由遠而近。接着，這位極具耐心的業師，就會搖搖頭，暗笑自己的過份敏感：

「**東風吹綵燕，曉色動簾旌，遲子不時至，南樓春自生。……**」─立春日遲道復不至（註十）

不過，慢慢地，文徵明終於讓陳淳也嘗到久候不至的岑寂滋味：

那是一個雨後的黃昏，陳淳獨自在蒼松翠竹環繞著的竹堂寺前。不知是有意無意，文徵明卻始終未見蹤影；除了鳥雀喧鬧之外，四野寂寂。距離國初的戰亂，雖已一百五十年左右，這南城一隅之地，仍然廢墟處處；比起繁華似錦的閶門大街和玄妙觀一帶，判然不同。置身孤寂而帶有幾分詭祕的氣氛下，陳淳才領略到等待的空虛和悵惘。只好獨自扣關，由寺僧引導，步過小橋，跨進松蔭沉暗的東院。在僧樓的香煙繚繞中，陳淳舉杯對影，默默地聆聽古剎裡的鐘磬和梵誦。

「竹堂寺候文師不遇」（註十一），便是他在這夜松風竹影下，所賦出的靈思。

△　△　△　△

「…**高堂列筵散羅綺，珠簾掩映春無比。歌聲貫耳酒如澠，醉向花前睡花裏。人生行**

樂當及時，光陰有限無淹期。花開花謝尋常事，寧使花神咲儂醉。」（註十二）

從這首「題牡丹」七古，字句和口吻，玩味起來，難免使人想到桃花塢的笙歌管絃，想到唐伯虎酒醉吟詠的情態。

然而卻是陳湖公子陳淳，在伯虎謝世廿年後的遣興之作。由此可見，他們當日的友誼，能水乳交融，並非偶然。

有一次，陳淳、唐伯虎同往僻靜的東城夜游。細雨之中，溪橋兩岸，一片迷濛。隨著水面陣陣涼風，傳來城外野寺的鐘聲。城卒的木柝響起，僅有的幾家酒肆，已經收起飄擺的酒帘，愈發給人一種茫無所之的感覺。

循著疏疏落落的燈火，和夜空中暗淡的炊煙，想找一個可供索飲、談心的地方。雲隙中透出的一線月光，投射在寒池裡面，兩人的詩思隨之湧現。唐伯虎先吟「東城夜游」五律一首，陳淳循聲和道：

「野寺鐘聲後，溪橋細雨時。水風吹綠髩，山月印寒池。已擊關人柝，初收酒市旗。一尊何處覓，燈下寫相知。」——和唐子畏東城夜游（註十三）

此情此景，直到伯虎仙逝多年後，依舊在陳淳胸臆間盤桓。

註一、〔甫田集〕頁二〇五。

二、〔甫田集〕頁二〇七。

三、〔甫田集〕頁五六八「三學上陸冢宰書」。

四、﹝石田集﹞頁四一二。

五、有關陸完及罵王敬事件，參閱﹝明史﹞頁二〇〇〇、﹝蘇州府志﹞頁二〇七九「陸完傳」、﹝明朝小說大觀百家本﹞頁四〇四楊循吉「三學罵王敬」條。

六、﹝甫田集﹞頁二〇五。

七、﹝陳淳研究﹞頁二三。

八、﹝石渠寶笈續編﹞頁四一一。

九、﹝中華藝術叢論﹞頁四四二。

十、﹝甫田集﹞頁二〇二「正德十一年作」。

十一、﹝陳白陽集﹞頁一六六，學生書局版。

十二、﹝陳白陽集﹞頁九七。

十三、﹝陳白陽集﹞頁一二〇、﹝唐伯虎全集﹞漢聲版頁三〇五。

第五十二章　沈文山水合璧册

身罹重病的陳鑰，緊握著文徵明的手，安慰他鎖院的失利。但是，對自己的生死，卻又像看得很開。轉眼之間，兩人的友誼，已經過了二十年之久。這位行年五十三，長徵明六歲的陳湖莊主，由於閱歷豐富，性情慷慨，不僅在經濟上對徵明時加援手，有無通假，更爲家無恆產的文徵明，多方謀劃，免于饑寒。在日常行爲處世方面，陳鑰似乎比乃子陳淳，易於接納文徵明的規勸。

陳鑰絢爛的一生中，最使文徵明爲之耽心的，是他任陰陽正術的一段歲月：

在邑城修築巨大的豪華宅第，蓄養大量的青童婢僕。美酒佳肴，無分日夜地飲讌、遊冶。意氣奕奕，儼然以貴介自居的陳鑰，除了少數談得來的賢士大夫，名門子弟之外，覺得其他人都是平凡庸俗，不屑一顧。如果有人對他稍加違拗，無論多有財勢，陳鑰都會使之屈服而後已。因此，他的突然去職，似乎早在文徵明的意料之中。

「此吾先廬所在，吾將老焉。」（註一）解官後，陳鑰似乎又換了一個人；遠離吳市的喧囂，放棄一切交際應酬，在姚城江祖產之上，擴建壯麗的家園。

他以全付精神，振興農業。對節令雨水的瞭解，對土地薄厚、土壤性質的充分利用，使他不管種田、蒔花、養魚，幾乎無往不利。閒暇時含飴弄孫，或文酒自適，過著簡樸恬淡的隱逸生活。

中歲罹疾，爲了就醫，陳鑰不得不暫住城中；但他對死生既無兒女之態，對城市也不存絲毫留戀。

「吾生於斯，固宜終於斯也。」（仝註一）當他知道病入膏肓，回春無術時，立即讓家人抬他上船，重返故園；可能，這也是文徵明和他的最後一面。文徵明在「祭陳以可文」中，譜出內心的孤獨與悲痛：

「嗚呼以可，今則已矣，孰知我貧，孰相我事，契闊死生，方從此始……」（註二）

治喪、守孝之後，陳淳一方面繼承了蘇州城和姚江故居的龐大遺產，一方面卻習染了乃父生前歌舞遊讌的奢華生活情調：

「昨日城中醉，今朝湖上眠，醉時花下月，眠處水雲邊。」——襍題（註三）

因此，文徵明對這位情同手足的門生，也就愈加關切，不時予以規勸。日後的師生反目，似乎也種因於此。

陳淳的揮霍、放縱和不事生產，使陳璚、陳鑰（以可）父子所遺留的家產，像春天冰雪般地逐漸消融。而他那日益煥發的丰姿與才華，使那些和他交游的才智之士，發出由衷的讚嘆。

王寵在「題白陽谿山障子」中，把他比作竹林七賢裡的阮籍。

王鏊女婿徐子容，和陳淳同登鏡光閣，見他逸筆草草地，把秋色的清幽，微風吹拂下的瀲灩湖光捕捉楮上，情不自禁地詠道：

「…仙郎摩詰手，都入畫圖中。」（註四）

及至收到陳淳畫給他的「荔園圖」，藤蔓盤曲的薜荔，似蓮蓬一般的薜荔果，與池中的菡萏，相映成趣。徐子容恍如置身鄉園之中，一遍又一遍的披覽著，睽違已久的江南，在胸中若隱若現：

「昔傳詩裡畫、今見畫中詩……」（仝註四）宦居北京的徐子容，再次肯定陳淳，不啻王維轉世。

徵明的長子文彭，也把陳淳視爲不可多得的良友，時時思念，並像父親那樣，經常置酒烹茗，等盼著這位瀟脫不羈的陳師兄足跡：

「……苦憶故人城市隔，一尊濁酒為誰開。」—江上有懷陳白陽（註五）

有人提到陳淳畫品時，家學淵源的文彭，不禁擊節稱賞：

「白陽筆法果高，恐老父亦當讓之。」（註六）

然而像這樣瀟灑俊逸，質如蘭蕙，才似摩詰的藝林瑰寶，有次卻以歌姬舞女，在筵席之間酣飲笑謔，觸怒了一向端莊嚴謹的尊師文徵明。

文徵明滿面嚴肅地要求結束這場放浪形骸的歡筵，使陳湖望族的第三代主人陳淳，不僅大爲掃興，在衆多賓客、美女和僮僕之前，面子上也倍感難堪。

「文先生以某門下士，故禮法苦我耶？」（註七）爲了這件事，陳淳也大爲不快地向人訴苦。並從此不作細楷字，不畫小山水圖，愈發想擺脫往日所受文師的影響，以求自立門戶。據說陳淳沒有了這層心理束縛，筆意隨之一變，放逸雅淡，不僅自己以爲神來之筆，十數日後，連文徵明見到，也大吃一驚。

父喪之後未久，陳淳入貢太學。卒業後，當政者想薦留秘閣，唯陳淳考慮政情、世態，恐怕難能適應，便毅然地辭謝，回返姚城江，課徒隱居。

文、陳間這段不悅的揷曲，究竟發生於陳淳北游之前，或歸隱之後，不得而知。青年時代的唐伯虎和祝枝山，曾數度藉神女困窘文徵明；知道這些趣事，瞭解文、陳性格的人，都想像得到，他們師生的情誼不會存太大的芥蒂，只是在書畫風格上，各行其道而已。

△　△　△　△

正德十二年的五月十一日，獨坐西齋的文徵明，雨中無聊，翻撿書畫箱篋。從一個黃綢匣裡，發現沈周遺贈的一首詩稿。

看看案頭歲曆，看看石田師字跡蒼勁的詩稿，文徵明幾乎無法相信會有這樣的巧合：那是十年前的五月十一，是日，已近黃梅雨的尾聲，房前簷溜雖然停止流洩，但仍舊飄著細雨，彷彿此刻窗外。文徵明到雙峨僧舍，爲在蘇州度過端午的沈周送行。行將返棹相城的石田老人，已屆八十一歲高齡；連遭喪子、喪母兩大打擊，步履尙稱健朗，言談風趣，但心境不免蒙上幾許灰黯。所以贈別詩中有：

「時事但憑心口語，老人難作歲年期。」的酸楚與感傷。

如今，這首詩已經珍藏了十年，石田師仙逝也已時隔八載，滿頭飛霜的文徵明，詠著詠著，不覺熱淚盈眶。雙峨僧舍一別，除了料理沈周喪事外，他沒有再步上相城之路，有竹居的風物，不知是否無恙？

窗外緊一陣慢一陣的瀟瀟雨聲，敲擊著文徵明起起伏伏的心弦，他拭淚縱筆，追和了兩首七律：

「碧雲何處寄遐思，往事惟應歲月知；奕奕風流今昔夢，離離殘墨死生期。憶公感慨身難贖，顧我飄零髩亦絲；欲詠江城當日句，淚花愁雨不成詩。」（註八）

幾年來，無論受托題跋石田老人的手澤，或憶及師生間的往事，文徵明總是禁不住帶著些感傷的色彩。

△　　△　　△　　△

依著錄顯示，事情發生在正德十一年八月，大約文徵明往南京應試前後；吳寬猶子吳奕來訪，攜帶沈周爲老友吳寬所作江南山水六幅，文徵明採用唐詩聯句，續作山水四幅，共一册十幅之數。意在請文徵明再加題詠，以資鄭重珍藏，傳之久遠。

「柳外春耕圖」、「杖藜遠眺圖」、「載鶴泛湖圖」、「揚帆秋浦圖」…圖中，有的題詩，有的未題，簡潔的布局，蒼勁的筆墨，看來，已充份表現出江南隱居、漁耕和揚帆策蹇的生活情趣。不僅當時宦游京國的吳寬，可以用來撫慰鄉愁，連成年後，即未再離開江南的文徵明，也會感到無限的親切與溫馨。

「載鶴攜琴湖上歸，白雲紅葉互交飛，儂家正在深山處，竹裡書聲半榻扉。」

這幅「載鶴泛湖圖」上的詩意，感覺上，正是沈吳二老相商，待吳寬致仕後，同隱山林的生活寫照。可惜世事未盡如意，年邁思鄉的吳寬，竟含恨客死異鄉。

石田老人六幅册頁完成後，丁憂在籍的吳寬，當即命其門生文徵明補寫餘紙；徵明一面遜謝，一面採摘唐句四聯，就其詩意構思成圖。

「春潮帶雨晚來急，野渡無人舟自橫。」——「風雨孤舟圖」，堪爲四幅組作的代表。江上風急雨驟，岸樹茅舍，晚潮中顛簸不定的無人小舟…動靜之間，別具一種野趣。

「吳門何處墨淋漓，最是西山雨後奇，一段勝情誰會得，千年摩詰畫中詩。」七絕四首之二

重睹故物的文徵明，回想沈、吳兩位老師生前的點點滴滴，頗有不勝唏噓之感，隨在畫後題寫七絕四首。更於詩後，以充滿尊崇和懷念的筆緻，識寫石田師人品之高，學力之深，以及書畫上的非凡造詣。敍述當日二老交誼和這册沈、文山水合璧繪製的過程之外，文徵明也表現出內心的惶恐和謙抑：

「…但拙劣之技，何堪依附名筆？徒有志愧。今匏翁下世數載，而石翁亦物故。其姪嗣業攜以相示，不勝人琴之嘆，聊賦四詩，并識如此。」落款：「正德丙子八月後學文徵明書於玉磬山房。」

上述合璧册，載于清道咸年間潘正煒撰〈聽颿樓書畫記〉（註九），潘氏以善於鑒賞書畫著名於時。

嘉慶進士謝蘭生，於道光四年題識中，敍述本册保存之完好，除沈畫散失一幅外，文畫猶存一幅，尙成六幅之數，並盛贊沈、文二氏遺作：

「…至畫筆高妙，各擅勝場，每一展卷，古香襲人…」

此册畫與跋，也均見於日本中央公論社出版〈文人畫粹編〉册四（註十）。畫記一仍

〈聽颿樓書畫記〉，畫則有沈四文一，及文徵明補題的詩和識。

綜觀沈、文山水合璧册，筆墨確有可取，顯非庸手所爲。文徵明七絕四首，證之吳、沈、文好友師生的交誼和生平，可謂情境吻合。

但，落款的「正德丙子（十一年）秋八月後學文徵明書於玉磬山房」，則殊爲可疑：正德十一年，文徵明前往南京應試，首尾共歷兩個月，故「初歸檢理停雲館有感」詩中有：

「**京塵兩月暗征衫，此日停雲一解顏**」句。重陽日，便參加伯虎北莊小集。推算七、八兩月，文氏在蘇州的可能性很小。即使八月底東歸，失解懊惱之際，吳奕也斷不至于作此不情之請。

再證之徵明仲子文嘉撰「先君行略」（註十一），所述文徵明於嘉靖六年致仕返蘇後：

「…到家築室於舍東，名『玉磬山房』…」則款中的正德十一年是在「玉磬山房」修築前十一年。故識於「玉磬山房」句，令人費解。

「湘君圖」、「湘君夫人圖」；是兩幅類似的文畫。

兩幅畫上，都有文徵明以仿倪雲林清勁的楷法，寫〈楚詞〉「九歌」中的「湘君」、「湘夫人」二章；款：「正德十二年丁丑二月己未停雲館中書」

從文徵明在圖左下角的自跋中，得知沈周和文徵明師生間一些往事，親切而又帶著幾分感傷的意味：

那年，文徵明只有二十七八歲，師生共同欣賞趙孟頫的「湘君夫人圖」。

趙孟頫人物畫的線條，綿密勁拔。他畫中的娥皇、女英，不僅寫出古意盎然的形貌，更能傳達出其性格和內心的感情。

據載，舜巡狩南方時，駕崩於蒼梧之野，天下百姓，哀痛異常。舜的妻子娥皇、女英，聽到噩耗之後，匆匆趕往南方奔喪。她們在湘江之濱，淚灑於竹上，此後竹上布滿斑點，宛似淚痕；也就是吳地所稱的「湘妃竹」。二妃於渡江時，不幸覆舟，爲紀念娥皇、女英沒頂湘江的悲劇，人稱之爲「湘妃」、「湘君」或「湘夫人」。

另一種說法是，二妃追隨舜一路南巡，卻不幸溺於湘江，靈魂則遊於洞庭之淵，出入瀟湘之浦。

〔山海經〕中的記述，就更加神祕了：

「洞庭之山，帝二女居之，出入必以飄風暴雨；是多怪神，狀如人而載蛇，左右手操蛇，多怪鳥。」

湘妃之傳說，深植於民間，上述說法，雖略有不同，但二妃對舜的深情，和途經湘水，不幸覆舟的事，則並無二致。

以湘君爲題的繪畫很多，但多半未能考據時代背景，及故事的悽美與神祕，竟率爾操觚。把二妃畫成唐裝的美人，敷色濃麗，雅不如趙氏作品那樣從人物衣著、性格的表現，到色彩的運用，飄逸中，不失樸素與高古。

當師徒二人，一面陶醉於遠古的故事和傳說，一面贊賞勝國名蹟的時候，沈周突然出了個難題；希望愛徒能把這千載難逢的藝術瑰寶，臨摹一過。文徵明卻以年紀尚輕，沒有深厚的功力爲由，加以遜謝。

轉眼二十年了，回首前塵，恍惚如在夢中。文徵明搜索記憶裡的趙孟頫湘君夫人圖像，色彩則效法設色同樣高古的錢舜舉，勉強成圖；庶不負石田師生前的期許。

「惜石翁不存，無從請益也。」—題記中，文徵明不勝唏噓地寫。（註十二）

此外，兩幅畫中，也均有徵明次子文嘉和吳門藝林後起之秀王穉登的跋。兩圖的文嘉跋，完全一致，穉登跋年月相同，內容則稍有所異：

「少嘗侍文太史，談及此圖曾使仇實父設色，兩易稿皆不滿意，乃自設色，以贈王履吉先生。今更三十年，始獲（？）觀此眞蹟，誠然筆力扛鼎，非仇英輩所得夢見也。」（註十三）

「文太史此圖，筆法如屈鐵絲，如倪迂所云，力能扛鼎者；非仇英輩可得夢見也。」（註十四）

據此二跋，可知文徵明的「湘君」和「湘君夫人」圖，係畫贈好友王寵的。果眞如此，則可能像唐伯虎的「溪山漁隱」長卷一般，用來爲石湖養疴的王寵，消解病中寂寥而作。

文徵明題記所述當時師生相處的情境，以及事過境遷之後，雖然繪成湘君夫人圖，卻無法起石田師於泉下的惋嘆，都予人一種眞實懇摯的感覺。

但，從兩幅圖的相似，文氏父子題跋的一字不易，則使人對兩幅作品的眞實性，已不免大費猜疑。

王穉登的二跋，對仇英大加貶抑；文徵明對仇英這位鄉里後進，一向極爲重視，到了晚年，二人書畫合璧的作品，日益增多；所謂曾使仇英設色，兩易其稿皆不滿意，實與文氏平日爲人處世之道，頗相逕庭。

在探討文徵明的生平和創作的過程中，類似沈周、文徵明山水合璧册、文徵明的兩幅湘妃圖，尚未深入地考據作品的眞實性前，其題跋先已露出可疑的蛛絲馬跡者，比比皆是。

△　△　△　△

接受寧王千金禮聘的唐伯虎，回返蘇州後，雖然依舊狂歌醉舞，宿柳眠花，彷彿無憂無慮的人間神仙；但其眞實的生活困境，卻不是人們想像得到的。

他寫字作畫的隨街小樓上，看來客履常滿，戶限爲穿，但多數求書畫的人，卻日益吝嗇，往往只攜帶酒菜，供其醉飲，坐待他揮毫點染。人們漫無止境的需索這不世才子的書畫，傳述他那灑脫、浪漫的逸聞軼事，卻很少正式致送筆潤；因此，對他的維持家庭日用，並無實際幫助。

「書畫詩文總不工，偶然生計寓其中，肯嫌斗粟囊錢少，也濟先生一日窮。」他在「丹陽景圖」後面題（註十五）。

推測正德十年左右，唐伯虎再娶的繼室沈氏，爲他生下一女，唐伯虎視同掌珠。連書僮婢僕，已成爲八口之家。弟弟唐申夫婦，也靠他不時接濟。東城菜圃，桃花塢中的梅子、桃和杏，雖有生產，一旦遇旱澇之年，生活也就瀕臨絕境。

然而，正德十三年不僅朝廷是多事之秋，著名的江南梅雨也連綿不停。已故的元配徐氏之母－吳孺人也在這年病逝。三十年來，唐伯虎對吳孺人，一直維持著親情與孝意，吳孺人之死，使他失去了一份親情的依恃。

註一、〔甫田集〕頁七二七「陳以可墓誌銘」。
二、〔甫田集〕頁五五二。
三、〔陳白陽集〕頁一九五。
四、〔陳白陽集〕頁三四五。
五、〔陳白陽集〕頁三四六。
六、〔陳淳研究〕頁二三。
七、〔陳淳研究〕頁二四。
八、〔甫田集〕頁二一二。
九、〔美術叢書〕四集七輯頁五六五。
十、圖二九、三〇、三一、三二、四六及頁一六二釋文。
十一、〔甫田集〕頁八九三。
十二、〔大觀錄〕頁二四七三、〔江邨消夏錄〕頁三〇七、〔過雲樓書畫記〕頁三〇二、〔中國名畫家叢書〕頁六五四。
十三、〔中國名畫家叢書〕頁六五四。
十四、〔大觀錄〕頁二四七三、〔江邨消夏錄〕頁三〇七。
十五、〔唐伯虎年譜〕頁九六。

國家圖書館出版品預行編目資料

明四家傳 / 王家誠著. -- 初版. -- 臺北市 :
故宮, 民88
冊 ; 公分. --（故宮文物月刊叢書 ; 3）
ISBN 957-562-345-2(一套 : 平裝)

1. 畫家 - 中國 - 明(1368-1644)

940.987 88003684

中華民國八十八年四月初版一刷
中華民國新聞局登記證局版臺業字第二六二一號

故宮文物月刊叢書③
明四家傳（二）

發行人：秦孝儀
編輯者：國立故宮博物院編輯委員會
著者：王家誠
出版者：國立故宮博物院
中華民國台北市士林區外雙溪
電話：（〇二）二八八一二〇二一
劃撥帳戶：〇〇一二八七四—一號
印刷者：文盛企業有限公司
台北市廈門街三十四巷十九號
電話：（〇二）二三〇一七九八〇

GPN:020019880037